KB265846

화법과 방송 언어

화법과 방송 언어

김상준 / 전영우 / 이규항 / 이주행
오미영 / 박경희 / 유애리 / 이호영

도서출판 역락

머리말 ●●●

대중 매체 중에서 텔레비전의 영향력은 날이 갈수록 막강해져 가고 있다. 이러한 힘을 보여 준 실례로는 1997년과 2002년의 대통령 후보들의 텔레비전 방송 광고와 토론을 들 수 있다. 최근의 예로는 MBC 'PD 수첩' 프로그램에서 황우석 박사의 연구에 문제가 있음을 제기하여 황우석 박사에 관한 이야기가 온 국민의 최고 화제가 된 것을 들 수 있다.

텔레비전 방송은 신속성, 동시성, 현장성 등을 띠고 있기 때문에 시청자에게 직접적, 간접적으로 영향을 끼치고 있다. 이러함에도 불구하고 우리나라의 초등학교·중학교·고등학교·대학교 등에서는 방송 언어에 관한 교육을 소홀히 하고 있다. 특히 초등학교 1~2학년에 발성과 표준 발음 교육을 철저히 하여야 성인이 되어서도 일정한 상황에서 발음을 정확히 할 수 있는 법인데 그렇게 하지 않는 바람에 공적인 상황에서 표준 발음법에 따라 발음을 바르게 하지 못하는 사람이 많이 있다. 놀랍게도 젊은 아나운서 중에는 장단음과 단모음 'ㅔ'와 'ㅐ'를 정확히 구별하여 발음하지 못하는 사람이 있다.

우리는 이러한 우리나라의 안타까운 현실을 타개할 수 있는 방안을 제시하며, 오랫동안 KBS에서 아나운서와 아나운서실장으로서 혁혁한 업적을 남기고 현재는 동아방송대학 방송연예과에 재직하고 있는 김상준 교수의 화갑을 기리기 위하여 이 책을 발간하기로 하였다. 김상준 교수는 탁월한 방송 언어 구사 능력을 갖추고 방송 언어에 관해서 부단히 연구하여 이 방면에 심오한 연구 업적을 쌓고 있다.

　이 책의 "제1장 화법의 이론과 실제"는 수원대 전영우 명예교수가, "제2장 한국어의 장단음"은 이규항 전 KBS아나운서실장이, "제3장 아나운싱의 이론과 실제"는 동아방송대 김상준 교수가, "제4장 방송 언어의 평가 지수와 평가 방법에 관한 고찰"은 중앙대 이주행 교수가, "제5장 텔레비전 토론 프로그램에 관한 고찰"은 오미영 교수가, "제6장 방송인의 호흡과 발성"은 박경희 KBS방송위원이, "제7장 인터뷰"는 유애리 KBS 아나운서가, "제8장 방송인을 위한 표준 발음"은 서울대 이호영 교수가 집필하였다. 각 장의 제목에서 보듯이 이 책은 화법의 기본적인 이론과 더불어 방송 언어의 발음, 아나운싱, 방송 토론, 인터뷰, 방송 언어의 평가 방법 등 방송 화법에서 중요한 비중을 차지하는 것에 대해서 구체적으로 기술하고 고찰한 글로 이루어져 있다. 따라서 앞으로 방송인이 되고자 하거나 현재 방송 활동을 하고 있거나 각급 학교에서 음성 언어 교육을 하고 있는 독자에게 기여하는 바가 많을 것이다.

　이 책을 기꺼이 출판하여 준 역락출판사 이대현 사장님과 편집하느라 고생하신 편집부원 여러분께 깊이 감사의 마음을 표한다.

2005년 12월 15일

이주행 씀

목 차 •••

제 3 장 | 아나운싱의 이론과 실제 _ 김상준 / 97

제 1 장

화법의 이론과 실제

전 영 우

1. 말하기와 듣기의 특성

1.1. 화법이란 무엇인가

언어는 의사 소통의 중요한 수단이다. 우리는 생각과 느낌을 진술할 때 무엇에 관하여 질문할 때 혹은 무엇을 요구하거나 지시할 때 흔히 언어를 사용한다. 언어가 가장 정확하고 빠른 의사 소통 수단이기 때문이다. 때론 손짓이나 몸짓, 또는 다른 기호를 쓰는 일도 있으나 그것은 특수한 경우에 한정된다. 예컨대 상황의 명료성 때문에 오해될 소지가 없거나 송신자와 수신자 사이에 묵계가 되어 있거나 아니면 언어로 표현하기 어려운 심리적 사실을 전달하려 할 때에 비언어적 방법을 사용한다. 그러나 그것은 언어에 비하여 정확도가 떨어지고, 소통의 속도도 더디기 때문에 보편적인 의사 소통의 수단이라고 할 수 없다.

언어를 통한 의사 소통은 인간의 기본적인 두 가지 활동 즉 말하기와 듣기에 의해 이루어진다. 원만한 의사 소통이 이루어지려면 화자는 청자가 잘 알아듣도록 효과적으로 말하여야 하고, 청자는 화자의 말을 잘 이해하려고 노력하면서 들어야 한다. 화자는 그의 사고를 언어화하는 과정에서 효과적인 전달을 위해 여러 가지 사항에 주의를 기울이어야 한다. 화제 선정과 화행(話行) 목적을 분명히 하면서 정확한 발음, 적절한 어휘 선택, 명쾌한 통사와 의미 구조를 등에 신경을 써야 한다. 역으로 청자는 언어를 사고화하는 과정에서 화자의 언어 표현에 유의하면서 그의 담화 목적을 파악하여야 한다.

음성 언어를 통한 의사 소통의 효과적인 방법을 화법(話法)이라고 한다. 화법은 의사 소통을 위한 말하기와 듣기의 방법과 체계를 표괄적으로 뜻하는 말이다. 일반적으로 화법을 화술(話術, The art of speaking)이라고도 하고, 화력(話力)이라고도 하나, 전자는 체계성을 갖추지 못한 '말재주'나 '말재간'이라는 느낌이 강하고, 후자는 몇 시간이고 끈질지게 말하는 능력으로 오해할 염려가 있으므로 화법을 대신하기에는 적절하지 않다.

그런데 음성 언어에 의한 의사 소통에는 화자와 청자, 그리고 화제(전언)가 반드시 있어야 한다. 무엇인가를 말하려는 사람과 그것을 들으려는 사람이 있어야 하고, 그런 활동이 전개되어야 한다. 일반적으로 화자, 청자, 화제를 의사 소통의 3요소라 하고, 말(음성 언어)을 의사 소통의 매체라 하며, 언어 기호→전달→수용이라는 활동을 의사 소통 과정이라고 한다. 그러므로 화법은 이들을 포함하여 화자와 청자가 일정한 화제를 음성 언어와 몸짓 등으로 전달하고 수용하는 활동의 체계라고 정의할 수 있다.

1.2. 화법의 목적

　화법의 일반적 목적은 자신의 의견이나 주장을 언어로써 가장 정확하게, 그리고 가장 효과적으로 청자에게 전달하는 데 있다. 아무리 좋은 생각도 말로 진술하지 않으면 남이 알 수 없고, 아무리 훌륭한 느낌도 말로 표현하지 않으면 남이 알 수 없다. 그러므로 타인과 의사를 소통하고자 하면 자신의 생각과 느낌을 가능한 한 정확하게 언어로 나타내어야 한다. 일상적인 의사 소통이나 대화, 연설, 토의, 토론, 회의 등 모든 화법에서 효과적인 전달을 목표로 할 때 원만한 의사 소통을 이룰 수 있다. 이 목적을 달성하려면 화자와 청자가 말하고 듣는 일에서 상호 협조하여야 한다. 그러나 훌륭한 언변은 마음에서 우러나오는 것이므로 화법 연구에 앞서 늘 성실한 마음과 개방적 태도를 지니는 것이 중요하다.

　화법의 궁극적인 목적은 의사 소통에 의한 원만한 인간 관계의 유지와 인류 문화의 발전에 있다. 말을 통하여 생각과 느낌을 교환하고 지식과 정보를 교환함으로써 화자와 청자가 서로 이해하고 협력하여 함께 발전할 수 있으며, 원만한 인간 관계도 유지할 수 있다. 그뿐 아니라 화법을 통하여 지식과 정보를 교환하고 공유함으로써 과학의 진보와 문화의 발전을 기할 수 있다. 문화란 오랜 기간에 걸쳐 인간이 습득하고 공유하며 전달해 온 행동 양식과 생활 양식의 총체이다. 그것은 자연 상태와 대립하는 것이며, 또한 그것을 극복한 것으로서 언어, 풍습, 도덕, 종교, 학문, 예술 및 각종 제도를 지칭하는 것이다. 이러한 문화는 인류의 협력과 이해를 바탕으로 이루어지며 그런 이해와 협력은 올바른 언어 용법에 의해 이루어진다.

　화법의 목적을 효과적으로 달성하려면 그 기능에 대하여 잘 알아야 한다. 화법의 기능은 화자의 의도나 전달하고자 하는 내용에 따라 여러 가지로 구분할 수 있다. 청자가 모르는 사실이나 새로운 사실을 알게 하는 것을 설명적 기능이라 하고, 상대를 설득하여 어떤 사실을 믿게 하거나 행동에 변화를 주려 하는 것을 설득적 기능이라고 한다. 이 두지 기능은 여러 화법에 빈번히 등장한다. 이와 달리 상대와의 친교적 기능만을 유지하려는 것을 환담적 기능이라고 한다. 그 밖에 어떤 사실의 진행과 결과를 알리는 보고적 기능, 정적인 상황을 기술하는 묘사적 기능, 사건의 전개를 기술하는 서사적 기능, 화자의 느낌이나 감정을 표현하는 정서적 기능 등이 있다.

1.3. 화법과 예절

화법은 음성 언어를 매체로 하므로 언어 예절에 대한 각별한 주의를 기울이어야 한다. 언어는 사회적 약속이며 관습이기 때문에 이를 위반하면 원활한 의사 소통을 기대할 수 없다. 교통 질서를 무시하면 길이 막히고 사고가 발생하여 곤란을 겪게 되듯이 언어 생활에서 그 규범을 지키지 않으면 의사 소통에 장애를 일으키게 된다. 여유 있는 마음과 양보하는 자세로 운전할 때 차량 소통이 원활히 되듯이 언어 예절을 지켜서 말하고 들을 때에 의사 소통도 원활해진다. 친절한 말, 정중한 말, 예절을 지키는 말은 청중에게서 늘 커다란 호응을 불러일으킬 수 있다.

국어 높임법의 숙달도 중요한 화법 기술의 하나이다. 우리 민족은 전통적으로 예절을 숭상했기 때문에 이를 표현하는 높임법이 크게 발달하였다. 사회 계층, 지위, 연령, 성별에 따라 말하고 듣는 태도와 방법에 엄격한 규범이 있다. 예전에는 이 규범을 잘 지켰으나 오늘날에는 가치관의 변화에 따라 언어 예절도 많이 변하였고, 그것을 번거롭고 까다로운 형식적 절차에 불과하다고 대수롭지 않게 여기는 사람도 있다. 그러나 높임법은 우리말의 중요한 특성이며, 우리가 잘 갈고 다듬어야 할 소중한 재산이다. 우리 시대에 맞는 언어 예절과 높임법의 규범을 확립하여 올바르게 익히고 사용하는 것이 화법의 한 임무이기도 하다.

모든 화법에서 바른 말 고운 말을 사용하는 것도 언어 예절을 갈고 다듬는 일이다. 우리가 일상 생활에서 사용하는 말에는 고운 말, 품위 있는 말이 있는가 하면, 거친 말, 상스러운 말도 있다. 바른 말, 고운 말을 쓰는 화자는 품위 있는 사람으로 대접받고, 거친 말 상스러운 말을 쓰는 화자는 몰상식한 사람으로 취급된다. 그러므로 의사 소통을 원활히 하려면 모든 화법에서 바른 말, 고운 말을 쓰도록 노력하여야 한다.

1.4. 화법의 기본 절차

화자가 말하기를 계획하고 준비하여 이를 실제로 행하는 전 과정을 화법의 절차라고 한다. 화법의 절차는 크게 계획, 준비, 실연(實演)으로 나눌 수 있으나, 각 과정에는 그 나름의 세분된 절차가 있다.

계획 과정은 누구에게, 무엇을, 어떻게, 말할 것인가를 정하는 단계이다. 청자의 능력과 요구를 파악하여 그에 알맞은 주제를 설정하고, 말하기의 목적, 성격, 규모, 형식 등을 분명히 하는 단계이다.

준비 과정은 주제에 합당한 자료를 수집하여 정리하고 조직하는 단계이다. 주제와 관련된 참고 문헌을 섭렵하고, 말할 내용이 될 구체적인 자료를 수집하여 그 개요를 작성한다. 이 개요를 대본으로 말하기를 연습할 수도 있다. 말소리의 강약, 고저, 장단, 성량, 속도, 쉼(pause) 등을 조절하고, 비언어적인 표정이나 몸짓을 익히며, 시청각 보조 자료를 제시하거나 설명하는 방법을 익힌다. 청자의 반응을 예측하여 그에 대한 대비도 한다.

실연 과정은 말하기를 실제로 실행하는 단계이다. 계획과 준비 과정을 통하여 구성한 원고를 바탕으로 자신만만하게 생동감 넘치는 말하기를 실연한다.

청자의 반응을 살펴서 말하기의 길이를 조절하고 말소리에 변화를 준다. 가능한 경우에는 청자의 질문에 성실하고 분명하게 답하며, 그의 의견을 수용하려는 태도를 보인다.

2. 말하기와 듣기 활동

2.1. 효과적인 화법

2.1.1. 청자 분석 : 누구에게

말하기는 일정한 청자나 청중을 상대로 그들 앞에서 수행하는 것이므로 청자/청중 분석과 정황 분석이 필수적이다. 수용자가 개인이거나 소집단의 청중인 때에는 정밀한 분석이 필요하고, 중집단이나 대집단일 때에는 개략적인 분석이 필요하다. 정황 분석 역시 수용자의 수와 수행할 화법의 유형에 따라 그 정밀도를 조절하여야 한다.

청자 분석은 청자의 능력과 요구를 파악하는 일이다. 그것은 청자가 흥미와 관심을 가지고 듣게 하기 위한 기본적인 절차이며, 화자가 어떤 화제를 어느 수준으로 말할 것인가를 결정하기 위한 필수적 절차이다. 이런 절차를 거쳐야 화자가 가지고 있는 지식이나 관심사, 또는 생각을 그대로 주장하고 전달할 것인지, 아니면 청자의 능력과 요구를 고려하여 적절히 조절하거나 변형할 것인지를 결정할 수 있다.

청자 분석에서 알아 내어야 할 가장 중요한 사항은 화제에 대한 관심의 정도와 화자에 대한 기대 수준이다. 연령, 성별, 교육 정도, 직업, 가족, 가입한 사회단체, 종교, 취미, 기호, 오락, 관심사 등도 고려하여야 할 사항이다.

청자의 흥미와 관심을 끌려면, 화제와 그 목적이 주어진 정황과 여건을 고려한 것이어야 한다. 모임의 유형, 프로그램의 성격, 참여자(그룹)의 성분, 일시와 장소 등이 모두 정황을 구성하는 요소들이다. 그러므로 모임의 성격상 어떤 화제가 적당한지, 프로그램의 성격상 주제나 화제에 어떤 제약을 두어야 할 것인지, 집단의 구성으로 보아 어느 수준으로 말하기를 전개할 것인지, 시간과 장소로 보아 말하기의 길이나 목적을 어떻게 조절할 것인지를 미리 분석하여야 한다.

2.1.2. 내용 계획 : 무엇을

화자가 말할 내용은 주제를 잘 드러낼 수 있는 지식과 자료와 정보이다. 이런 지식과 정보는 화자가 경험하고 배우고 사고한 지적 또는 정적인 결과에 의존한다. 화자가 즐겨 택하는 주제는 그가 잘 알고 있는 주제, 그가 자신 있게 말할 수 있는 주제, 손쉽게 여러 자료에 접할 수 있는 주제이다. 그러므로 화자가 말하는 내용을 자세히 살펴보면, 그의 경험, 신조, 감정, 지식, 관점, 사고, 행동 방식을 알 수 있다. 그러나, 말하기의 계획 과정에서는 화자가 이미 체득한 지식과 정보에만 의존하지 말고, 좀 더 폭넓게 자료를 수집하고, 좀 더 정확한 지식을 섭렵하고, 새로운 정보에 접하려는 의욕을 지녀야 한다. 왜냐하면, 말하기 활동은 화자가 청자의 이미 알고 있는 지식과 정보를 공유하는 수준에 머물러서는 안 되고, 그 이상의 소득을 주고받을 수 있어야 하기 때문이다. 그러므로 화자는 그가 접할 수 있는 모든 자료와 매체를 이용하여 내용이 될 지식과 정보를 코드화하는 작업을 꾸준히 추진하여야 한다.

말할 내용을 선정하고 구성할 때 지켜야 할 것은 사실의 원리와 협조의 원리이다. 이 두 원리는 청자가 화자의 말을 올바로 이해하기 위한 필수적 원칙이다.

사실의 원리는 전달하고자 하는 생각과 관련되어 있다. 그것은 화자가 말할 때에 청자가 이해할 수 있는 상황이나 생각을 말하여야 한다는 원칙이다. 다시 말하면, 화자가 말하는 내용이 청자도 상식적으로 납득할 만한 것이어서, 청자가 중의성을 배제하고, 못 들은 단어를 채우고, 부정확한 해석을 피할 수 있어야 한다는 원칙이다. 예컨대, 주어진 맥락에서 '어머니의 초상화'는 '어머니가 그린 초상화'가 아니라, '어머니를 그린 초상화'라는 뜻으로 화자가 사용하고 있다고 청자가 믿고 이해하도록 그 말을 사용하여야 하는 것이다.

협조의 원리는 전달하려는 생각들을 표현하는 방법과 관련되어 있다. 그것은 화자가 말할 때에 차례를 지켜야 하며, 말할 차례가 되었을 때에는 말하기 목표에 맞추어 필요한 정보와 진실한 정보를 분명하게 표현하여야 한다는 원리이다. 청자도 화자가 이 원리에 따라 말하고 있다고 믿고 그 의미를 해석함으로써 화자에게 협력한다. 협조의 원리는 다음 네 가지 격률(格律)을 만족시켜야 한다.

첫째, 양(量)의 격률: 요구되는 양만큼의 정보만 제공하고 필요 이상의 정보를 말하지 않는다.

둘째, 질(質)의 격률: 진실한 정보만 말하고, 충분한 근거가 없는 정보는 말하지 않는다.

셋째, 관계의 격률: 말하기의 목표와 관련되게 말한다.

넷째, 태도의 격률: 명확히 표현할 것, 중의성(重義性)을 피할 것, 간결할 것, 순서를 바르게 할 것 등이다.

2.1.3. 화법 선택 : 어떻게

기술 화법(記述話法)은 어떤 지식이나 정보를 청자가 머릿속에 영상화할 수 있도록 묘사하거나 자세히 기술하는 방법이다. 청자는 화자의 말을 통해서만 어떤 사물이나 사실의 영상을 떠올려야 하기 때문에 화자는 청자의 주의를 계속 포착해 나가야 하고, 또 하나는 가시화(可視化)의 문제가 따르게 된다.

설명 화법은 전문적 지식을 청자에게 전하려 할 때 쓴다. 정치, 경제, 윤리, 도덕, 예술 등 그 어느 것이라도 대상이 될 수 있으나, 주관에 흐르지 않고 사실을 사실대로 전하려는 태도를 지니는 것이 중요하다. 설명 화법에서는 천천히 이해하기 쉽도록 말한다. 구체적인 자료를 이용하여 설명이 추상화하지 않도록 한다.

시범 화법은 시청각 보조 자료를 이용하거나 화자 자신의 동작으로 시범하면서 설명하는 화법이다. 사물의 제작 과정이나 작용을 몇 단계로 나누어 설명한다든지, 어떤 사물에 관련된 법칙이나 사용 방법을 설명하는 데 많이 쓴다. 화자가 동작으로 시범하는 것은 대개 행위와 관련된 것이다. 운동 요령, 태도와 자세, 표정과 복장 등을 설명할 때 쓴다.

설득 화법은 아이들을 타이른다든지, 가족 간의 합의를 이룬다든지, 이웃에게 자선 사업에 동참하게 한다든지, 상품을 판매한다든지 하는 일이다. 설득 화법의 성공 여부는 화자의 인격과 내용의 논리성에 의하여 판가름이 난다.

환담 화법 역시 화자와 청자가 기분 좋게 담소하며 친교를 나누고자 할 때나, 딱딱한 분위기나 심각한 국면을 부드럽고 편안한 분위기로 전환하고자 할 때 흔히 환담 화법을 구사한다. 대화나 연설에서 웃음과 탄사를 자아내게 하는 유머나 위트, 한 토막의 재미있는 일화, 촌철살인의 효과를 내는 풍자와 익살 등이 모두 환담 화법에 속한다.

2.2. 듣기의 유의점

듣기의 목적은 화자가 전달하고자 하는 내용을 이해하고 이를 활용하는 데 있다. 이 목적을 달성하려면, 청자는 들으려는 의지를 가지고 화자의 말을 경청해야 한다. 때로는 화자에게 미진한 점을 물으면서 들어야 한다. 화자가 전하는 정보와 의도를 파악하고, 그 정보의 진위와 가치를 평가하고, 그 효용성을 예상하고, 과제 해결을 위한 방안을 강구하면서 들어야 한다.

첫째, 화제와 주제를 분명히 알고 듣는다.

둘째, 화행과 내용을 연관시키며 듣는다. 단언이면 새 정보를 기억에 첨가하고, 질문이면 기억에서 원하는 정보를 찾아 알맞은 대답을 준비하며, 지시면 새 정보가 참이 되도록 필요한 행동을 수행한다.

셋째, 각 단락의 관계를 파악하며 듣는다. 화자는 화제를 일반적인 것에서 구체적인 것으로, 시간적인순서나 공간적인 순서로, 발단에서 절정에 이르는 순서로, 원인 결과의 순서로, 또는 이들의 역순서 등으로 다양하게 배열한다. 그러므로 청자는 중심 단락이 어디에 있는지 파악하며 들어야 한다.

넷째, 중심 내용과 보조 내용을 구분하여 듣는다.

다섯째, 내용의 정확성, 적절성, 타당성, 효율성을 평가하며 듣는다.

3. 연설과 대화

사회가 복잡해지면서 사람들과 접촉할 기회가 많아지고, 그에 따라 음성 언어의 비중이 점점 커지고 있다. 개인적인 대화나 일상 생활에서의 인사뿐 아니라, 공중(公衆) 앞에서 연설할 기회도 있고, 중요한 의사 결정을 위하여 회의에 참가하거나 학문적인 연구 결과를 발표하는 자리에 연사나 청중으로 참여하는 등 화법(speech)의 필요성을 절감할 기회가 많다.

효과적인 언어 활동을 하기 위해 평소에 좋은 태도와 습관을 형성하도록 꾸준히 힘써야 한다. 사물을 깊이 관찰하고, 매사를 깊이 생각한 연후에 처리하며, 언어 역시 신중하고 예의 바르게 구사하는 태도를 습관화하도록 노력하는 일이 중요하다.

3.1. 연설

3.1.1. 연설의 개념과 특성

연설은 연사가 많은 청중을 상대로 자신의 평소 지론이나 견해 등을 말하는 화법이다.

연설은 그 성격에 따라 의사당 연설, 선거 유세, 시민 대회 연설, 종교 집회 연설 등으로 나눌 수 있고, 목적에 따라 보고 연설, 설득 연설, 환담 연설 등으로 나눌 수 있다. 또한, 준비에 따라 원고 연설, 암기 연설, 메모 연설, 즉석 연설 등으로 분류하기도 한다. 그 밖에 법정의 검사 논고와 변호사 변론 등도 연설의 일종이다.

연설이라고 하면 웅변술을 연상하기 쉽다. 웅변술은 과장된 음성으로 수사적 표현에 치중하는 경향이 있어, 내용이 공허한 경우가 많다. 연사가 무책임한 내용으로 연설하는 경우에는 선동 연설 또는 궤변이 되기 쉽다. 그러나 최근에는 고성능 확성 장치가 발달하여 큰소리로 절규하듯 말할 필요가 없고, 대화하듯이 자연스럽게 얼마든지 연설할 수 있다. 연설은 언제나 진실하고 가치 있는 내용을 자유롭고 짜임새 있게 말하여야 청중의 호응을 얻을 수 있다.

오늘날 연설은 자신의 신념이나 주장을 많은 사람에게 전달하는 중요한 화법이므로, 민주주의 사회에서 없어서는 안 될 중요한 의사 전달의 구실을 한다. 더 나아가 훌륭한 지도자의 진실하고 충정어린 명연설은 국가와 민족의 운명에 큰 영향을 끼치기도 하는데, 이러한 예는 인류의 역사 가운데에서 얼마든지 찾을 수 있다. 따라서 우리들이 민주 사회의 지도자가 되기 위해서는 훌륭한 연사로서의 능력을 기르는 것이 무엇보다 중요하다.

3.1.2. 연설의 준비 절차와 방법

연설의 성과는 연설자의 노력에 달려 있으므로, 연설을 잘하려면 평소에 인격 수양과 더불어 넓고 깊은 지식과 다양한 경험을 쌓아야 한다. 사전 준비는 다음과 같은 단계를 거쳐 철저히 한다.

첫째, 연설의 목적 결정
둘째, 주제와 화제 설정
셋째, 청중의 분석
넷째, 자료의 수집과 선정
다섯째, 내용의 조직
여섯째, 연설문 작성
일곱째, 연습

이 밖에도 연설자는 실제로 연설하기에 앞서서 연단 위에서의 마음가짐을 미리 점검해 보아야 한다. 보통 상대편을 마주 보고 1 대 1로 말할 때에는 편안한 기분으로 할 수 있으나, 여러 사람 앞에서 말할 때에는 청중의 얼굴이 제대로 안 보이고, 몸이 굳어지며 가슴이 두근거리는 긴장 상태를 겪게 되나, 이러한 긴장 상태는 연사 자신이 정상적인 사람임을 증명하는 것이다. 청중이 볼 때에는 침착하고 자신만만하게 보이는 사람도 사실은 몸이 굳어지고 가슴이 두근거리는 상태에 있다. 그러나 사전 준비가 충분하면 곧 그 떨림을 극복할 수 있으며, 청중과의 거리감도 좁힐 수 있어 쉽게 여유를 되찾을 수 있다. 그러므로 연설은 준비를 철저히 하는 것이 무엇보다 중요하며, 청중을 가까운 친구나 친지로 생각하면 마음의 여유를 찾는 데에 한결 도움이 된다.

연단 공포의 극복에는 이 밖에도 청중을 자극하며 움직여 보는 경우가 있다. 한 번 웃겨 보거나 질문을 던져 대답하게 하는 따위이다. 이 때, 연설자 의도에 부합되면 양성 반응, 부합되지 않으면 음성 반응이 나온다. 무엇보다 많은 경험을 쌓아 나가는 일이 중요하다.

연설자는 연설하는 동안 시종 일관 명료한 음성과 정확한 발음으로 말해야 하며 표정과 동작에도 유의하여야 한다. 음성은 자연스런 높이를 유지하되, 내용을 강조해야 할 대목에서는 야무지고 힘찬 음성으로 말하여야 한다. 얼굴 표정은 진실함을 드러내야 하며 동작은 자연스러워야 한다.

3.1.3. 연설의 유형

연설은 목적에 따라 보고 연설, 설득 연설, 환담 연설 등으로 나눌 수 있으며, 내용을 조직하는 방법에도 각 유형별로 특징이 있다.

① 보고 연설(발표, presentation)

보고 연설은 어떠한 지식이나 정보를 상대편에게 알리는 것이 목적이므로 주로 설명에 의존한다. 효과적인 설명을 위하여 증언, 통계, 실례 인용 등의 방법을 적절하게 사용해야 한다. 경우에 따라서는 연설자가 직접 시범을 보이기도 한다.

개요를 작성할 때에는 화제의 성격에 따라 시간과 공간의 순서, 인과 관계, 또는 문제 해결의 순수에 맞추어 내용을 구성함으로써 주제에 관련된 사항이 빠짐없이 전체적으로 고르게 다루어질 수 있도록 한다.

◼ 도입부

ㄱ. 개인적인 관련과 공통 기반을 기초로 청중의 주의와 관심을 끌 수
   있게 말머리를 장식한다
ㄴ. 청중이 정확히 이해하기를 바라는 부분의 나해하고 복잡한 개념은
   정의와 설명을 분명히 한다.
ㄷ. 주제의 근본 취지와 주제의 중요성을 명확히 밝히고, 청중이 주제
   에 얼마나 무관심하고 냉담한가를 염두에 두되 주제에 따른 부정
   및 긍정의 측면을 보인다.
f. 특정 목적(내용 관련)을 명시하고 연설의 전개 방향을 제시한다.
a. 간략한 개요를 가지고 전개부에서 나타날 요점(주요 아이디어)을 시
   사한다.

◼ 전개부

이 때 연설자의 주요 임무는 여러 요점 등을 순서대로 다루어 나가는
일이다. 모든 요점은 특정 목적을 달성하기 위한 지원 수단이 된다. 연설
자가 준비한 전체 윤곽에서 각 요점 밑에 들어가는 아이디어는 명백히
드러나야 하고 설명을 위한 모든 방법이 이용된다. 가령, 통계, 실례, 신
빙성 있는 증언의 인용 등이 필요에 따라 적절히 삽입된다. 전체 윤곽을
구성할 때 선택된 화제는 전체적인 일관성에 입각하여 배열하여 나간다.

ㄱ. 연대순: 역사적 사실이나 어떤 제도의 변천 과정을 기술할 대 연
        대순에 따라 설명한다. 변천의 초기 현상을 말할 수 있

고, 발전 과정에 얽힌 뒷이야기, 크게 변모한 현재의 규
모와 특징을 말할 수 있다.

ㄴ. 공간순: 시설물이나 설비 또는 구조물을 설명할 때 가장 효과적이
다. 동에서 서로, 남에서 북으로, 앞에서 뒤로, 위에서 아
래로 서술해 나간다.

ㄷ. 인과순: 사건, 사태, 사고 등의 경위를 설명할 때 효과적이다. 발
생한 현상에 미친 영향과 배경을 설명할 때 인과순에 따
르는 것이 바람직하다.

ㄹ. 화제순: 논리적으로 자료를 정리 제시할 때 주제에 맞는 화제를
선택 배열한다. 이 때 화제 순서는 중요도에 따라 배열하
되 선후는 연설자의 주관에 좌우된다.

ㅁ. 특정순(特定順): 일반 사례에서 특정 사례로, 기지에서 미지의 사
실로, 불요불급에서 긴급한 중요 사설로, 용인되
는 것에서 용인할 수 없는 사실로, 문제 해결의
순서 등에 따라 연설을 전개한다.

ㅂ. 6하원칙: 보고 연설에서 특히 6하원칙은 반드시 내용 전개에 포
함되어야 함은 말할 것도 없다. 언제, 어디서, 누가, 무
엇을, 어떻게, 왜 등의 요소는 비단 보고 연설에만 적용
되는 것이 아니고, 역사 기록과 기자의 뉴스 취재에도
적용된다.

◨ **종결부**

ㄱ. 이미 설명한 내용을 반복 요약함으로써 중요한 사실을 재차 강조
한다.

ㄴ. 이미 논의된 주제에 관련하여 보충할 사실을 덧붙인다.

ㄷ. 청중이 적용 또는 활용할 수 있는 방안을 간략히 제시한다.

ㄹ. 이미 논의한 요점 설명에서 인용된 실례를 재차 상기시킨다.

ㅁ. 보고 내용에 관련하여 청자가 어떤 질문을 해 오더라도 적절히 대답할 수 있게 철저히 준비한다.

② 설득 연설

설득 연설은 청중에게 어떤 사실을 설명하여 이해시킴은 물론 설득하여 납득시키는 연설이다. 즉, 청중이 연설자와 다른 견해를 가지고 있으면 청중이 그 견해를 바꾸도록 하고, 같은 견해를 가지고 있으면 청중이 자신의 견해를 확신할 수 있도록 하거나, 청중으로 하여금 어떤 행동을 하도록 유도하는 연설이다.

청중 설득의 방법에는 논리적 호소와 감정적 호소가 있다. 논리적 호소는 청중의 이성에 호소하는 것으로, 사실의 옳고 그름을 분명하게 가려서 확신을 가지도록 하는 것이다. 반면, 감정적인 호소는 선거 연설이나 추모(追慕) 연설처럼 청중에게 정서적 만족을 주어 태도 변화를 유도하는 방법이다. 그러나 실제 설득 연설에서는 이 두 가지 방법을 적절히 혼용하는 것이 좋다.

설득 연설은 문제 해결식 구성, 연역(演繹) 또는 귀납(歸納)의 논리적 구성, 현안에 대한 분석 및 종합의 구성 등으로 내용을 조직하는 것이 효과적이다. 설득은 남을 나의 뜻대로 움직이는 것, 남이 호감을 가지고 나에게 적극 협력하게 하는 것, 남의 의지·신념·태도·행동 등에 변화를 주는 것이다. 설득자의 조건은 첫째 인격, 둘째 인간 관계, 셋째 지적인 호소력이다. 설득의 화법은 사실을 토대로 진실하게 말하되 가치 있는 정보를 활용해야 일층 더 효과가 발휘된다.

덧붙이면 설득 화법의 성패는 청중 분석에 있다. 인간의 욕구와 한국인의 의식 구조를 바탕에 간 현장의 청중을 예의 분석할 필요가 있다.

▣ 도입부

ㄱ. 말머리는 청중의 주의와 관심을 끌 수 있는 것으로 꾸민다.

ㄴ. 연설자와 청중 사이에 즉시 공통 기반이 확립되도록 노력한다.

ㄷ. 말하고자 하는 현안(懸案)의 중요성을 강조한다.

ㄹ. 연설에 수반되는 모든 자료를 상대가 분명히 이해하도록 하기 위해 적절한 정의와 설명을 덧붙인다.

ㅁ. 특정 목적 이외의 것과 부적절한 견해를 제거하면서 연설 방향을 제시한다.

ㅂ. 전개부에서 논의할 요점을 미리 발표한다.

ㅅ. 도입부에서는 전개부로의 전환이 빨라야 한다.

▣ 전개부

전개부에서 우선 고려할 것은 연설자가 주장할 요점(논쟁점, 아이디어)이 잘 정리된 배열이다. 연설자는 그가 기대하는 결과를 획득하기 위하여 연설 구성 방법에 대한 기본적 결정을 내려야 한다. 전개부에서 가장 본질적인 것은 연설 목적에 부응하고 주어진 상황에 적응하는 일이다. 주제가 어떤 것이고 연설자와 청중이 누구냐에 따라 구성 방법이 달라져야 한다.

ㄱ. 문제 해결의 방식: 가능한 대로 최선의 문제 해결에 도달하기 위하여 연설자와 협력, 당면 문제를 해결하려는 청중이 있다. 그러므로 연설자는 청중 앞에 가로 놓인 논점의 효과적 토론을 위하여 자료를 선택할 때 청중을 염두에 두어야 그들의 사고를 돕게 된다. 연설자는 청중에게 확신을 주고 또 연설자는 '결론에 도달할

때까지 심사숙고하자'는 태도를 견지한다. 그래도 청중은 연설자를 문제 해결의 대변자로 알기 쉽다. 그러나 한편, 그들은 연설자가 독단적 선입견에서 탈피하려는 노력을 간취하게 된다. 연설자가 꼭 명시할 일은 청중이 확신을 가지고 그 해결책에 신뢰감을 부여하여야 한다는 기본 원리이다. 연설자는 이때, 증거, 논거, 일반례, 특정례 등을 들어 나간다. 이것은 어디까지나 논쟁을 위한 방편이 아니고, 청중이 연설자와 함께 문제의 원인을 규명하고 가장 좋은 해결책을 찾는 데 도움을 주기 위한 방편이다.

ㄴ. 논리적 방식: 이 방식은 청중이 근본적으로 연설자를 환영하거나 아니면 적어도 강력히 반대하지 않을 때 흔히 이용된다. 물론 연설자의 태도가 '지금 나는 여러분이 이 문제에 대하여 꼭 납득하도록 말하려고 한다.'는 식이면 안 된다. 오히려 연설자가 개인적 입장을 천명하고 청중이 이대로 수용하기를 기대하는 소신을 피력, 가능한 한 효과적으로 상대방을 설득해 나간다. 그러나 이 방식이 문제 해결의 방식보다 더 많이 청중의 저항을 받을지 모른다. 이때, 정당성, 공평성, 포용력 있는 태도와 동시에 문제에 대한 깊은 통찰과 고도의 지식. 그리고 확신을 고루 갖추어야 연설자는 다소 위기를 극복할 수 있다. 연설자는 결국 잘 조직된 기본적 요점에 의거하여 이야기를 전개하고, 결정적 단계에서는 확실한 증거를 대고 명백한 입장을 밝혀야 그의 주장이 설득력을 발휘하게 된다. 주장을 입증할 수 있는 상세하고 정확한 증거를 가지고 연설자의 이론을 전개한다. 다만 여기에 인용되는 증거는 지적이고 도덕적인 뒷받침이 따라야 한다.

ㄷ. 해설적 방식: 주어진 문제에 적합한 해결안을 보이는 실례, 실증, 개별 기록에 근본적으로 의존하여 이야기를 전개한다. 연설자는 귀납법을 써서 그의 제안이 곧 문제의 해결안이 될 수 있게 충분

한 증거를 제시한다. 연설자의 기본적 관점에 청중이 정면 대립할 때 이 방식이 적합하다. 논쟁점에 대한 의견 개진은 무게 있고 깊이 있는 인용례의 정도에 따라 입증이 확실해진다.

▣ 종결부

ㄱ. 발표 내용을 명확히 하기 위해 단일화를 도모하고, 주장하는 논점을 요약한다.

ㄴ. 연설자가 기대하는 반응을 획득하기 위해 청중의 마음이 움직이게 강력히 호소한다. 설득 연설은 연설자의 아이디어, 관점이 청중에게 지적을 수용되고 상호 일치되어야 한다. 그러나 격려 연설은 연설자의 관심이 어떻게 하면 청중이 안정과 휴지의 상태에서 벗어나 열의를 가지고 이상 실현을 위하여 움직이도록 자극할 수 있느냐에 온갖 노력을 바친다. 또 감동 연설은 연설자의 호소가 청중의 행동을 직접 자극하든가 혹은 억제하는 것이 된다.

ㄷ. 앞의 목적을 달성하기 위하여 연설자의 호소가 개별 혹은 전체적으로 청중에게 통해야 한다. 이따금 영웅주의, 희생 일화 등이 청중에게 감명을 주는 놀라운 구실을 할 때가 있다. 연설자가 거론하는 문제나 주제와 관련된 운문 내지 산문의 명구를 인용 소개하면 청중을 움직이게 된다.

ㄹ. 연설자 개인의 성실성과 정직성을 확실하게 드러낸다. 그리고 문제에 따른 자신의 감흥을 자아낸다. 이 때 비로소 청중을 자극하게 된다. 임무는 하나의 도전인 셈이다. 설득은 상대방 전 인격에 영향을 미쳐야 한다. 사상, 정서, 야심, 희망, 포부, 애정 등 인간의 모든 심리적 과정을 두루 망라하여야 한다.

결국 청자 및 청중의 분석 문제가 제기된다. 청중은 여러 유형의 인간으로 구성되므로 설득 시 연설자에 대한 청주의 반발 혹은 도전을 예상할 수 있다. 연설자는 의중에 자신의 윤리관을 견지하고 설득 목표는 건전하고 건설적인 가치에 두어야 한다.

③ 환담(歡談) 연설

■ 도입부

도입부의 목적은 청중이 전개부를 수용 준비케 하는 데 있다. 동기 부여는 주제에 대하여 과장, 가공, 공격적인 형식을 취하면 좋다. 환담의 의도는 연설자의 음성, 태도, 동작, 행동 등이 수반될 때에 잘 나타난다. 모든 사람은 웃기를 즐겨하나 '자극 없이 웃기'는 어렵다. 연설자는 가볍고 무표정하게 말할 필요가 있다.

■ 전개부

사실과 사물의 과장된 표현으로, 진기한 사실의 극적인 설명으로, 우연의 일치를 지적할 때 환담이 이루어지므로, 환담 연설의 전개 역시 양식이 다양할 수밖에 없다. 우연의 일치는 뽑아 놓은 자료를 더욱 세심하게 정리하여 엮는다. 극적인 설명은 연대순으로 가져가는 것이 좋다. 과장된 표현은 초점에서 벗어나는 것이 특징이므로 주요 아이디어를 비논리적 순서로 엮는다.

■ 종결부

극적 설명에 기초를 두는 환담은 종결부에 놀라운 요소가 포함된다.

만일 환담이 우연의 일치로 구성된 것이면 대표적 사실 하나로써 종결지을 수 있다. 일반적으로 환담의 종결을 단순한 일화를 가지고 끝낼 수도 있다. 아니면 여러 가지 농담 중에서 하나를 뽑아 마치 진담처럼 꾸며 말하고 끝낼 수 있다.

환담의 전형적인 특징은 허구, 동정, 불경, 불손, 풍자, 과장, 모방, 변덕, 모순 등이다. 환담 연설은 연설자의 균형 감각과 자네 그리고 청중과의 일치된 호흡을 특히 필요로 한다. 반드시 모든 환담 연설이 유머로 채워져야 할 이유는 없다. 경험, 독서, 우연한 사실 등에서 유머가 포함되지 않은 환담의 예를 찾을 수 있다.

정찬 연설은 거의 환담 목적을 갖지 않으나 참석자의 유머에 대한 관심은 매우 크다. 이 때 연설자는 적절한 유머를 구사하는데 비교적 쉽고 짧은 것을 선택한다.

환담 연설에서 연설자가 목표하는 바는 상대방을 즐겁게 해 주는 것 외에 아무 것도 없다. 환담은 오로지 화기애애한 분위기 조성을 위한 것이므로 형식이야 어떻든 모든 연설에 활기를 불어넣는 청량제가 되어야 한다.

3.2. 대화

3.2.1. 대화의 특성

대화는 화법의 유형 가운데 가장 기본적인 의사 소통 방법이다. 대화는 형식에 얽매이지 않고 주고 개인과 개인 간에 수행되는 말하기와 듣기로서, 모든 화법의 기초가 된다. 그러므로 대화에 대하여 잘 아는 것이 성공적인 인간 관계를 다지는 첫걸음이다.

대화는 1 대 1로 말을 주고받는 경우를 가리킨다.

대화에서는 화자와 청자가 화제를 주고받으며 상대편의 이야기를 경청(傾聽)하고 응대(應對)함으로써 이야기를 진행시켜 나가는 것이 토대가 되며, 말하고 듣는 역할이 수시로 바뀌는 것이 대화의 특징이다. 따라서 시종 혼자 말하게 하고 자기는 아무 말도 하지 않는 것은 대화가 아니다.

이렇듯 대화는 말하며 듣고, 들으며 말하는 것이므로, 대화할 때에는 말하기의 속도, 음성의 고저가 주어진 장면에 적절하여야 한다. 음성의 고저나 말하기의 속도를 적절히 조절하려는 노력은 즉흥적 화법을 의도적 화법으로 발전시켜, 화법의 기초를 확립시키는 데 도움을 준다.

대화는 우리의 일상 생활에서 가장 빈번히 행하여지나, 그 때마다 다른 형태, 다른 방법으로 이루어지므로 바람직한 대화를 하기 위해서는 대화가 어떻게 성립되는가를 잘 알아야 한다.

대화가 성립되기 위해서는 화자, 청자, 그리고 전달 내용, 즉 화제(話題)가 있어야 한다. 이 때 화자에게는 말하기의 목적이 있는데, 이 목적을 '화자의 기대'라고도 한다. 이 말하기 목적이나 전달 내용은 화자에 관련되는 사항이고, 무엇 때문에 듣는가 하는 문제, 즉 듣기 목적은 청자에 관련되는 사항이다.

3.2.2. 화제의 적절성

화제는 화자가 청자에게 말하고자 하는 내용이므로 대화에서 가장 중심이 된다. 누구하고라도 대화를 잘 풀어나가기 위해서는 풍부한 화제를 갖추고 있어야 한다. 풍부한 화제를 갖추기 위해서는 주변의 모든 일에 대하여 항상 호기심을 가지고 있어야 하며, 새로운 것에 대하여 많은 관심을 쏟아야 한다. 화제가 좋지 않다면 말할 가치도 없고 들을 가치도 없다. 배우가 아무리 연기를 잘해도 극본이 좋지 않으면 관객을 감동시키지 못하는 것과 마찬가지이다. 화자 자신의 생각이 아무리 훌륭해도 그

것만으로는 좋은 화제가 될 수 없다. 대화의 효과는 화자 한 사람에 의해서 나타나는 것이 아니고, 청자와 현장의 조건에 의하여 나타나기 때문이다.

그러면 좋은 화제란 어떤 것인가.

첫째, 청자에게 친숙한 것이어야 한다. 화제가 청자에게 친숙한 것이면, 일단 청자가 화자의 말에 관심을 기울이게 된다. 그렇다고 청자가 내용까지 잘 알고 있는 화제만을 선택하여야 한다는 것은 아니다. 비록 지금은 자세히 알지 못하지만, 지식과 정보를 얻으면 새롭게 관심을 가지게 될 화제이면 된다. 다시 말하면, 친숙한 화제란 청자가 흥미를 느끼는 화제이다.

개인과 개인의 대화에서는 이러한 화제를 찾기가 비교적 쉬우나, 개인 대 다수, 다수 대 다수가 함께 대화하는 경우에는 공통되는 관심사가 무엇인지 파악한 다음에 화제를 선택하여야 한다.

둘째, 구체적인 것이어야 한다. 우리는 간혹, 대화를 하고 난 뒤에 상대편이 무슨 말을 했는지 전혀 알지 못하는 경우를 경험한다. 이것은 화제가 모호하였기 때문이다. 대화할 때에는 추상적이고 막연한 화제를 피하고, 분명하고 구체적인 화제를 선택하는 것이 바람직하다. 예를 들어, '청소년 문제'와 같은 추상적인 화제를 가지고 이야기하면 진지하고 흥미 있는 대화를 하기 어렵다. '청소년의 놀이 공간 문제'와 같이 구체적이고 명확한 화제라야 청자의 마음에 화자가 의도하는 그림을 그릴 수 있다.

셋째, 적절한 것이어야 한다. 적절한 화제란 청자에게 적중(的中)하는 화제를 말한다. 예컨대, 방송과 신문에 매일 뉴스가 보도되는 것은 뉴스가 그만큼 가치를 지니고 있으며, 대중의 요구에 적중하는 화제이기 때문이다. 이처럼 대화의 화제가 시간성, 지역성, 필요성에 맞는 것이라면 누구나 관심을 갖는다.

넷째, 목적이 뚜렷한 것이어야 한다. 대화할 때에는 묵적이 뚜렷하여야 한다. 말하기의 목적에는 일반 목적과 특정 목적이 있다. 일반 목적은 상대에게 어떤 사실을 알려 주려는 것(설명, 보고), 어떤 변화와 행동을 촉구하려는 것(설득), 즐거운 시간을 가지게 하려는 것(환담) 등이 있으며, 특정 목적은 상황에 따라 주어진다. 가령, 교사가 학생에게 독서를 권장하는 말을 할 때, 특정 목적은 '독서 권장'이고 일반 목적은 '설득'이다. 그러므로 대화할 때에는 특정 목적에 알맞은 화제를 선택한 뒤에 일반 목적을 생각하여야 한다.

3.2.3. 대화의 관계

대화를 성공적으로 하기 위해서는 말하기 전의 첫 대면에서부터 헤어질 때의 인사말까지도 미리 생각해 두는 것이 필요하다. 흔히 대화란 아무런 단계 없이 생각나는 대로 행하는 것으로 알기 쉬운데, 대화에는 일정한 단계가 있다.

◎ 제1 단계: 분위기 조성

인사말을 한 다음, 부드러운 분위기를 만든다. 첫 대면에는 통성명(通姓名)을 하는데, 상대편의 기억에 남을 수 있는 인사말을 하는 것이 좋다. 자주 만나는 사이라면 "안녕하십니까?", "오래간만입니다." 등이 무난할 것이다. 또한 부드러운 분위기 조성을 위하여 일기, 계절에 관한 이야기 등의 공통 화제를 찾아 이야기를 나누는 것이 좋다. 다만 너무 긴 시간을 소요하지 않도록 한다.

◎ 제2 단계: 목적의 확인

대화의 목적을 말하고 친숙감과 신뢰감을 주기 위한 이야기를 나눈다. 남을 방문하였을 때에는 '지나가다가 들렀다', '무엇을 부탁하러 왔다.',

‘무엇을 전하러 왔다.’, ‘무엇을 배우러 왔다.’ 등의 방문 목적을 간단히 말하도록 해야 한다. 만약 상대를 일부러 만나자고 했을 때에는 “이렇게 뵙자고 한 것은…”하고 목적을 말하여 상대편으로 하여금 마음의 준비를 하게 한다.

◎ 제3 단계: 주지 전개

대화의 목적을 달성하는 단계로, 대화의 주지(主旨)를 말한다. ‘이렇게 이야기하고자 한 것은’, ‘그런데’, ‘그것은 그렇다고 해두고’, ‘그래서’, ‘이야기는 바뀌는데…’ 등의 전환 접속어로 이야기를 이끌어 나가며, 목적을 달성하기 위한 이야기를 한다. 이 단계에서는 이야기가 주제에서 딴 데로 빗나가지 않도록 특히 주의하여야 한다.

◎ 제4 단계: 의견 조정

화자와 청자의 의견을 최종적으로 조정한다. 부탁이 목적이라면 상대가 부탁을 들어 주도록, 사과가 목적이라면 상대로부터 용서를 받도록 조정한다. 대화에서 상대가 화자의 의견을 받아들이지 않을 때에는 어떤 이유가 있게 마련이므로 충분한 조정이 필요하다.

◎ 제5 단계: 감사의 말

결론을 확인하고 감사의 말로 끝맺는다. 대화의 목적이 달성되었는지의 여부를 확인하고 의문점이 남지 않도록 한다. 비록 대화의 목적을 달성하지 못하였더라도 감사의 말을 하고 헤어져야 한다.

가령, 부탁하러 갔다가 뜻을 이루지 못하였더라도 상대편이 시간을 내준 데 대하여 감사해야 한다. 부탁이나 설득의 경우는 단번에 결말이 나지 않을 때가 많으므로, 다음 면담을 약속받고 날짜를 정하여 그것을 확인한다. 본론의 대화 중 언사(言辭)가 거칠었거나 상대를 불쾌하게 한 경우라도 그런 것을 모두 사과하고 마음의 응어리를 풀어 버려야 한다. 흔히 처음 만났을 때의 인사에만 신경을 쓰는 경우가 많은데, 결론을 정리하고 끝맺음을 잘하는 것은 다시 만날 날을 위해서도 매우 중요하다.

이상의 단계는 편의상 나누어 본 것으로, 상황에 따라서 단계를 생략하거나 확장할 수 있으며 친소(親疎) 관계에 따라서 달리할 수도 있다.

3.2.4. 대화할 때의 유의점

대화할 때에는 다음 사항에 유의하여야 한다.

첫째, 음성 언어의 일회성(一回性)을 명심하고 신중하게 말한다. 말은 일단 사람의 발음 기관을 떠나면 수정이 불가능하므로 신중하게 생각한 다음에 이야기하여야 한다.

둘째, 말은 인품을 나타내는 척도임을 인식한다. '신언서판(身言書判)'이라는 말이 있다. 인물을 고를 때 외모와 말씨, 판단력을 기준으로 삼았다는 뜻인데, 특히 말하는 태도가 인품을 판단하는 기준이라는 것이다.

셋째, 말이 인간 관계 형성의 계기가 됨을 인식하여야 한다. 처음 만난 두 사람이 몇 마디 대화를 나누고 나서 오래 사귄 친구처럼 가까워지는 경우가 있으며, 반대로 아주 친하였던 사람들이 상대편의 기분을 상하게 하는 말 한마디로 틈이 벌어지는 경우도 있다.

넷째, 자신을 개방하고 상대를 적극적으로 이해하며, 상대편의 상황에 맞는 이야기를 하여야 한다. 자세히 알지 못하는 것을 아는 체하거나 자신을 뽐내고 자랑하지 않아야 한다.

다섯째, 이야기를 독차지하지 않도록 한다. 대화는 말하는 사람과 듣는 사람의 상호 작용에 의하여 이루어지는 것이므로 일방적으로 장황하게 말하거나 상대편의 이야기를 분별 없이 차단하지 않도록 한다.

여섯째, 상대편의 인격을 존중하여 예절 바르게 말한다. 비어, 속어, 욕설, 험담 등을 삼가며, 도덕적 언사나 상대편의 약점을 지적하는 말은 하지 않도록 한다. 또한, 매사를 단정적으로 말하지 않고 항상 여유를 가지고 온화하게 말한다.

일곱째, 청자는 질문과 응대어를 적절히 구사하며 듣는다. 응대어는 상대편의 이야기에 대한 동의·흥미·격려·전환·유도 등을 나타내는 것으로, 대화의 윤활유 기능을 한다. 동의의 응대어로는 '그래그래', '물론', '그래요', '정말…' 등이 있고 , 유도의 응대어로는 '그래서', '그 다음은', '그렇다면요…' 등이 있고, 전환의 응대어에는 '그런데', '그건 그렇고…' 등이 있다. 한편, 찬성이나 반대의 의사 표시는 분명하게 하되, 상황을 참작하여 예절에 벗어나지 않도록 한다.

여덟째, 듣는 이는 밝은 표정으로, 말하는 이에게 주의를 집중하며 듣는다. 상대편을 인정하는 태도를 취하고, 상대편의 말을 진지하게 들어주어야 한다. 말을 할 때에는 상대편의 감정 변화에 신경을 쓰면서 말하고, 상대편의 마음을 불편하게 하는 언사는 쓰지 않도록 한다.

4. 맺는 말

말하기와 듣기의 과정은 모두 10개 단계로 나눌 수 있다.

1. 화자 의중의 한 아이디어
2. 아이디어를 언어 기호로 옮긴다.
3. 중추신경이 발음기관을 자극한다.
4. 화자가 발언한다.
5. 청자의 고막이 울린다.

6. 동시에 청각신경을 자극한다.
7. 동시에 중추신경을 자극한다.
8. 청자가 언어 기호를 인식한다.
9. 청자가 화자의 의미를 수용한다.
10. 청자가 화자에게 반응을 보인다.

이처럼 스피치 커뮤니케이션은 일방적인 것이 아니라 쌍방적인 행위이다. 하자와 청자 사이의 상호 작용을 '순환 반응'이라고 한다. 이 작용이 바로 스피치 커뮤니케이션 행위의 기본적인 특징이다.

화자와 청자 사이에 이 같은 일련의 현상이 존재한다고 할 때 양자 사이에 의사 전달의 단절 혹은 커뮤니케이션이 왜곡되어 화자가 갖는 의도와 다른 아이디어를 청자가 수용하는 의외의 결과를 초래할 수 있다.

2단계: 화자에 의한 미숙한 어휘 선택
3, 4단계: 화자의 온전치 못한 발음
5단계: 외부 소음의 영향
6, 7단계: 청자의 청각 장애
8, 9단계: 청자에 의한 부적절한 어휘 수용이나, 의미 왜곡
10단계: 청자의 반응을 잘못 파악한 화자의 오해

앞의 현상 가운데 어느 하나도 화자의 아이디어가 청자에게 오해되거나 혹은 불완전한 커뮤니케이션을 초래할 수 있다. 이에 적절히 대처할 때 효과적인 화법과 청법이 조화를 이루고 소기의 성과를 거두게 될 것이다.

제 2 장

한국어의 장단음

이 규 항

1. 들어가는 말

필자의 장단음과의 인연은 1954년 KBS의 인기 프로그램 가운데 하나인 '스무고개'의 사회자 장기범 아나운서에 대한 관심에서부터 시작되었다. 필자는 한 주도 빼놓지 않고 그 프로그램을 애청하였다. 그런데 필자가 이 프로그램의 애청자가 되었던 것은 재치박사들의 위트와 유머 때문이 아니라 진행하는 아나운서의 말솜씨에 반하였기 때문이다. 그 무렵 사회자에 대한 매스컴과 팬들의 반응은 '말씨가 점잖다', '구수하다', '부드럽다' 등이었는데 필자는 이런 수식어로는 장기범 아나운서의 아나운싱에 흡족한 표현이라고 생각하지 않았다. 필자의 느낌은 '편안한 음악', '고상한 음악'을 듣는 것 같았다. 그러니까 말이 말로 들린 것이 아니라 음악으로 들린 것이다. 언제나 인기 있는 아나운서는 되기 쉬우나 방송에 반하게 하는 아나운서는 되기 어려운 법이다. 국어학의 지식이라고는 초보적인 장단음 지식밖에 없는 고등 학생을 매혹시킨 '그 무엇'을 알고 싶었다. 정답은 의외로 쉽게 발견되었다. 그것은 마침 필자가 알고 있는 장단음을 철저하게 지키는 사회자의 아나운싱과 선천적으로 타고난 부드럽고 아카데믹한 음색 때문이었다. 그 후 대학에서 국어학을 전공한 뒤 추가로 알게 된 비밀은 사회자가 방송에서 모음의 음가(音價)/소리값을 철저히 지키는 모음의 명료성(明瞭性)과 연주하듯 하는 아나운싱의 리듬이었다. 장단음을 지킨다는 것은 말의 뜻을 구별하여 주는 변별력(辨別力)의 기능 이외에도 강약의 리듬을 타게 하여 음악적인 언어가 되도록 하는 기능이 있다는 사실을 나중에서야 알게 되었다. 예를 들면 '한' : 국방' : 송 공'사'에서 '한국'과 '방송'은 장음 때문에 '공사'는 첫음절이 무거운 음절(heavy syllable)이므로 '한'과 '방'과 '공'에 각각 악센트가 생겨 '강약 강약 강약'의 리듬이 있는 말이 된다. 음성 언어의 이상(理想)은 말을 노래하는 듯 성대(聲帶)로 연주하는 것이다. 여담으로 장기범 아나운서의 방송에 얼마나 반해 있었는지를 말하여 주는 일화(逸話)가 있다. 국산 영화이었는데 도둑이 들어 있는 도피처에서 제니스 라디오의 다이얼을 돌리다가 범행 뉴스가 나오는 장면에서 "범 : 인 체포는 시간 문 : 제라고 낙관적인 견 : 해를 표명했습니다."라는 간단한 뉴스를 장기범 아나운서가 녹음을 하였던 것이다. 필자는 이 짤막한 뉴스 방송을 듣기 위해서 당시 청계천 4가에 있던 천일 극장(당시 2류 극장)을 며칠 후 다시 찾았다. 일류 극장 상영이 끝나면 2류 극장에서 다시 상영하는 것이 관례이었다. 한국어의 모음과 연주에 관해 언급하겠다. 한국어의 발음이 어려운 점은 자음보다는 모음 때문이다. 물론 영남권에서는 일부 자음 가운데 'ㅆ'을 'ㅅ'으로 경음을 평음으로 낸다든지 'ㅈ'을 북한에서는 혀끝소리를 내는 문제도 있지만 모음에 비해서는 비교가 되지 않는다. '한국어에는 단모음과 이중모음을 합해 21개라고 하는데'란 애매한 표현을 쓴 것은 'ㅚ'와 'ㅟ'는 단모음과 이중모음으로 할 수 있기 때문이다. 일본어에는 5개의 기본 모음밖에 없다는 것을 감안한다면 한국어 모음의 난해성을 쉽게 납득할 수 있을 것이다. 21개의 모음을 긴소리로 낼 때 42개의 모음이 된다. 조음(調音)의 어려움은 ㅟ,ㅘ,ㅞ,ㅙ 등의 이중 모음에만 있는 것이 아니라 ㅖ,ㅒ,ㅚ,ㅓ,ㅡ에도 있다. 리사이틀(recital)에 관한 표현은 미국의 Henneke란 학자가 쓴 글 가운데 "Straight recital of news by an Announcer"란 데서 비롯되었다. 이 학자는 방송에서 흘러나오는 모든 소리(뉴스, 중계, 대본, 내레이션, MC·DJ의 멘트 등)(음성 언어/방송 언어)는 음악에서 박자와 음정이 기본적으로 철저히 지켜진 음악 소리가 송출되듯 해야 한다는 당위성을 상징적으로 표현했다고 하였다. 초창기 일본 방송은 미국 방송의 영향을 받을 수밖에 없었다. 모방이 체질화되어 있는 일본 방송인들이 리사이틀(recital)이란 철학이 담긴 말을 자기네의 방송 용어로 사용했던 것으로 유추(類推)된다. 일본 방송의 영향을 받았던 한국 방송도 송신소(送信所)와 대칭되는 방송국을 일명 연주소(演奏所)라 불렀다. KBS가 광화문에 있을 때의 호칭이 정동 방송국/ 정동 연구소, 남산 중턱에 있을 때는 중앙 방송국/ 남산 연주소였는데 후자의 호칭으로 더 불리었다. 일본의 NHK는 뉴스뿐 아니라 내레이션 중계 방송 등 어느 분야의 방송을 듣더라도 '방송말'이 음악처럼 들리는 가히 연주소라 할 수 있다. 현 한국의 방송국의 방송 언어와는 현격한 차이를 보인다. 아나운싱의 수준은 기술상 3단계로 나누어진다. 책을 읽듯이 하는 초보 읽기 단계, 언어의 규범을 지키면서도 자연스럽게 구사하는 말듯 읽는 단계, 그리고 궁극적으로는 마치 기악 연주자가 악기로 작품을 연주하듯 하느님이 내려주셨다는 성대(聲帶)라는 악기로 말을 유려하게 연주하는 단계가 있다. 완벽한 아나운싱을 실연(實演)하기 위하여 아나운서들은 여러 음운 법칙을 체득한다. 그것은 동화 작용(자음·모음), 모음조화, 구개음화, 연음 법칙, 절음 법칙, 동음 생략(同音省略) 등이다. 그런데, 전통적으로 정통파 아나운서들은 국어의 모든 음운 법칙보다 이 한 가지 장단음 규범에 더 큰 비중을 두고 있다. 이 규범은 아나운서의 석기

시대라 할 수 있는 1940년대부터 현재까지 금과옥조(金科玉條)처럼 떠받들고 있다. 장단음 규정이 표준 발음법(1989.3.1 공고)에서는 7장 가운데 1/7비중으로 다루고 있는데 이는 국어학자의 시각(視覺)이다. 장단음 규범이 아나운서에게는 아나운싱 기술에서 알파는 오메가이다. 국어학에서는 소리의 길이 또는 장단음이라고 하는데 아나운서 세계에서는 자고저(字高低)라고도 한다. 필자가 해외 아나운서 교육차 북경과 연변에 갔을 때 그 곳 아나운서들 역시 자고저란 말을 쓰는 것을 보았을 때 동질감과 함께 놀랍기도 했다. 아마 6·25 때 납치되었던 경성 방송국 아나운서가 평양의 아나운서에게 전수시켰고 이 곳 아나운서들이 평양에서 교육받을 때 배웠을 것으로 생각된다. 통상적으로 아나운서 세계에서는 장단음/자고저를 지키는 정도에 따라 방송 역량을 평가했다. 선배 아나운서는 후배 아나운서의 방송을 듣고 모니터하는 것이 일상화 되어 있었다. 감청 장소는 방송국 내에서 뿐 아니라 퇴근 후 집에서 또는 지방의 출장지까지 이어지기도 했다. 모니터의 내용은 주로 장단음이었다. 자고저는 아나운서의 나침반이었다. 그런데 장단음/자고저의 수난(?)이 심심하지 않게 1960년대 초부터 간간이 일어났다. 사건(?)의 내용은 장단음을 지키는 아나운서의 방송말은 딱딱하고 부자연스럽다는 것이 요지이었다. 그러나 그와 같은 사건은 아나운서만이 방송하여야 한다는 원칙에 반발하는 다른 부서 방송인들이 생기기 시작했기 때문이었다. 필자의 기억으로는 최초의 외부 방송인 출연은 1960년대 중반 어린이 프로그램의 코미디언들이었다. 장단음의 훈련이 전혀 뒤지지 않았던 외부 인사를 출연시키기 위해서는 장단음을 지키는 아나운서의 방송을 공격할 수밖에 없었다. 그러니까 장단음은 방송에 나오고 싶은 내부 방송인과 외부인에게는 걸림돌이었고, 아나운서들에게는 그들의 방송을 저지하는 방패가 된 셈이었다. 필자는 다음과 같은 방송 철학에는 지금도 변함이 없다. 전문 지식을 요하는 프로에는 다소 언어의 훈련이 안 되었더라도 전문 지식의 방송을 위하여 외부 인사가 나올 수 있다. 그러나 현대는 모든 분야에 자격증과 면허증이 필수적이듯 음성 언어의 교육을 전혀 받지 않은 소위 전문 MC의 방송 출연은 상식적으로 납득이 안 된다. 필자는 이들을 방송의 천재(?)라고 부른다. 반평생을 방송에 전념했음에도 아직도 쩔쩔매는 방송을 이들은 아무렇지 않게 쉽게 하기 때문이다. 이들의 방송은 완성도가 결여되어 있다. 장단음을 모르기 때문이다. 아나운서들의 국어사랑은 오랜 전통으로 면면히 이어져 오고 있다. KBS는 오랜 역사는 있으나 전통이 없다. KBS의 조직에서 역사에 걸맞은 전통이 있는 곳은 아나운서실뿐이라 자부하고 있다. 그것은 국어가 매개가 되어 마치 장인(匠人)들의 도제교육(徒弟敎育)처럼 수십 년 동안 내려오고 있다. 선배와 후배는 가르치고 배우는 사이가 되어 형님 같은 선배와 아우 같은 후배의 정이 싹터 왔기 때문이다. 음성 언어의 발상지(發祥地)는 KBS 아나운서실로 보아도 좋을 것이다. 필자 나름대로 방송 언어의 탄생과 변천 과정을 시기별(時期別)로 나누어 보면 제1기(第一期)는 자각기(自覺期)(1945~1950)로 해방과 더불어 국어사랑이 곧 나라사랑이라는 선각자적 사명감이 불타던 시기요, 제2기는 계승기(繼承期)(1951~1982)로 국어 수호(守護)에 철저하여 아나운서는 언어운사(言語運師)로 국민의 국어 교사로서 나라말을 지키는 최후의 보루라는 자부심을 가지던 시기이다. 이 기간에는 국어학을 전공한 아나운서들이 입사함에 따라 음성 언어의 이론적 체계의 초석을 놓은 전환기(轉換期)이기도 하다. 제3기(第三期)는 발전기(發展期)(1983-현재)로 KBS 한국어 연구회가 아나운서실에 탄생되어 국어학계의 원로와 중견학자를 고문과 자문 위원으로 하여 상아탑(象牙塔)의 학문과 현장 언어가 산학 협동(産學協同)의 기반을 다지게 되어 방송 언어가 신기원(新紀元)을 맞이하게 되었다.

2. 장단음의 역사적 배경

15세기 훈민정음 창제 이후 문헌에는 각 글자의 왼쪽에 반드시 무점
(無點), 일점(一點), 이점(二點)을 찍었는데 이를 사성점(四聲點) 또는 방점
(傍點)이라 하였다. 훈민정음에서 사용된 방점은 국어의 성조(聲調) 체계
를 중국의 음악 체계에 의존하여 설정한 것이다. 중국어는 본래 성조언
어이었으므로 국어에서도 이를 중요시 하였으나 이 사성 체계가 국어에
는 적합하지 않음을 발견하고 사실상 입성(入聲)이란 성조가 있을 수 없
음을 지적하여 입성에 대하여 특수한 방점을 마련하지 않았다. 15세기
에는 성조를 가려서 발음했고 훈민정음에서는 방점으로 표시하고 평성
(平聲) 상성(上聲) 거성(去聲)으로 부르다가 17세기에 소멸되었다. 그런데
훈민정음 해례에는 이 방점의 본질에 대하여 안이화 화이거(安而和 和而
擧)와 같은 막연한 설명만 있을 뿐 아무런 구체적인 설명이 보이지 않는
다. 그러나 훈민정음 언해에는 좌가일점즉거성(左加一點則去聲) 무즉평성
(無則平聲) 입성가점동이촉급(入聲加點同而促急)이라 하였다. 즉 점 하나 찍
힌 거성은 높아가는 소리요, 점 없는 평성은 낮은 소리라 했으나 입성은
높낮이에 관한 설명이 없다. 이와 같은 고저장단음(高低長短音)이 훈민정
음 당시에 갑자기 나타났다고 보기는 어렵고, 다만 이 시기에 활자화되
었을 뿐이라고 생각된다. 이 때 정착된 방점은 현대로 이어져 오면서 성
조음가(聲調音價)대로 계승된 것과 반대로 상성(上聲)이 거성(去聲)으로 거
성이 상성으로 바뀐 음도 있을 것이라는 추측이 가능한 것은 표음 문자
의 음운은 가변성이 많기 때문이다. 요즈음에는 중국에는 까다로운 사성
체계의 발음 때문에 배우기가 어렵다고 하는데 당시의 백성들은 더 난처
하였을 것이다. 아마 올바른 성조를 지키지 못했다고 하겠다. 또한 15세
기의 방점과 관계없이 성조를 단순하게 모방한 조선식(朝鮮式)의 장단음
이 생겼을 것이란 가정도 충분히 할 수 있다. 따라서 오늘날 쓰고 있는

장단음의 어휘는

　(1) 15세기 당시의 방점 성조(傍點聲調)가 그대로 계승된 장단음

　(2) 15세기 방점 성조의 변이형(變異形)의 어휘

　(3) 15세기 방점을 모방하여 새로 탄생된 어휘의 총화(總和)가 현재
쓰고 있는 장단음의 어휘라는 학자의 견해도 있다.

3. 장단음의 기능

　방송에 임하는 아나운서들은 볼펜을 가지고 있다. 이것은 띄어 읽기와
장단음을 체크하기 위해서이다. 필자도 신인 아나운서로 입사하여 정년
퇴직할 때까지 그리고 지금도 방송 현업에 종사하고 있기 때문에 단 하
루도 장단음을 생각하지 않는 날이 없다는 생각을 하게 되니 과연 이 장
단음이 아나운싱에 어떤 기능을 하는가를 새삼 생각하게 된다. 어느 아
나운서는 장단음/자고저가 잘 되는 약이 있었으면 좋겠다는 농을 하던
일이 떠오르기도 한다. 장단음의 기능은 4가지로 요약할 수 있다.

　(1) 의미의 변별력(辨別力)

　(2) 표준 억양/ 음악적인 음성 언어

　(3) 품위 있는 음성 언어

　(4) 발음의 편리성

　위의 4가지의 기능 가운데 국어학계에서는 (1)만을 인정하여 1989년
3월 1일 공고된 표준 발음법에는 변별력의 기능만 다루고 있다. 그리고
음성 언어학자들은 (1)과 (2)를 장단음의 역할로 보고 있다. 필자는
(3)과 (4)의 필요성을 방송 현장에서 체득하게 되었다.

3.1. 의미의 변별력

아나운서 사회에서는 장단음이란 용어 외에도 자고저, 동형이의어(同形異義語) 또는 쌍둥이말이라 쓰고 있다. 이것을 동형이음어(同形異音語)라고도 한다. 사람이라는 이 음절어에서 장음 '사'에 악센트가 생기면서 사 : 람[사   람]과 같이 고저의 리듬이 생긴다. 거 : 리(距離)/ 거리(街), 눈 : (雪)/ 눈(眼), 밤 : (栗)/ 밤(夜)에서 형태소(形態素)는 같지만, 장단에 따라 뜻이 달라지기 때문에 동형이의어 또는 쌍둥이말, 동형이음어라고 한다. 이와 같이 쌍을 이루는 낱말은 무려 7185쌍이나 된다. 이 한 가지의 예로써도 장단음의 중요성을 짐작할 수 있다. 단순하게 '길게' 또는 '짧게'란 말인데 의미에서는 유사한 말이 아니라 별개의 어휘가 되므로 장단음의 중요성이 강조되는 것이다. 마크 트웨인(Mark Twain)의 다음 글은 장단음의 (1)의 필요성을 대변하여 주는 것 같다.

"The difference between the right word and almost right word is the difference between lightning(번갯불) and the lightning bug(반딧불)."

동형이음어/ 동형이의어 가운데 방송에서 빈도수가 높게 쓰이는 말은 다음과 같다. 단순 장음과 장고모음(長高母音)은 조음점(調音點)이 다르기 때문에 표준 발음법에서는 소홀히 한 점을 여기서는 보완하였다. 장단음의 비율은 일본어가 3:1로 가장 길며 영어가 1.8:1로 가장 짧다. 한편 한국어는 평균 2.88:1이었으나 근래에 훨씬 짧아진 경향을 보인다. 그러나 조사 대상 자료(시 낭송, 뉴스, 중계 등)에 따라 큰 편차(偏差)를 보일 수 있어 엄밀한 연구 작업이 요망된다.

● 동형이음어(同形異音語)/ 동형이의어(同形異義語, 쌍둥이말)

가공 可:恐/ 加工, 架空	개가 凱:歌, 改:嫁/ 開架(도서관~室)
가교 假:橋/ 架橋	개성 個:性/ 開城
가동 可:動/ 稼動	개수 改:修/ 個數[쑤]
가정 假:定/ 家庭	건재 健:在, 建:材/ 乾材
간부 奸:夫, 奸:婦/ 幹部	건조 建:造/ 乾燥
감사 感:謝/ 監査, 監事	경계 警:戒/ 境界
감상 感:想, 感:傷/ 鑑賞	경관 警:官/ 景觀
감정 感:情/ 鑑定	경구 警:句[꾸]/ 經口
강권 强:勸/ 强權[권]	경기 競:技/ 景氣, 京畿, 輕騎(~兵),
강도 强:盜/ 强度	驚氣[끼]
경로 敬:老/ 經路	강변 强:辯/ 江邊
고성 古:城/ 高聲, 固城	경륜 競:輪/ 經綸
고전 古:典/ 苦戰	경리 警:吏(경찰에 종사하는 관리)/ 經理
고해 告:解/ 苦海	경비 警:備/ 經費
공동 共:同/ 空洞(텅 빈 굴)	경사 慶:事, 警:査/ 傾斜
공명 共:鳴/ 公明, 功名	경위 警:衛/ 經緯
공모 共:謀/ 公募	경정 警:正/ 更正, 輕艇
공수 攻:守/ 空輸, 空手	경주 慶:州, 競:走/ 傾注
공신 貢:臣(공물을 바치는 신하)	고가 古:家/ 高架, 高價[까]
/ 功臣, 公信	공영 共:營/ 公營
고대 古:代/ 苦待, 高臺	공용 共:用/ 公用
고도 古:都/ 孤島, 高度	공학 共:學/ 工學
고목 古:木/ 枯木	과정 過:程/ 課程
고사 故:事, 古:事·考:査,	광주 廣:州/ 光州
古:寺, 告:祀/ 固辭, 枯死	교대 敎:大/ 交代
과거 過:去/ 科擧	교목 校:牧/ 喬木
구조 救:助/ 構造	교사 敎:師, 校:舍, 敎:唆/ 絞死
구주 救:主, 舊:株/ 歐洲	구내 口:內/ 構內
군 郡:/ 軍	구도 舊:都, 求:道/ 構圖
군수 郡:守/ 軍需	구두 口:頭/ 구두
근간 近:刊, 近:間/ 根幹	구명 求:命/ 究明

금강　錦:江/ 金剛

금수　禁:輸, 錦:繡/ 禽獸

금조　禁:鳥/ 禽鳥(날짐승)

금주　禁:酒/ 今週

기생　妓:生/ 寄生

난도　亂:刀/ 難度

난사　亂:射/難事

단음　短:音/ 單音

단장　短:杖, 斷:腸/ 丹粧, 團長

단정　斷:定/ 端正

단조　短:調/ 單調

단종　斷:種/ 端宗

단주　斷:酒/ 端株(10만 미만의 주)

단지　但:只, 斷:指/ 團地

단층　斷:層/ 單層

단타　短:打/ 單打

단행　斷:行/ 單行

담　　膽:(쓸개), 痰:(가래)/ 담

대구　對句〔꾸〕/ 大邱, 大口

대사　大:事, 大:使, 代:射/ 臺詞

대상　大:賞, 對:象/ 隊商, 帶狀

대지　大:地, 對:地/ 垈地, 臺地

도　　道:/ 度

도가　道:家/ 都家

도량　道:場 (사찰 내~), 度量/跳梁 (함부로 날뜀)

도로　道:路/ 徒勞

도상　道:上/ 途上(개발~), 圖上

도수　導:水/ 度數〔쑤〕, 屠獸(~場), 徒手(~체조)

동기　動:機, 冬:期, 同:期, 童:伎/ 銅器, 同氣(~간)

도인　道:人/ 陶印(흙으로 빚은 도장)

구미　口:味/ 歐美, 龜味

구비　口:碑/ 具備

구전　口:傳/ 口錢

낭자　狼:藉/ 郎子, 娘子

내력　耐:力/ 來歷

난자　亂:刺/ 卵子

노비　路:費/ 奴婢

농담　弄:談/ 濃淡

단가　短:歌/ 團歌, 單價〔까〕

단기　短:期/ 檀紀, 單旗

단문　短:文/ 單文

단속　斷:續/ 團束

단수　斷:水/ 單數, 段數〔쑤〕

단식　斷:食/ 單式

단신　短:身, 短:信/ 單身

대목　大:木/ 臺木(추석~)

대본　大:本/ 臺本

도청　道:廳/ 盜聽

도통　道:通/ 都統

도화　導:火/ 桃花

돈독　돈:毒〔똑〕/ 敦篤

동경　憧:憬/ 東經, 東京

동계　冬:季, 同:系/ 東界(조선시대 함경도)

동구　洞:口/ 東歐

동맹　同:盟/ 東盟(고구려 시대의 제천 의식)

동문　同:門/ 東門

동화　童:話, 同:化/ 同和(~通信)

망상　妄:想/ 網狀

매장　賣:場/ 埋葬

맹장　猛:將/ 盲腸

면　　面 ：麵:/ 綿

면직　免:職/ 綿織

도장　道:場/ 圖章, 塗裝

도정　道:程/ 搗精(쌀~)

도제　道:諦(苦集減道 四諦 중 하나)
　　　　/ 徒弟(~교육), 陶製(~기마상)

동상　凍:傷/ 銅像, 銅賞

동서　同:棲/ 東西, 同壻

동안　童:顏/ 東岸

동의　動:議, 同:意, 同:議
　　　　/ 胴衣(저고리 조끼 바람)

동인　動:因, 同:人/ 東人

동자　同:字(짜)/ 瞳子, 童子

동점　同:點(쩜)/ 東漸(西勢~)

동정　動:靜, 同:精, 童:貞/ 東征

동지　同:志/ 冬至

동창　凍:瘡/ 同窓, 東窓

동해　凍:害/東海

동향　動:向, 同:鄕/ 東向

무기　武:器/ 無期, 無機

무관　武:官/ 無關

미명　美:明, 未:明(날이 밝기 전)
　　　　/ 微明(희미하게 밝아옴)

무사　武:士/ 無事

무산　霧:散/ 無産

무순　무:荀/ 無順

무신　武:臣/ 無信

무위　武:威/ 無爲

무인　武:人/ 無人(~카메라)

무지　拇:指(엄지)/ 無知,
　　　　無地(무늬 없는 천)

방수　放:水/ 防水

방어　放:魚/ 防禦

방화　放:火/ 防火, 邦畫

배상　拜:上/ 賠償

부여　附:與/ 扶餘

모자　母:子/ 帽子

모함　母:艦/ 謀陷

모형　母:型/ 模形, 模型(~비행기)

몽매　夢:寐/ 蒙昧

무고　誣:告/ 無故

무력　武:力/ 無力

무문　舞:文/ 無紋(~토기)

미풍　美:風/ 微風

반포　反:哺(은혜를 갚음)/ 頒布

방　　榜 :/ 房

방면　放:免/ 方面

방문　訪:問, 榜:文/ 房門

방사　放:射, 放:飼/ 紡絲, 房事

문진　問:診/ 文鎭

방한　訪:韓/ 防寒

미관　美:觀/ 微官

배우　配:偶/ 俳優

변　　卞 :/ 邊

병　　病 :/ 瓶

병기　倂:記/ 兵器

병마　病:魔/ 兵馬

병사　病:死/ 兵士

부지　敷:地/ 不知

부표　否:票/ 浮漂, 浮標

부하　負:荷/ 部下

분　　分:(~에 넘치다), 憤 :/ 粉

부심　副:審/ 腐心

사물　事:物/ 私物

사방　四:方/ 砂防

사법　四:法, 死:法/ 司法, 私法

사병　士:兵/ 私兵

사부　四:部(~합창)/ 師父

사유　事:由/ 思惟, 私有

사의　謝:意/ 辭意

부유　富:裕/ 浮遊
부인　否:認/ 夫人, 婦人
부자　富:者/ 父子
부장　副:葬/ 部長
부정　否:定/ 不正, 不淨, 父情,
　　　不貞, 不定
병적　病:的〔쩍〕/ 兵籍
부대　附:帶/ 部隊
부도　浮:屠, 附:圖/ 不渡, 婦道
부력　富:力/ 浮力
부상　負:傷, 副:賞/ 浮上
분기　憤:氣, 噴:氣/ 分期, 分岐
사시　四:時/ 斜視
사신　使:臣/ 私信
사실　史:實, 事:實/ 寫實
사용　使:用/ 私用
사우　四:友/ 社友
사상　思:想, 史:上, 死:傷
　　　/ 砂上(~누각)
사색　四:色, 死:色/ 思索
사서　四:書/ 司書
사생　四:生/ 寫生
사석　死:石/ 私席, 捨石
사선　死:線/ 斜線
사수　死:守/ 射手
사주　四:柱/ 社主
사지　死:地, 四:肢/ 寺地
사칙　四:則(덧셈, 뺄셈, 곱셈, 나눗셈)
　　　/ 社則
산촌　散:村/ 山村
산하　傘:下/ 山河
산화　散:華/ 酸化
사형　死:刑/ 私刑, 詞兄(문인
　　　사이의 호칭)

사장　死:藏/ 社長
사적　史:蹟, 史:籍, 史:的〔쩍〕/ 私的
사전　事:前, 事:典/ 辭典
사절　使:節, 謝:絶/ 辭絶
사족　四:足/ 蛇足
사정　事:情/ 査定(正), 司正, 射程, 射精
산지　産:地/ 山地
사태　事:態/ 沙汰(쇠고기)
사학　史:學/ 私學
상　　上:/ 賞, 喪, 床
상감　上:監/ 象嵌
상고　上:古, 上:告/ 商高
상공　上:空/ 商工
상관　上:官/ 相關
상급　上:級/ 上級/ 賞給
상대　上:代/ 商大, 相對
상기　想:起, 上:記(氣)/ 詳記
상식　上:食/ 常識
상의　上:衣/相議, 商議
상장　上:場/ 喪章, 賞狀〔쩡〕
상전　上:典/ 桑田
상처　喪:妻/ 傷處
상품　上:品/ 商品. 賞品
상하　上:下/ 常夏
상해　上:海/ 傷害
상승　上:昇/ 常勝(~街道)
서명　署:名/書名
서사　敍:事/書士
선도　善:導/先導. 鮮度
선물　膳:物/ 先物
선발　選:拔/ 先發(~투수(隊))
선방　善:防/ 禪房
선사　선:사/ 先史, 禪師
선수　選:手/ 先手

산도　產:道/ 酸度　　　　　선심　善:心/ 線審
산수　算:數/ 山水　　　　　선인　善:人/ 先人
산적　散:炙/ 山賊, 山積　　선임　選:任/ 先任(~者)
산전　產:前/ 山戰(~水戰)　선전　善:戰/ 宣傳(戰)
상권　上:卷/ 商圈, 商權[권]　선정　選:定, 善:政/ 禪定, 煽情
산정　算:定/ 山頂　　　　　선행　善:行/ 先行(~走者)
상동　上:同/ 相同　　　　　성지　聖:地/ 城地
상례　上:例/ 常例(禮), 喪禮　성현　聖:賢/ 成俔
상면　上:面/ 相面　　　　　소사　小:史(事)/ 燒死
상반　上:半(~身)/ 相半　　소생　所:生 小生/ 蘇生
상부　上:部/ 相扶　　　　　소성　塑:性 素性, 燒成
상사　上:司/商社　　　　　소소　小:小:하다/ 簫簫하다
상서　上:書/祥瑞　　　　　소수　小:數 少數/ 素數
상석　上:席/床石　　　　　소식　小:食/ 消息, 素食
상수　上:水(~道)/常數　　소실　小:室/ 燒失, 消失
상술　上:述/詳述. 商術　　소심　小:心/ 素心
서기　瑞:氣/西紀. 書記　　소요　所:要/ 逍遙, 騷擾
서문　序:文/西門　　　　　소원　所:願, 小圓/ 疏遠
서산　瑞:山/西山　　　　　수학　數:學/ 修學
서생　庶:生(出)/書生　　　순조　順:調/ 純祖
서식　棲:息:/ 書式　　　　순종　順:從/ 純種
서원　誓:願, 署:員/ 書院　시　　市:/ 時, 詩
서인　庶:人/ 西人　　　　　시가　市:街/ 時價, 媤家, 詩歌
서장　署:長/ 西藏(티베트)　시각　視:覺(角)/ 時刻
서주　序:奏/ 徐州(지명)　　시경　市:警/ 詩經
서창　敍唱(recitative)/ 西窓　시계　視:界/ 市界, 時計
서천　曙:天, 舒:川(지명)/ 西川(天)　시공　施:工/ 時空
서초　西:草/ 西草(평안도산 담배)　시구　始:球/ 詩句 [꾸]
서행　徐:行/ 西行　　　　　시보　試:補/ 時報
선　　善:/ 禪　　　　　　　시비　是:非/ 詩碑
성　　性:姓:/ 城　　　　　신문　訊:問/ 新聞
성가　聖:歌/ 聲가[까-]　　신사　紳:士/ 神社(~참배)
성대　盛:大/ 聲帶　　　　　신임　信:任/ 新任
성명　姓:名　聲明　　　　　신장　腎:臟/ 身長, 新裝(~개업),

성상 聖:像/ 星霜
성시 盛:時/ 成市(문전~)
성신 聖:神/ 星辰
성역 聖:域/ 聲域
성의 聖:衣/ 誠意
성인 聖:人/ 成人
성장 盛:裝/ 成長
성적 性:的〔쩍〕/ 成績
소자 小:子(字)/ 素子
소장 所:長(臟), 소장
소재 所:在/ 素材
소지 所:持/ 掃地(池), 素地
수리 數:理/ 修理 水利 受理
수사 數:詞/ 修士(辭), 搜査
수식 數:式/ 修飾
수인 數:人/ 手印囚人
수종 數:種/ 水種
수차 數:次/ 水車
수치 數:値/ 羞恥
수표 數:表/ 手票
시사 示:唆/ 時事
시상 施:賞/ 詩想
시성 詩:聖(~式)/ 詩聖(~타고르)
시세 市:勢/ 時勢
시식 試:食/ 時食
시인 是:認/ 詩人
시작 始:作/ 詩作
시점 視:點/ 時點
시정 市:政/ 是:正, 詩情, 施:正,
     市:井아성 亞:聖 / 牙城
시조 始:祖/ 時調
시차 視:差/ 時差
시흥 始:興/ 詩興
연서 戀:書/ 連署

신곡〔짱〕
심리 審:理/ 心理
심사 審:査/ 心思
아명 雅:名/ 兒名
안전 案:前/ 安全
양가 兩:家/ 良家
양단 兩:端/ 洋緞
양모 養:母/ 羊毛
양성 養:成/ 陽性
연식 軟:式/ 年式(2005년 식차)
연정 戀:情/ 聯政
연체 軟:體/ 延滯
연타 軟:打/ 連打
영가 詠:歌/ 靈歌
영구 永:久/ 靈柩
영세 永:世/ 領洗, 零細
영주 永:住/ 領主
용량 用:量/ 容量(들어갈 수 있는 분량)
용병 用:兵/ 傭兵(~선수)
우수 偶:數, 雨:數/ 優秀, 憂愁
우월 右:越/ 優越
우정 友:情/ 郵政
우편 右:便/ 郵便
원광 遠:光/ 原鑛, 圓光(~대학)
원대 遠:大/ 原隊
원로 遠:路/ 元老
원산 遠:山/ 元山
원색 遠:色(여색을 멀리함)/ 原色
원서 願:書/ 原書(영어~)
유복 有:福/ 裕福(~한 가정)
유부 有:婦(夫)/ 油腐(~국수)
유산 有:産/ 遺産, 乳酸, 流産
유선 有:線/ 流線, 乳腺
유성 有:性/ 流星, 油性

연석 宴:席/ 連席

연수 研:修/ 軟水, 年數 〔쑤〕

양식 養:殖/ 洋式(食), 樣式,
　　　糧食, 良識

양인 兩:人/ 洋人

어군 語:群/ 魚群

여신 與:信/ 女神

연고 軟:膏/ 緣故(~地)

연금 捐:金/ 鍊金, 年金

연기 演:技/ 煙氣, 延期

연보 捐:補/ 年譜(報)

영창 營:倉

영천 永:川/ 靈泉(서대문 근처)

오등 五:等/ 吾等(우리들)

오열 五:列/ 嗚咽

왕성 旺:盛(식욕이~)/ 王城

외상 外:相/ 外床(~을 받다)

요람 要:覽/ 搖籃

요망 要:望/ 妖妄

요사 夭:死/ 妖邪

요원 要:員/ 遙遠(갈 길이 ~하다)

요절 夭:折/ 腰折(~복통)

용기 勇氣/容器

원수 怨:讐/ 元首(師)

원시 遠:視/ 原始

원인 遠:因/ 原因

원조 援:助/ 元祖(~집)

유가 有:價(~증권)/ 儒家,
　　　油價 〔까〕

유고 有:故(~時)/ 遺稿

유급 有:給/ 留級

유기 有:機/ 遺棄, 鍮器

유도 柔:道/ 誘導, 儒道

유독 有:毒/ 惟獨

유세 有:勢/ 遊說

유수 有:數/ 流水

유신 有:信(신)/ 維新, 儒臣

유용 有:用/ 流用

유의 有:意/ 留意

유인 有:人(~우주선)/ 誘引

유임 有:賃/ 留任

이종 異:種/ 姨從

이천 利:川(경기도)/ 伊川(강원도)

이체 異:體/ 移替

이화 異:化/ 梨花

일가 一:家(~친척)/ 一家(~를 이루다)

자기 磁:氣, 瓷:器/ 自己

자력 磁:力/ 自力

자문 諮:問/ 自問(~자답)

자살 刺:殺(야구용어 put out)/ 自殺

자상 刺:傷/ 自傷, 仔詳(~한 성격)

자성 磁:性/ 自省(~의 기미)

자원 資:源/ 自願(~입대)

자의 恣:意/ 自意

자재 資:財/ 自在(자유~)

자행 恣:行/ 自行

장   醬:欌:臟:/ 張, 場

장관 壯:觀/ 長官, 腸管

장기 臟:器/ 將棋, 長期(技) 〔끼〕

장도 壯:途(~에 오르다)/ 粧刀(은~)

장벽 腸:壁/ 障壁

장병 將:兵/ 長病(~에 효자 없다)

전공 戰:功, 電:工/ 專攻

전구 電:球/ 全區

전국 戰:國(춘추~)/ 戰局, 全國

전기 電:氣, 轉:機/ 傳記, 前期(記)

전단 戰:端/ 傳單, 全段(~광고)

전당 殿:堂, 典:堂(~포)/ 全党

유리　有:利/ 遊離, 琉璃
유명　有:名/ 幽明(~을 달리하다)
유자　有:子/ 柚子(~차)
유종　有:終/ 乳腫(~의 美)
유지　有:志/ 遺志 維持, 油脂(紙)
유해　有:害(~식물)/ 遺骸
유형　類:型/ 有形, 流刑
이사　理:事/ 移徙
이심　二:審/ 移審
이월　二:月/ 移越
이장　里:長/ 移葬

이전　以:前/ 移轉
임지　任:地(~로 떠나다)
　　/ 臨地(~조사), 林地
자수　刺:繡/ 自手(~성가), 自首
장부　丈:夫/ 帳簿
장비　葬:費/ 裝備
장송　葬:送/ 長松(낙락~)
장수　將:帥/ 長張, 壽數 〔쑤〕
장원　壯:元(~급제)/ 莊園(중세의~)
장인　丈:人(~장모)/ 匠人(~정신)
장정　壯:丁/ 裝幀, 長征
장지　葬:地/ 壯志, 長指, 장지(~문)
장대　將:大, 壯:大(기골이~)/ 長大
　　〔때〕(~높이뛰기), 長大(~비)
재간　再:刊/ 才幹(손~)
재기　再:起/ 才氣(~발랄)
재수　再:修/ 財數
전경　戰:警/ 全景, 前景
전령　電:鈴/ 傳令(~使)
전과　戰:果 〔꽈〕, 轉:科 〔꽈〕
　　/ 前科 〔꽈〕, 全科
전례　典:禮/ 前例

(~대회)
전대　戰:隊, 纏:帶(~를 허리에 차다)/
　　前代
전선　戰:線(船), 電:線/ 前線, 全線
전성　轉:成/ 全盛
전력　戰:力, 電:力/ 全力, 前歷
전승　戰:勝(~탑)/ 傳承(~공예),
　　全勝(~을 기록하다)
전신　電:信/ 全身, 前身
　　(고려대의~은 보성전문)
전업　轉:業/ 前業(~의업), 專業(~이재
　　理:財(~에 밝다)/ 罹災(~民)주부)
전지　電:池, 剪:枝, 戰:地/ 全紙,
　　全知(~전능)
전직　轉:職/ 前職
전철　電:鐵/ 前轍(~을 밟다)
전파　電:波/ 傳播, 全破(가옥이~)
전표　錢:票(인부에게~를 주다)
　　/ 傳票(지불~)
전해　電:解(~질)/ 前 해(지난 해)
전형　典型(~적 미인)/ 銓衡(서류~),
　　全形
전장　戰:場/ 前章, 場〔짱〕, 全長
정관　定:款/ 精觀 精管
정교　政:教(그리스~)/ 精巧
정당　正:當/ 政堂
정도　正:道(~를 걷다)/ 程道
정류　整:流/ 停留(~場)
정리　定:理(피타고라스~),
　　整:理(책상~)/ 情理
정립　定:立/ 鼎立(삼국의~)
정맥　整:脈/ 靜脈
정복　正:服(~차림)/ 征服
정사　正:史/ 政事, 情事(死)

전매　轉:賣(아파트~)/ 專賣

전문　電:文/ 專門, 全文, 傳聞, 前文

전방　塵:房〔빵〕/ 前房

전법　戰:法/ 傳法

전복　顚:覆/ 全鰒(소라)

전사　戰:史(死)(士), 轉:寫/
　　　前社(~的), 前史

전도　顚:倒(주객이~)/ 前途,
　　　全道(圖), 傳道(~師)

전등　電:燈/ 前燈(차의~), 傳燈

전략　戰:略/ 前略

전세　戰:勢/專貰,傳貰(~를 놓다)

전송　餞:送(공항에~), 電:送(~사진),
　　　轉:送(물건을~)/ 傳誦(불경은
　　　~되었다)

전술　戰:術/ 前述

전역　轉:役(예비역으로~)
　　　/ 全域(서울~)

전재　轉:載(무단~)/ 全載(신문에~)

전적　戰:績, 轉:籍/ 全的〔쩍〕

전주　電:杜, 錢:主, 箋:註, 典:主
　　　/ 前週〔쭈〕, 全州, 前奏

전열　戰:列/ 電熱, 前列〔녈〕

전용　轉:用(예산을~)/ 專用

전원　電:源/ 田園, 全員

전위　電:位, 轉:位/ 前衛(~예술)

전임　轉:任(~발령)/ 專任(~강사)

전자　電:子/ 前者

전후　戰:後/ 前後

정　　鄭 :/ 丁

정실　正:實(~부인)/ 情實

정액　定:額(~보험)/ 淨液

정연　整:然/ 井然(논리가~)

정원　定:員/ 庭園

정상　正:常/ 頂上

정서　正:書/ 情緒

정체　正:體(~性)/ 停滯(차가 ~되다)

조　趙 :(~光祖)/ 曹(~操)

조감　照:鑑/ 鳥瞰(~도)

조곡　弔:哭/ 組曲(모음곡)

조급　早:急/ 躁急(성격이 ~하다)

조력　助:力/ 潮力(~발전)

조련　操:鍊(~당하다)/ 調練(~師)

조로　弔:老/ 朝露(~의 인생)

조리　笊:籬(~질)/ 條理, 調理

조문　弔:文(問)/ 條文(법~)

조사　助:詞, 弔:詞, 早:死/調査

조상　弔:喪/ 祖上

주목　注:目/ 朱木(~은 살아서 천 년
　　　죽어서 천 년)

주문　呪:文, 注:文/ 主文, 朱門

주사　注:射/ 酒邪, 主事

주석　註:釋/ 酒席, 主席, 朱錫

주역　註:譯/ 主役, 周易

주일　駐:日(~대사)/ 主日(~학교),
　　　週日(한~)

주자　奏:者(오르간~), 鑄:字(~소)
　　　/ 走者, 朱字

주재　駐:在(동경~특파원)/ 主材,
　　　主宰

주정　酒:酊(술~)/ 酒精

주조　鑄:造(활자를 ~)/ 主調
　　　(~정실)

종씨　從:氏/ 宗氏(같은~)

중기　重:機(기~)/ 中期(이조~)

중대　重:大/ 中隊

중량　重:量(~급)/ 中量(~급)

중문　重:文/ 中門

정의　定：義, 正：義/ 情意
정정　正：正(~당당)/ 訂正
정제　整：齊(의관을~)/ 錠劑
정조　正：祖/ 貞操
정좌　正：座/ 靜座
정지　整：地(~작업)/ 停止, 靜止
정직　正：直/ 停職
정찰　正：札(~제)/ 偵察(~隊)
제정　制：定, 帝：政(~러시아),
　　　祭政(~일치)/ 提呈(신임장을~)
정통　正：統(~파)/ 精通(~한 소식통)
정하다　定：(규칙을 ~하다)/
　　　淨(샘물이 ~하다)
제국　帝：國/ 諸國(유럽~)
제기　祭：器/ 提起(~차기)
제대　祭：臺(~위의 촛불)/ 除隊
제도　制：度, 製：圖(~연필)/
　　　諸島(필리핀~)
제악　祭：樂/ 諸惡
제위　帝：位(~에 오르다)/ 諸位
제왕　帝：王(알렉산더~)/ 諸王
제자　弟：子/ 題字, 諸子(~百家)
제재　制：裁(~를 가하다),
　　　製：材(所)/ 題材
조서　詔：書, 弔：書/ 調書
　　　(~를 작성)
조선　造：船(~소)/ 朝鮮
조성　助：成, 造：成/ 組成, 調聲
조수　助：手/ 鳥獸, 潮水
조어　造：語/ 祖語
조작　造：作(~극)/ 操作(기계~)
조장　助：長(풍조를 ~)/
　　　組長(일조~)
조조　早：朝(~할인)/ 曹操

중복　重：複/ 中伏
중상　重：傷(~을 입다)/ 中傷
　　　(~모략)
중세　重：稅(~에 허덕이다)/中世
중신　重：臣/ 中신(중매)
중심　重：心/ 中心
중용　重：用/ 中庸
중인　衆：人/ 中人(~계급)
중점　重：點(~사업)/ 中點
창　唱：/ 窓, 槍
창가　唱：歌/ 窓 가{까}
창법　唱：法/ 槍法
처자　處：子/ 妻子(~식)
처형　處：刑/ 妻兄
천기　賤：妓/ 天機(~누설)
천도　遷：都(~度)/ 天道
천명　闡：明/ 天命
천연　遷：延/ 天然
천인　賤：人/ 天人(~공노)
천자　賤：子/ 天子, 天字(~문)
천직　賤：職/ 天職
타파　打：破/ 他派
태　態：/ 胎
통독　統：獨/ 通讀
통장　統：長/ 通帳(저금~)
통풍　痛：風/ 通風(~장치)
파문　破：門/ 波紋(~文)
파상　破：傷/ 波狀(~공격)
파수　破：水/ 把守(~꾼)
파장　罷：場/ 波長
평정　評：定(~기준)/ 平定(천하~),
　　　平靜(~을 찾다)
평판　評：判/ 平板(~版)
포구　砲：口, 捕：球/ 浦口(하동~)

(삼국지의~)	함수 艦:首/ 含水(~탄소)
조종 弔:鐘/ 操縱(~사)	항구 港:口/ 恒久
조총 弔:銃/ 鳥銃	해금 解:禁/ 奚琴(장이)
조회 照:會/ 朝會	해당 害:黨(~행위)/ 該當
중간 重:刊(~본)/ 中間	해로 海:路/ 偕老(백년~)
중지 衆:智(~를 모으다)/ 中止	해소 解:消/ 咳嗽
중진 重:鎭/ 中震(이번 지진은 ~)	해수 海:水/ 咳嗽(~병)
중형 重:刑/ 中型	해전 海:戰/ 해 前(~마치다)
진도 進:度, 震:度/ 珍島	향수 鄕:愁/ 香水
진상 進:上(~품)/ 眞想(사건의 ~)	향유 享:有/ 香油
진수 進:水(~싴), 珍:羞(~성찬)/	현관 顯:官, 現:官/ 玄關
眞髓	현장 現:場/ 玄奘 (~법사), 舷牆
진언 進:言/ 眞言(~宗)	호패 號:牌/ 胡牌
진주 進:駐, 晋:州/ 眞珠	혼전 混:戰/ 婚前
진통 鎭:痛(~제)/ 陣痛(주기적인~)	화기 火:氣(~器)/ 和氣
차관 借:款(~을 들여오다)/	화단 畵:壇/ 花壇
次官(내무~)	화목 火:木/ 和睦
차등 遮:燈/ 差等(~을 두다), 次等	화백 畵:伯/ 和白(~제도)
차입 借:入/ 差入	화법 畵:法〔뻡〕/ 話法
총론 總:論/ 叢論	화병 火:病〔뼝〕/ 花瓶
총신 寵:臣/ 銃身	화색 禍:色/ 和色(~이 돈다)
치부 恥:部/ 致富, 置簿	화성 火:星/ 和聲, 化成
치하 致:賀/ 治下	화식 火:式/ 和食, 花式
타구 打:球/ 他區	환상 幻:想(~像)/ 環狀(~철도)
타도 打:倒/ 他道	환시 幻:視/ 環視
타력 打:力(~과 수비)/ 他力	환영 幻:影/ 歡迎
타산 打:算/ 他山(~지석)	환호 喚:呼/ 歡呼(~성)
타살 打:殺/ 他殺	회　膾:, 會 :/ 蛔
타수 打:數(10~20안타)/ 舵手	회기 會:期(정기~)/ 回基 (~역)
타율 打:率/ 他律	한식 韓:式(~食)/ 寒食
타종 打:鐘/ 他種	한량 限:量/ 閑良
포대 砲:臺/ 袍帶, 布袋(~帶), 包袋	한림 翰:林(~원)/ 寒林
포도 捕:盜(~대장)/ 葡萄	하시 下:視/ 何時
포진 布:陣/ 鋪陳	한천 旱:天/ 寒天(우무묵)

피선 被:選/ 皮腺	호 號:/ 弧
하등 下:等/ 何等	호가 扈:駕/ 呼價〔까〕, 胡笳
하류 下:流/ 河流	호기 好:機(~奇)/ 浩氣, 豪氣
하반 下:半(~盤)/ 河畔	호남 好:男/ 湖南
호사 好:事(~다마)/ 豪奢	화풍 畵:風/和風
호상 好:喪, 護:喪/ 弧狀, 湖上	화해 火:海, 禍:害/ 和解
호수 戶:數〔쑤〕, 好:守/ 湖水	화형 火:刑/ 花形
호언 好:言/豪言(~장담)	화환 禍:患/ 花環
호우 好:友/ 豪雨(~주의보)	환곡 換:穀/ 還穀
호인 好:人/ 胡人	환매 換:買/ 還買(賣)
호적 戶:籍/ 胡笛	환불 換:拂/ 還拂(~조치)
호주 戶:主, 豪酒 / 濠洲	회류 會:流/ 回流
화약 火:藥/ 和約	회의 會:議/ 懷疑
화장 火:葬/ 化粧	회장 會:長(~場)/ 回裝(~저고리)
화전 火:田/ 花煎(~을 부치다)	회전 會:戰(대~)/ 迴轉, 回轉
화점 火:點〔쩜〕/ 花點〔쩜〕화랑	회중 會:中(~衆)/ 懷中(~시계)
畵:廊/ 花郎(~도)	훈장 訓:長/ 勳章
화주 貨:主, 火:酒/ 化主	

◐ 표준 억양(음악적인 음성 언어)

음악에서 멜로디(高低)와 리듬(長短)이 어우러져 청각에 미감(美感)을 자아내듯 언어에서의 장단음도 같은 기능을 한다. 한국어의 표준 억양은 '땅디'형과 '디땅'형으로 나뉜다. 이러한 이론은 이현복 교수(전 서울대 언어학과)의 Visi-Pitch6087DS라는 전자 음향 분석기에 의한 것이다. 눈에 보이지 않는 말소리를 이와 같은 기기가 나오기 전에는 막연히 '대 : 관령'의 각 음소의 길이는 3:1:2라고 한다. 가령 '사람'과 '사랑'이란 이음절어와 '대관령', '화장품'이란 3음절어를 이 기기에 분석하여 보면 다음과 같다.

(1) 표준 발음   (2) 비표준 발음

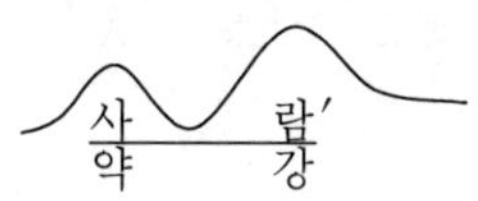

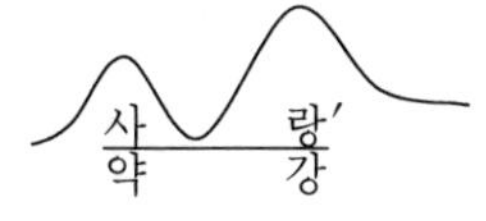

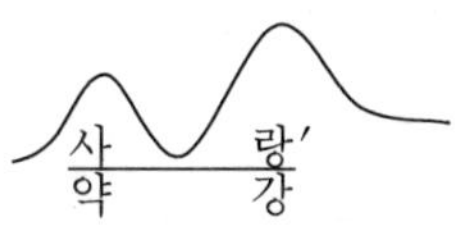

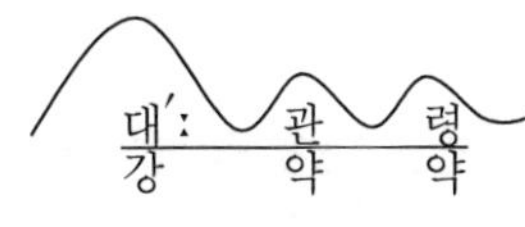

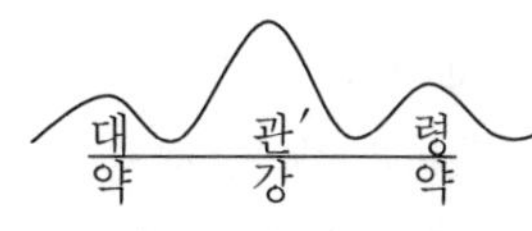

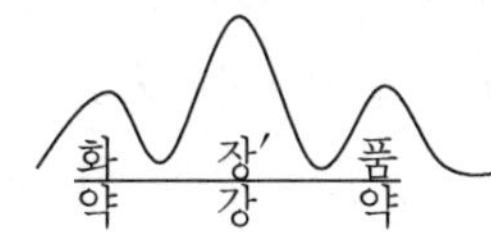

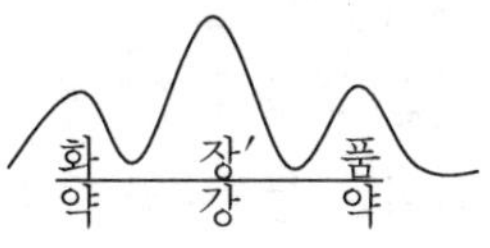

위의 그림에서처럼 표준 발음의 억양은 '강약 강약약 약강약'처럼 리듬에 다양한 변화가 생기면서 아름다운 멜로디가 형성되는데 비해 비표준 발음의 억양은 '약강 약강약' 일변도의 단조로운 멜로디만 생긴다.(그림에 표시는 하지 않았으나 가로의 X축은 시간의 길이, 세로의 Y축은 세기(intensity)를 나타냄).

'한국 방송 공사', '문화 방송', '서울 방송' 그리고 '아나운서'의 음악적인 리듬을 보겠다.

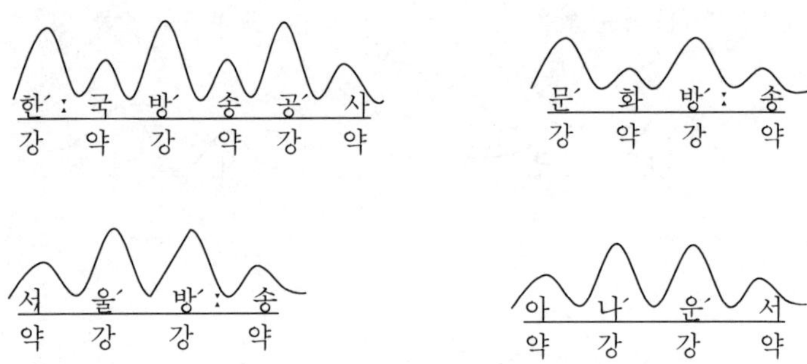

국어의 악센트의 규칙에 따라 '한´ : 국' '방´ : 송'은 장음으로 악센트가 붙게 되며 '공사'와 '문화'는 단음이지만 무거운 음절(heavy Syllafle)이기 때문에 악센트가 온다.

서울의 '울'과 아나운서의 '나'의 악센트는 단음 다음 음절에 악센트가 오기 때문이며 '운'은 무거운 음절이기에 강세가 붙는다.

(ㄱ) 강약 강약 강약 (ㄴ) 강약 강약 (ㄷ) 약강 강약 (ㄹ) 약강 강약 의 아름다운 리듬이 장단음을 지킴으로써 가능해 지는 것이다. 여기서 또한 한국어는 선강후약(先强後弱)의 리듬이 주조(主調)가 되는 언어임을 알 수 있다. 사람 이름의 리듬이 '약강약'의 극소수의 예를 제외하고는 거의 '강약강'의 리듬이다. 서울 사람 자신은 서울말이 듣기 좋다고 생각하는 비율이 92%나 되는 반면 충청도, 영남, 호남, 제주도 지역의 사람은 자기 지역의 방언이 '듣기 좋다'고 생각하는 사람이 39.5%를 넘지 못하는데(최저 20%) 지역 사람 가운데 서울말이 듣기 좋다고 생각하는 비율이 75%나 된다. 이정민 교수의 오래된 통계이기 때문에 이러한 수치가 나왔다고 본다. 근래에는 방송의 영향으로 지역의 학생층은 표준 발음을 의식적으로 시도할 때 가능해지게 되었다. 따라서 현재는 이 통계에서의 비율보다 훨씬 더 긍정적인 결과가 나오리라 생각된다.

이러한 배경은 서울이 500여 년 동안 왕도(王都)로 내려오면서 서울말은 자연히 품위 있는 말로 정착되었다고 본다. 서울말에 불필요한 음성 모음의 경향으로 '돈'을 '둔', '하고'를 '허구'로 '임금님이 거동(擧動) → 거둥하시다', '수라를 잡수 → 접수시다'라고 한다. 이는 음성 모음의 '무겁고 점잖은 音相'을 취하였기 때문이라고 생각된다. 중국 북경과 연변의 우리말 아나운서들은 서울말과 평양말의 느낌에 대한 질문에 '평양말은 딱딱하고 전투적인데 비하여 서울말은 음악적이다'라고 하였다. 영국의 표준어는 수도 런던의 말이 아니라 남부 지역의 말이며 이탈리아 역시 수도 로마 지역의 말이 아니라 피렌체의 말이다. 우리나라의 서울말이 표준말이 된 것은 서울이 수도이었기 때문이 아님을 알 수 있다. 언어는 본고장에서 이주(移住)한 국민이 오히려 보수적으로 말을 지킨다고 한다. 영국의 영어가 현대 영어이고 미국 영어가 영어의 고형(古形)을 지키고 있으며 캐나다 퀘백의 프랑스어 역시 파리의 프랑스어보다 보수성을 띠고 있다. 우리나라도 60년대 전후 이민 간 해외 동포들의 언어에서 국어의 아름다움에 대한 향수에 젖을 때가 있다. 그러나 위의 영국이나 프랑스의 경우와 달리, 한국어의 변질은 '아무나 나와서 아무렇게 하는 방송'에 큰 원인이 있다고 본다.

◐ 품위 있는 언어

단음에 비하여 장음의 인상은 무게가 있고 점잖고 격이 있다. 일상 회화에서 단음 경향의 언어 생활에서도 전통(傳統)을 [전 : 통]이라고 하는 20대의 젊은이를 볼 때 언젠가는 장고모음으로 바뀔 수도 있겠다는 생각도 든다. 어느 성당의 신부(神父)는 강론 중 자주 쓰는 낱말 가운데 자비(慈悲)의 '자'를 길게 한다. 그는 자비의 표준 발음을 모르겠으나 장음이어야 말에 품격이 생긴다고 자기 나름의 당위성을 설명한다. 불교에서 부처님 오신 날 사월 파일(四月 八日)[사 : 월 파 : 일]에서 [파 : 일]이 장

음으로 된 것 역시 그러한 맥락에서 굳어진 것이라고 하겠다. 우리 선조
들은 '景'이 일반 명사로 쓰일 때는 저모음(低母音) '경'으로 읽었다. 景致
〔경치〕, 景氣〔경기〕로, 그러나 궁중어(宮中語)로 쓰일 때는 景德女王〔경 :
덕여왕〕, 景福宮〔경 : 복궁〕처럼 장고모음(長高母音)이다. 暗行御史〔암 :
행어 : 사〕, 聖堂〔성 : 당〕, 어 : 른, 敎會〔교 : 회〕, 설 : 날, 敬老〔경 : 로〕
등의 단어를 짧게 발음한다면 이 낱말들이 가지고 있는 격(格)을 나타내
주지 못할 뿐 아니라 경박한 말이 된다. 여기고 단순장음보다 장고모음
(長高母音)은 어감상 단순 장음보다 더 품격을 주며 장음과 단음은 조음
점(調音點)은 같되 소리의 길이만 다른데 장고모음과 저모음은 조음점이
다르다.

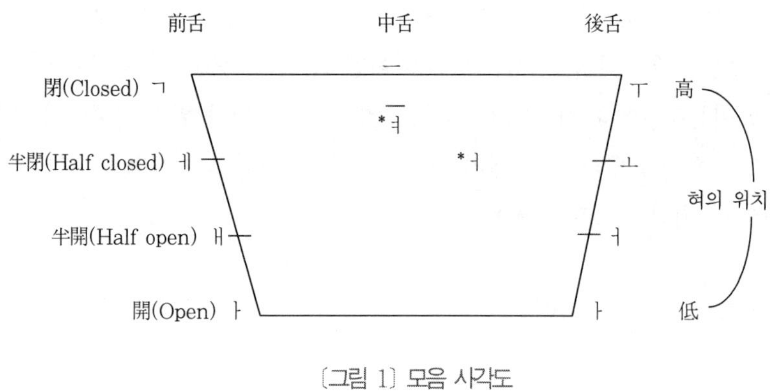

〔그림 1〕 모음 사각도

한국어의 발음 가운데 가장 까다로운 것이 장고모음 〔ㅕ : , ㅕ : , ㅟ : 〕
이다. 장음과 확연히 구별짓기 위해 붙임표(ㅡ)를 썼다. 조음점이 높은
장음이라 하여 장고모음이라 한다. 기성 아나운서들도 이 발음을 하지
못하는 경우가 많다. 〔어 : 른〕의 〔어 : 〕는 중설고모음〔ㅡ〕보다 낮고 〔ㅓ〕
저모음보다 높다. 여 : 론(輿論)의 〔ㅕ : 〕음가(音價)는 길면서 조음점이
높다.

원인(原因)의 발음은 쉬우나 遠因〔원 : 인〕의 발음이 어려운 것은 조음점이 지켜져야 하기 때문이다. 영어에서는 장고모음을 중앙모음(Central Vowel)이라고 하는데 〔ə : 〕조음점(調音点)이 국어보다 다소 낮다.

다음의 문장을 기억하여 두면 장단음과 장고모음을 이해하는 데 도움이 될 것이다.

'장음(長音)'의 발음은 〔장 : 음〕이고, 단음(短音)의 발음은 〔다늠〕이며 저모음(低母音)〔저 : 모음〕의 발음은 장고모음(長高母音)이고 장고모음(長高母音)의 발음은 단음(短音)이다.

◗ 발음의 편리성

아나운싱(announcing)의 기법상 가장 어려운 방송은 중계 방송과 스트레이트 뉴스이다. 10분짜리 뉴스는 5분짜리 뉴스의 두 배, 15분짜리 뉴스는 5분 뉴스의 3배 힘든 것이 아니라 훨씬 가중(加重)된다. 뉴스 아나운싱의 어려움은 최단 시간에 최다 메시지를 전달하는 데 있다. 이것은 중계 방송의 속도보다 느리고 그 외 모든 방송의 형식 가운데 말의 속도가 가장 빠르기 때문이다.

한국어의 어려움은 21가지나 되는 단모음과 이중 모음의 음가를 지켜야 하기 때문이다.

중계 방송(씨름과 야구)의 한 토막을 예로 들어 보겠다.

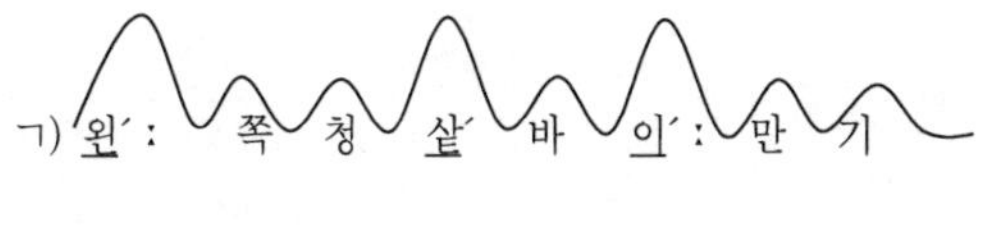

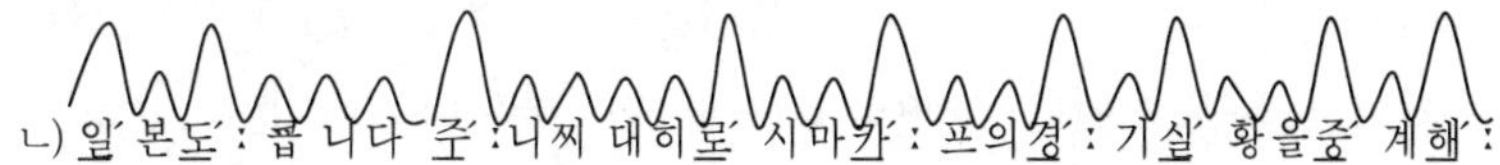

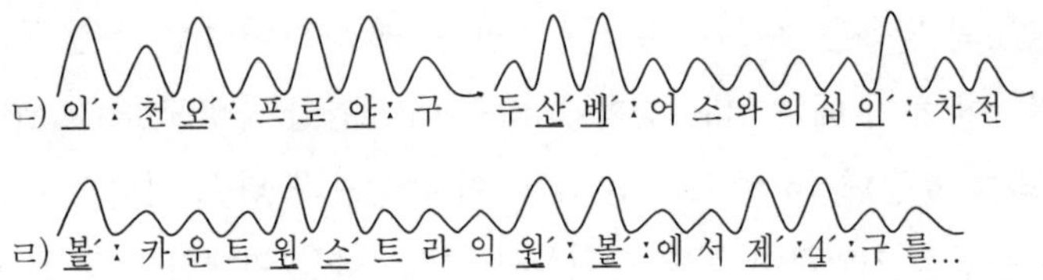

ㄱ), ㄴ), ㄷ), ㄹ)의 예에서 보듯이 단음 다음 음절과 격음의 앞 음절에 강세(強勢)가 오는 경우는 일부이며 대부분 장음의 음절에 악센트가 온다. 이러한 강약의 리듬은 상하 운동을 반복하면서 앞으로 나아가는 파도타기(surfing) 같은 구실을 하여 준다. 여기에 자연히 아나운싱에 탄력까지 붙게 되어 장시간의 중계가 가능해진다. 중계 아나운싱의 원동력은 장단음 지키기에 있다.

말의 속도가 가장 빠른 중계에서 발음을 원활하게 하는 기능을 가진 장단음일진대, 다른 프로의 경우 더더욱 이러한 원리가 적용될 것이다. 장단음을 지키는 것은 노래에서 박자를 맞추어 노래 부르는 것과 같다. 박자와 음정이 맞을 때 노래 부르기가 쉬워지듯 장단음을 지키면 아나운싱도 편리하여지는 것이다.

◉ 장단음의 성격

단어의 첫 음절에서만 긴소리가 나며 둘째 음절에서는 장음이 소멸된다(복합어는 예외).

예1) 한:국, 駐:韓, 정 : 확, 公正

그러나 아나운서 세계에서는 복합어(합성어와 파생어)일 때 긴소리를 내는 것이 불문율(不文律)로 되어 있다(이 글의 표준 발음법의 문제 A. 제2음절

이하의 장단음을 참고 하기 바람.)

둘째 음절 아래에서 반장음(半長音)으로 한 것은 선강후약의 한국어 기본 리듬을 감안하였기 때문이다. 이 반장음이 학계의 정설은 아니고 故 남광우 선생과 일부 학자와 필자의 주장이다. 반장음 표시는 〔•〕로 한다.

한 : 국방•송공사, 첫눈•(雪)이 내린다.
대 : 정•황(大盛況)을 이루다.

또한 필자의 이와 같은 주장의 배경은 이러하다.

1950년대 말경 서울 중앙 방송국장 이운용 선생은 독문학자이면서 한학에도 조예가 깊어 장단음을 철저하게 지켰다. 시상식장에서 全國 大：學 放：送劇 競：演大：會라는 상장 낭독에서 장단음 길이의 비율을 한결같이 지나치게 길게 하여 폭소가 터진 적이 있다. 그 때부터 KBS 아나운서들은 복합어일 때 장단음의 비율은 첫 음절일 때보다 짧게 하기 시작했던 것이다.

전국 대 : 학 방·송극 경·영 대·회 는 리듬이 자연스럽습니다.

‘ㅓ, ㅕ, ㅝ’가 길게 소리 날 때는 조음점(調音點)이 높기 때문에 단순 장음(單純長音)과 구별하기 위해 하이픈〔-〕 부호를 장음 위에 덧붙였다.

예2) 어 : 른, 정 : 인(聖人), 영 : 동(永東 / 永同), 원 : 시(遠視), 정 : 인(聖人)

성조(聲調)대로 발음되는 장단음의 어휘가 대부분이다.

예3) 短 : 短：音, 短：篇, 短：圢 , 短：縮, 단소(短：簫)
     針 : 針：母, 針：葉樹, 針：術, 針：小棒大, 針：房

침(鍼) : 鍼術, 針筒, 鍼灸
初 : 初夜, 初演, 初棒, 初주검, 初志一貫

뜻(訓)에 따라 소리의 길이가 달라진다.

예4) 長 : '길다, 오래다' 일 때는 단음 → 長音, 長久, 長壽, 長期, 長篇
'어른, 높다, 맏, 자라다' 일 때는 장음 → 長:幼, 長:男(女),
長:老, 長:官, 長:成, 長:者,
强 : '세다'일 때는 단음 强力, 强硬, 强烈, 强迫, 强壯, 强靭, 强國,
强大, 强權〔권〕, 强暴, 强弱, 强度, 强性〔썽〕, 强行, 强調

'억지로'일 때는 장음 强制, 强盜, 强勤, 强奪, 强占, 强奸, 强辯
簡 : 간략일 때는 단음 簡便, 簡單, 簡明, 簡素

편지일 때는 장음 簡:札, 簡:紙, 簡:牘

단 簡易는 예외로 장음 簡:易驛, 簡:易食堂

從 : 따르다 일 때는 단음 從量制, 從事, 從兄, 從姪

※ 同 : 필자가 1998년 3월에 낸 '표준 한국어 발음 사전' 집필 중 연구 정리한 내용이다. 현 국어 사전과 다른 필자의 발음 사전의 차별화된 발음 '同'의 경우.

'同'의 성조는 평성(平聲)으로 단음이다. 그러나 성조와 관계없이 ① 둘째 음절이 형식형태소(形式形態素)가 되면 즉 허사(虛辭)가 되면 연음(連音)이 되고 ② 실질 형태소(實質形態素)/ 실사(實辭)가 될 때는 절음 현상(絶音現象)이 일어나 첫 음절이 장음이 된다. 첫음절 '같다'는 실사(實辭)가 된다.

예5) ① 同和, 同窓, 同胞, 同甲, 同氣間, 同生, 同壻, 同僚
　　　② 同 : 化, 同 : 情, 同 : 一, 同 : 意, 同 : 期, 同 : 点, 同 : 志, 同 : 位,
　　　　同 : 門, 同 : 族, 同 : 寢, 同 : 率, 同 : 封, 同 : 人誌, 同 : 類, 同 :
　　　　名異人, 同 : 時, 同 : 行, 同 : 期生, 童 : 參, 同 : 夫人, 同 : 伴, 同
　　　　: 苦同 : 樂, 同 : 席, 同 : 樓, 同 : 腹 : 同生, 同 : 價, 同 : 鄕, 同 :
　　　　本, 同 : 格, 同 : 級, 동 : 열, 同 : 年輩, 同 : 等權, 同 : 業, 同 : 調,
　　　　同 : 宿, 同 : 質, 同 : 心草, 同 : 種, 同 : 形

滿 : '가득 차다' 일 때는 장음 그 밖에는 단음이다.

滿 : 期, 滿 : 喫〔끽〕, 滿 : 了, 滿 : 員, 滿 : 朔, 滿 : 點〔쩜〕, 滿 : 朝, 滿
: 面, 滿 : 場, 滿 : 座, 滿 : 載, 滿 : 身, 瘡 : 痍, 滿 : 家, 滿 : 堂, 滿 : 室,
滿 : 庭

滿蒙, 滿人, 滿語, 滿足〔행복의 유의어가 되면서 첫 음절이 실사(實辭)의 역할
이 소멸되었음.〕

素 : 근본, 채식, 무늬 없는 피륙일 때는 장음 — 素 : 服, 素 : 描, 素
　　 : 症〔쯩〕, 素 : 饌, 素 : 食

평소, 소질, 바탕일 때는 단음 — 素行, 素數, 素養, 素材, 素質, 素人
劇, 素因, 素朴

占 : 問卜(점치는 것)일 때 단음, 占據일 때는 장고모음이다.

　　 ㄱ) 占 : 據, 占 : 有, 占 : 居, 占 : 領

　　 ㄴ) 占卦, 占書, 占術

點 : 點心만 장고모음, 그 밖에 '점, 점검, 불을 켜다, 수를 세다'일 때
는 단음.

　　　點：心

　　　點數, 點檢, 點呼, 點火, 點燈

來 ：'오다'일 때 장음, '그 다음, 뒤일 때'는 단음

　　　來：客, 來：賓, 來：往, 來：學期, 來：學年

　　　來日, 來後年,(단 來歷은 단음으로 예외)

興 ：'즐거움'일 때 장음, '일다, 일어나다, 번성하다, 행하다'일 때는
단음

　　　興：味, 興：盡悲來, 興：趣

　　　興亡, 興奮, 興信 , 興行, 興夫

思 　：'생각'은 장음, '생각하다'는 단음

　　　思：想

　　　思考, 思慕, 思春期, 思念, 思惟, 思辨

分 　：'자기 신분에 알맞은 한도'라는 뜻일 때와 '아랫사람에게 명령을
내린다는 경우'만 장음, 후자는 어휘에 무게를 주기 위해 장음이 된 듯.
　　　'나누다'는 단음

　　　分：類, 分：付

　　　分數〔쑤〕(수학 용어), 分家, 分界線, 分科, 分課, 분관, 分光, 分正,

　　　分權, 分期別, 分段, 分斷, 分量, 分類, 分別心, 分離, 分立, 分娩,

　　　分房, 分配, 分析 分所, 分身, 分野, 分讓, 分裂, 分院, 分子, 分節,

　　　分店, 分派, 分布, 分解, 分化

鎭 ：'진정하다'일 때 단음, 진압, 진무, 전략상 요긴한 곳일 때 장음

鎭定, 鎭靜劑

鎭：壓, 陣：痛, 鎭：營, 鎭：火, 鎭：山, 鎭：魂曲

陳 : '묵다, 진을 치다, 오래되다'일 때 단음, '늘어놓다'일 때는 장음

陳頭, 陳腐, 珍客, 陣雲, 陳간장(묵은 간장), 陣地, 陣痛, 陳皮, 陳情書

陳：述, 陳：列

陳情書는 예외이다.

뜻(訓)과 관계없이 장단으로 굳어진 어휘도 있다. (예외가 적은 것이 특징)

예6) 大 : ㄱ. 지명은 단음 (大邱, 大田)

　　　　ㄴ. 그 밖에는 모두 장음 (大：學, 大：門, 大：統領, 大：將, 大：壇, 大：家, 大：路, 大：使, 大：事, 大：盛況)

　　正 : ㄱ. 1월이라는 뜻일 때만 단음 (正月, 正初, 正二月)

　　　　ㄴ. 그 밖에는 모두 장음 (正：統派, 正：確, 正：式, 正：堂, 正：道, 正：午, 正：鵠, 正：直)

手 : 手帖, 手段, 手工業, 手匣

手：巾, 手：苦

將 : 將軍, 將次, 將來

將：帥, 將：兵, 將：校, 將：星, 將：棋

賣 : 매매(賣買)일 때만 단음, 그 밖에는 장음

賣買

賣：上, 賣物, 賣：盡, 賣：出, 賣：場, 賣國, 賣渡, 賣：店

(買(사다) 는 모두 장음 : 買 : 食, 買 : 收, 買 : 受 등)

火 : 화요일(火曜日)만 짧고 그 밖에는 장음
火曜日
火 : 災, 火 : 田民, 火 : 山, 火 : 傷

아직도 정착(定着)되지 않은 어휘들이 지나치게 성조(聲調)에 얽매였기 때문이다.

이의 대표적인 예가 '의'이다. 의(義, 議, 儀, 意, 醫, 疑, 擬, 衣, 依)를 본래 성조의 전승 발음으로 다루다 혼란을 일으킨 것이다.

예7) 의사(醫師), 의사(議事)는 단음.
의 : 사(意思), 의 : 사(義士)는 장음.

대체로 2음절의 경우 단음의 비율은 1:1(사랑〔♪♪〕)이고 장음은 2:1 (사 : 람〔♪ ♪〕)이다. 의사〔으이사〕는 음표상(音標上)〔♪＋♪ ♪♪→♪ ♪〕이므로 장음이다. 따라서 '義, 議, 儀, 意, 醫, 疑, 擬, 衣, 依'는 본래 뜻과 관계없이 모두 장음이다.

'資'의 성조는 평성(平聲)으로 단음이나 한글학회 편 큰 사전과 이희승 편 국어 대사전에는 장음이다. 필자의 견해는 후자로 의미에 무게가 담긴 단어들을 장음화시키는 언중(言衆)의 뜻을 따른 것이다.

資 : 本/格, 金, 産, 質, 源, 憲-大夫

'美'의 성조는 각 문헌에 상성(上聲)일 뿐 아니라 서울말에서도 긴 소리로 발음된다. 금성 출판사 편 국어 사전에는 '미국(美國), 미인(美人:미국인), 미관(美官:높고 중요한 벼슬자리)'만 단음으로 발음된다. 그 외는 '美'가 장음으로 발음된다.

美聲 / -人, -女, -麗, -貌, -術, -觀, -展, -官

언중이 현명할 때가 있다. 변별력을 높여 주기 위해 '일가 친척'에서 '일가'를 길게, '一家를 이루다'에서는 짧게, 항수(鄕 : 水)는 길게, 항수(香水)는 짧게 하는 경향을 고려하여 표제어로 올려놓았다(이주행 · 이규항 · 김상준, 2004).

4. 표준 발음법의 문제점

위의 문제점 가운데 이 글의 논제에 따라 제2 음절 이하의 장단음, 외래어의 장단음과 표기에 따른 현실 발음 문제, 화석(化石)이 되어 가는 장단음에 관하여 논하고자 한다.

◎ 제2 음절 이하의 장단음

표준 발음법 제3장 소리의 길이 제6항에 모음의 장단을 구별하여 발음하되 단어의 첫 음절에서만 긴 소리가 나는 것을 원칙으로 한다.

  (1) 눈보라〔눈 : 보라〕, 말씨〔말 : 씨〕, 많다〔만 : 타〕, 밤나무〔밤 : 나무〕, 멀리〔멀 : 리〕, 벌리다〔벌 : 리다〕
  (2) 첫눈〔천눈〕, 참말〔참말〕, 수많이〔수마니〕, 쌍둥밤〔쌍둥밤〕, 눈멀다〔눈멀다〕, 떠벌리다〔떠벌리다〕

　다만 합성어의 경우에는 둘째 음절 이하에서도 분명히 긴 소리로 발음되는 것은 긴 소리를 인정한다.

　반신반의〔반 : 신바 : 늬/반 : 신바니〕, 재삼재사〔재 : 삼재 : 사〕

〔해설〕
⑵의 예들은 본래 긴소리이었던 것이 복합어 구성에서 제2 음절 이하에 놓인 것들로 이 경우에는 단어의 첫 음절에서만 긴소리가 나타난다는 원칙에 따라 짧게 발음하는 것들이다.

⑶
눈〔눈 : 〕 – 눈〔눈〕(첫눈, 밤눈, 진눈깨비, 싸락눈, 함박눈)

말〔말 : 〕-말〔말〕(참말, 거짓말, 서울말, 시골말, 중국말)

밤〔밤 : 〕-밤〔밤〕(군밤, 찐밤, 쪽밤, 꿀밤)

별〔별 : 〕-별〔별〕(샛별, 저녁별, 별똥별)

'말(이) 많다'의 경우처럼 두 단어로 인식할 때에는〔말 : 　만 : 타〕로 발음함이 원칙이나 한 단어로 인식할 때에는(표기상으로도 붙여 쓴다)〔말 : 만타〕로 짧게 발음함이 원칙이다. '낯설다, 눈멀다, 맥없다, 성내다, 침 뱉다, 힘세다, 힘없다' 등에서도 마찬가지이다. 나아가서 합성 동사의 경우에도 '껴안다, 내뱉다, 빼내다, 뛰어넘다, 갈아대다, 몰아넣다, 죽어지내다'의 둘째 동사의 첫 음절은 본래의 긴 소리와 관계없이 짧게 발음한다. 다만 이와 같이 긴 소리는 단어의 첫 음절에서만 인정하는데 때로 둘째 음절 이하에서도 분명히 긴 소리로 발음되는 것만은 그 긴소리를 인정한다. 반신반의〔반 : 신 바 : 늬/반 : 신바 : 늬〕 재삼재사〔재 : 삼재 : 사〕 등이 그 예들인데 '반신-반의, 재삼-재사'처럼 어느 정도 끊어서 발음할 수 있는 첩어의 성격을 지니는 경우이다.

반관반민〔반 : 관반 : 민〕(半官半民)
선남선녀〔선 : 남선 : 녀〕(善男善女)
전신전화〔전 : 신전 : 화〕(電信電話)

그런데 같은 음절이 반복되어 두 음절이 되어 있는 경우에는 절대로 둘째 음절을 긴소리로 발음하지 않는다.

1) 반반(半半)〔반 : 반〕, 간간(間間)〔간 : 간〕
   시시비비(是是非非)〔시시 : 비비〕

2) 영영(永永)〔영 : 영〕, 서서(徐徐)이〔서 : 서〕

(한글 맞춤법 및 표준어 규정 해설 국어 연구소)

위의 글은 복합어에서 첫눈〔初雪〕과 같은 파생어는 제2 음절 아래에서는 장음을 인정하지 않는다는 규정이다. 다만 합성어의 경우, 둘째 음절 이하에서도 분명한 긴소리를 인정하고 있다. 그런데 장음을 허용한 합성어에서 예시(例示)가 첩어(疊語)만 나와 있어 합성어의 일반적인 허용 범위를 알 수가 없다. 일반 사전에 표제어인 '공 : 동시 : 청, 노예해 : 방, 동 : 명이 : 인, 매 : 관매 : 직, 방 : 송심 : 의, 사잇소리현 : 상, 세 : 계보 : 건기구, 여시아문(如是我聞), 증권 : 거래소, 방 : 부타 : 령, 쿠로시오해 : 류, 통행금 : 지, 팔자타 : 령, 해 : 양대 : 학, 확대재 : 생산' 같은 합성어에 대한 언급이 없다. 그리고 지엽적인 지적이지만 영영(永永)〔영 : 영〕과 서서(徐徐)이〔서 : 서〕에서 제2 음절 아래의 영(永)과 서(徐)는 형식형태소(形式形態素)이지만, 반반(半半)〔반 : 반〕, 간간(間間)〔간 : 간〕. 시시비비(是是非非)〔시시 : 비비〕에서 2음절 아래의 반(半)〔반 : 〕, 간(間)〔간 : 〕, 비(非)〔비 : 〕는 실질형태소(實質形態素)로 작용하기 때문에 긴소리로 내는 것이 합리적이다. 이 규정의 해설 가운데 '만(이) 많다'의 경우 두 단어로 인식할 때와 한 단어로 간주하여 붙여 쓸 때, 장단음의 규정이 바뀐다는 것은 '띄어쓰기'와 관계가 있음을 알 수 있다. 그런데 현행 띄어쓰기는 허용 조항이 많고 왕도(王道)가 없을뿐더러 독서의 효율성과 가독성(可讀性)을 고려하지 않은 완전히 문자 언어 위주의 문법적 띄어쓰기 규정이다. 한 예로 현 띄어쓰기 규정에 따른 '제5✓ 학년'의 경우, '제 : 5 : ✓ 학년'이 아니라 '제 : ✓ 5 : 학년'으로, '노무현✓ 대통령'은 '노무현⌒대 : 통령'과 같이 붙여 읽으면서 '대 : 통령'의 장음을 살립니다. '김우식✓ 대통령✓ 비서실장'에서는 '김우식대 : 통령✓ 비 : 서실장'으로 읽으면 '김우식씨'가 대통령이 되므로 '김우식✓ 대 : 통령⌒비 : 서실장'으로 읽어야 한다.

이처럼 띄어쓰기와 띄어읽기 또는 붙여읽기는 별개의 문제이며 '대 : 통령⌒비 : 서실장'을 한 단어로 간주하여 붙여 읽는다 할지라도 '비 : 서실장'이 단음 처리되지 않는 것이 방송 현장의 실제 발음이다.

심악(心岳) 이숭녕 선생이 수업 시간(50년대 말)에 자주 하시는 말 가운데 국어학자가 되려면 국어만 가지고서는 우물 안 개구리가 되기 때문에 영어, 불어, 독일어에 능통하여 이를 도구로 하여야 한다고 하였다. 즉 서구 언어학에 정통하였던 상아탑(象牙塔)의 순수언어학자이었다. 그러나 실용 국어인 음성 언어(방송언어)의 기본이 되는 발음에도 남다른 관심을 보이셨다. 프랑스어의 Loi(법률)는 중세부터 현재까지 철자의 형태는 변하지 않으면서 발음은 수없이 변했듯이 국어도 표기(表記)는 보수적으로 유지하면서 발음은 현실적으로 변하여야 한다고 하였다. 심악(心岳)이 노년에 필자를 볼 때마다 "KBS 아나운서의 발음이 한국의 표준 발음입니다."라고 격려의 말을 하여 주었다. '1983년 4월, 한국어 연구회'가 탄생되기 훨씬 이전부터 KBS 아나운서들은 국어를 지키는 등대수라는 자부심을 가졌다. 선배 아나운서는 도제식의 내림공부를 시키는 스승이었다. 표기상으로는 사건(事件), 조건(條件), 헌법(憲法) 등을 표기와 달리 [사 : 껀], [조껀], [헌 : 뻡] 등으로 방송하면서 일찍이 KBS 아나운서들은 방송 언어의 획기적인 새 기원(紀元)을 열어 갔다. 사람의 이름도 당신의 관행(慣行)을 깨고 영철(永哲)[영 : 철]을 '[영철]', 정호(正浩)[정 : 호]를 '[정호]', 원서(願書)[원 : 서]를 '[원서]'로 발음하였으나 영등포(永登浦)[영 : 등포]는 보수적으로 지금도 전통 발음을 지키고 있다. 즉 KBS 아나운서들의 음성 언어 지향점은 이상과 현실의 조화이었다. 위에서의 파격적인 발음은 당시로서는 가히 혁명적이라 할 수 있었다. 이러한 발음 문제로 한글학회와는 대립적이었으며 당시 아나운서들의 교장 선생님 격이었던 장기범 아나운서와 조선일보의 홍종인 논설위원(한글 전용 논설로 유명)의 장시간 전화 설전(電話舌戰)은 잘 알려지지 않은 일화이다.

1950년대 KBS 아나운서 선배들의 주된 가르침은 장단음으로 지금도 아나운서 역량 평가의 큰 기준이 '장단음 지키기'인 것도 이러한 전통의 영향이다. 이 무렵(1950년대)부터 이미 제2 음절에서의 '장음 지키기'의 불문율이 만들어졌다. 아나운서 시험의 실기 시험은 1950년대부터 현재까지 '스트레이트 뉴스' 원고 읽기가 출제되고 있다. 이것은 방송의 유형 가운데 가장 어렵기 때문이다. 뉴스는 중계 방송 다음으로 아나운싱의 속도가 빠르다. 그리고 21개의 모음의 음가(音價)를 올바로 지켜야 하기 때문에 엄밀한 의미에서는 중계 방송의 아나운싱보다 어렵다. 따라서 신

입 아나운서나 아나운서 지망생의 교육 커리큘럼에서 '뉴스읽기'가 절대적인 비중을 차지하고 있다. 이러한 고난도(高難度)의 독력(讀力)을 요하는 아나운싱을 원활하게 하기 위하여 복합어(複合語)의 경우 파생어와 합성어를 가리지 않고 제2 음절 아래에서도 장음을 지켜야 하였다. 첫째는 발음 경제 때문이며, 둘째는 변별력(辨別力)있는 낱말의 정확한 의미의 전달을 위해서이다. 가령 '8·15 광복절'에서 '5'는 짧게 발음할 수 있으나 '8·15를 맞이하여…'에서처럼 '8·15'가 곡용(曲用)할 때 '5'를 길게 하여 발음 경제를 꾀하는 것이다. '첫눈[천눈ː]이 오는 날 만난 그이에게 첫눈에 반해…'로 방송하는 이유는 정확한 변별력 때문이다. 장음의 음절에는 악센트가 붙으면서 고저(高低)의 리듬이 생겨 발음이 원활해진다. '22명'에서 제2 음절 '2'를 짧게 하면 '20'으로 들릴 수도 있기 때문에 장음으로 하여 변별력을 준다. 제2 음절 이하의 장음은 선강후약(先强後弱)의 한국어 기본 리듬과 자연스러운 리듬을 지키기 위해 방점(傍點)이 하나[•]인 (예:2ː2•명 32•2•명) 반장음을 원칙으로 하지만 실제 방송은 장음이다.

　다음은 최근 필자가 모 아나운서 전문 아카데미에서 학생들에게 지도한 사례(事例)들이다.

　예) 고속도ː로, 공정거ː래위원회, 국무총ː리, 국방경ː비, 국정현ː안, 기자회ː견, 00군(郡)ː, 굴속ː, 김모ː시, 끝없다, 나이자ː랑, 나타내ː다, 남극대ː류, 너더댓ː시간, 노랫말ː, 대서양 헌ː장, 대ː성통ː곡, 두ː사ː람, 두산타ː자, 마을회ː관, 말ː했습니다, 머릿속ː, 리림팀ː, 반ː부ː패, 밤일ː, 부ː총ː리, 부ː패요ː인, 북미ː합의, 뽐내ː다, 사ː업장 폐ː기물감ː량화 제ː도, 4ː5ː명, 섬유제ː품 제ː조업, 374ː억원어치, 상공회ː의소, 세ː계무ː역기구, 소비진ː작, 수ː많ː은, 수노ː랑나비, 실업대ː책, 아기별ː, 암ː행어ː사, 양ː극화해ː소방안, 업무계ː획, 여ː야ː, 역전골ː,

5 : 5 : %(퍼 : 센트), 2005 : 년, 5 : 2 : 4 : 4 : 명, 작은일 : , 재 : 정 : 비, 정책조정회 : 의, 제 : 5 공 : 화국, 조찬강 : 연회, 종합대 : 책, 지방도 : 로, 청소 : 년의 달, 체육대 : 회, 책속 : , 카 : 퍼레이드코 : , 콩타 : 작, 탄소동 : 화작용, 통 : 일전 : 선, 폐 : 채 : 석장, 프레밍 국제원자력기구 IAE : A 대 : 변인, 향 : 후계 : 획, 해 : 안도 : 로, 핵무 : 기, 핵폐 : 기

위의 예시 가운데 이음절의 4 : 5 : 명은 물론 5 : 2 : 4 : 4 : 명도 모두 장음으로 처리된다. '북미 : 합의'는 자음동화로 '붕미'가 되므로 정확한 의미 전달 때문에 '북미 : '에 '미 : '를 길게 한다. '374:억원어치'와 '프레밍 국제원자력기구 IAE : A 대 : 변인'(17음절)에서 연음(連音)할 때 발음 장애성 단어의 발음을 원활하게 하여 준다. 필자가 지도하는 아나운서 교실에서 발음 지도가 끝난 이후 뉴스 녹화 결과 지각한 두 명의 학생만이 'IAE : A 대 : 변인'에서 'E : '를 짧게 하면서 더듬었는데 이는 장음의 발음 경제 기능을 보여주는 예이다. 외국인들의 한국어에 대한 인상은 '시냇물 흐르는 소리' 같다고 하는데 이는 음성 미학적으로 찬사가 아니다. 제2 음절 이하의 장음은 영어에서와 같이 한 단어에 두 개 이상의 악센트가 생긴다. 따라서 초성(初聲)에서만의 장음으로 인한 국어의 단조로운 리듬이 극복되면서 '강약 강약' '약강 약강' 또는 '강약 강약 강약', '약강 강약 강약' 등의 음악적인 음조(音調)의 국어로 탈바꿈된다. 아나운서의 낭독이 음악적으로 듣기 좋은 것은 바로 장음에 철저한 아나운싱 때문이다.

◎ 외래어의 장음과 표기에 따른 발음 문제

언어 특성상 말이 문자보다 앞서는 것은 소리의 생명력 때문이다. 외래어도 표기 때에는 문제가 잘 안 드러나 보이지만 실제 발음을 하면 화학 반응이 일어나듯 문제점이 드러나게 된다. 따라서 현행 외래어 표기

법으로 인한 직업상의 피해자는 국어학자나 문자 언어 종사가가 아니라 음성 언어 현장의 아나운서들이다. 이 글의 제목에 따라 외래어의 장단음 문제를 다루는 한편 실생활과 방송 현장에서 매우 심각한 외래어 발음 문제도 생각해 보겠다.(자세한 내용은 필자의 저서 '아나운서로 가는 길' '발음법 부재(不在)의 외래어 표기법'에서 참고하기 바람.)

한글 맞춤법 제3항 외래어는 외래어 표기법에 따라 적는다. 외래어 표기도 여기서 다루어야 할 것이다. 그러나 외래어의 표기에서는 각 언어가 지닌 특질이 고려되어야 하므로 외래어 표기법을 따로 정하고 (1986년 1월 7일 문교부 고시) 그 규정에 따라 적도록 한 것이다. 여기서 성격이 다양한 외래어를 간단한 표기법 규정으로 만족스러운 표기가 되지 않았을 뿐 아니라 외래어 표기법에 따른 발음상의 문제가 있으면 표기법을 고치든지 표준 발음법과 함께 외래어 발음법을 정하였어야 한다. 그런데 외래어 표기법 제1장 제5항에 "이미 굳어진 외래어는 관용을 존중하되 그 범위와 용례는 따로 정한다."는 외래어 표기의 가장 중요한 핵심 부분을 현안으로 남겨 놓았던 것이다. 국어 연구소(현 국립 국어원 전신)는 1985년 문교부로부터 외래어 용례집 발간 사업을 위탁받아 외래어 표기 용례 심의 위원회를 조직하여 1986년 지명 인명 편을, 1987년에 교과서용 도서 수정용을 발간했다. 그런데 이 용례집이 '이미 굳어진 말'들의 사정(査定)에 미흡한 점이 있다는 사실이 국어 연구소의 운영 위원회에서 지적된 바 있다. 따라서 한글 맞춤법 및 표준어 규정이 고시(1988. 1. 19)되기 바로 전해인 1987년 10월 외래어 표기 용례(일반 외래어)를 사안(事案)에 따라 심의하게 되었다. 심의 위원회의 위원장은 국어 연구소 김형규 소장, 위원으로는 안태양(동아일보), 이규항(KBS 한국어 연구회), 이민우(연합통신), 양경모 위원이었다.

필자를 제외한 다른 의원들은 활자 매체에 종사하는 분들로 표기 자체에만 관심이 있었을 뿐 외래어의 실제 발음은 안중에도 없었으며 발음경시(輕視)의 국어학계 풍조에 새삼 놀라지 않을 수 없었다. 이 당시 필자는 사안을 심의하는 위원이 아니라 투사(?)라는 표현이 더 어울릴 정도로 회의 분위기는 살벌하였다. 그러나 투쟁(?) 결과 뜻밖의 전리품(戰利品)을 확보할 수 있었다. 그것은 평음(平音) 표기를 경음(硬音) 표기로 회복시키기 위해(50년대부터 경음 표기였음) '비라 → 삐라', 격음(激音)을 경음으로 바꾸기 위해 '셔츠/샤쓰', '파르티잔/빨치산(복수 표기)', 'ㅓ'를 'ㅏ'로 하기 위한 근거로 '점퍼/잠바(복수 표기)', '캐딜랙 → 캐딜락', 그리고 '오브저버 → 옵서버(영국의 일간지는 업저버)'로 고친 것은 표기 자체가 곧 발음이 될 수 있게, 표기와 발음을 일치시키기 위한 발판이었다(코냑 → 꼬냑, 훗날 코냑으로 다시 바뀜).

위의 준거(準據)에 따른다면 '가스 → 까쓰', '버스 → 뻐쓰', '달러 → 딸라', '스포츠 → 스포쓰', '센터 → 쎈타', '아나운서 → 아나운사', '피처 → 피차', '캐나다 → 카나다', '캐처 → 캐차'가 가능해진다. 그리고 '나라, 가마, 치마, 바다, 이마'에서 보듯이 단어의 끝 음절 'ㅏ'는 일본식 조어가 아니다. 고유어 가운데 'ㅏ'로 끝나는 말은 흔한 편이다. 필자는 학생들에게서 위와 같은 문제성의 질문을 받을 때 이러한 궁색한 답을 한다. 현 외래어 표기법은 불완전한 표기법이며 발음법 또한 없기 때문에 표기대로 읽지 않고 소리 나는 대로 자연스럽게 읽는다라든지 외래어는 다른 나라에서 이민(移民)온 국어의 일부이기 때문에 표기와 발음이 40%~50% 일치하지 않는 국어에서처럼 표기대로 읽지 않아도 된다고 한다.

외래어에 얽힌 야구 중계 아나운서의 일화 한 토막을 소개하자면, "…쳤습니다. 쎈타 앞에 안타"에서 아나운서는 표기법에 위배되는 중대한 잘못을 알아차리고 다시 고쳐서 방송하기를 "…센터 옆에 언터"라고 한 적도 있다. 이 짧은 예에서 야구 아나운서가 직업인으로서 겪는 고충과 외래어의 오류가 무엇인지를 극명(克明)하게 상징적으로 보여 주는 예라 할 수 있다. 이러한 표기와 현실 발음의 괴리(乖離)로 외래어, 피처 캐처,

센터필더, 퍼스트베이스맨, 세컨트베이스맨, 배트, 배터박스 대신 투수, 포수, 중견수, 일루수, 이루수, 방망이 타석으로 야구 중계 용어가 바뀌었다. 문교부의 외래어 표기법이 고시된 1986년 1월 7일 이후 현재까지 어한 모순 투성이의 외래어 표기에 따른 발음에 관하여 주무기관인 현 국립 국어원은 물론 해당 학자도 일언 반구 없는 판국에 지엽적인 외래어의 장음 문제에 대해서는 더 말할 나위가 없겠다.

1984년 5월 10일 학술원 산하 임의 연구 기관으로 발족한 국어 연구소는 국민의 언어 생활을 과학적으로 조사 연구하여 합리적인 어문 정책을 수립하고 국민의 언어 생활을 계도하려고 출발한 것이다. 이후 확대 개편되면서 현재는 국립 국어원으로 바뀌었는데 우리나라의 대표적인 실용 국어의 중추 기관이다.

1999년 10월에 발간된 표준 국어 대사전(상·중·하)은 문자 언어의 시각(視覺)에서 여러 오류가 지적되고 있으나 역시 외래어의 전반적인 발음의 문제성과 장음 표기에 관하여 언급한 학자는 이주행(2003) 교수밖에 없다.

국립 국어원의 표준 국어 대사전 편찬 지침 표시 원칙 3에서 '…외래어 따위는 발음 표시를 하지 않는다…', '외래어에 대해서는 따로 발음 규정이 존재하지 않는 현재의 상태에서 표준 발음법을 외래어에까지 적용할 것인지 논란이 있었다. 사람들이 실제 하는 발음과 표준 발음법을 적용했을 때의 발음과는 괴리가 워낙 크기 때문이다. 사람들이 실제로 하는 발음을 수용한다 하여도 또는 표준 발음법을 적용하였을 때의 발음을 인정한다 하여도 문제는 여전히 남을 가능성이 커서 연구원에서도 결론을 내리지 못하였다. 그래서 현재로서는 발음을 표시하지 않는 것이 좋겠다는 결론을 내렸고 외래어에 발음을 표시하지 않았다.'(2000. 8.)

편찬 지침의 표현 중 '…외래어 따위'의 표현은 한자어인 등(等) 대신 고유어를 지키기 위한 '국어 쇼비니즘'으로 생각된다. 그러나 '인류 최고의 명작이면서 베스트셀러인 불경, 논어, 성경 따위…'에서 '따위'의 글자와 말로서의 어감은 화학 변화만큼 현격하다. 현 외래어 표기법에 따른 표기와 발음의 괴리(乖離)도 이처럼 심각하다.

이러한 무감각한 표현을 할 수 있는 기관이기에 외래어의 발음 문제 방치는 당연하다는 생각마저 든다. 그렇다 하더라도 국가를 대표하는 국민의 언어 생활을 계도한다는 국어 연구원에서 이와 같이 무책임한 편찬 지침은 발표할 수 없는 일이다. 적어도 '국어는 표기와 발음이 일치하지 않는 경우가 형태주의(形態主義)의 표기일 때 40~50% 일어나기 때문에 국어의 일부인 외래어의 발음도 이에 준하여 '현실 발음을 허용한다'라는 지침이라도 내놓아야 하였다. 또한 모든 사전에 이미 십여 년 전부터 표시되어 온장음 표시라도 되었어야 한다. 국어 사전의 장음 표시 외래어의 예이다.

가 : 티, 골 : 네트, 골 : 대, 네트워 : 크, 뉴 : 스, 노 : 마 : 크, 노 : 벨상, 데드볼 : , 데뷔 : , 덴마 : 크, 레코 : 드, 로 : 터리, 로 : 테이션, 루 : 비, 루 : 트, 물 : 리포 : 트, 마 : 거리 : 트, 마 : 티니, 마티에 : 르, 모 : 멘트, 모 : 션, 미 : 터, 바 : 겐세일, 백스크린 : , 본 : 차이나, 볼 : 카운트, 볼 : 링, 볼 : 펜, 붐 : , 빈 : , 슈 : 퍼맨, 슈 : 퍼마 : 켓, 스쿠 : 버다이빙, 스포 : 츠, 시 : 디 : , 실 : 링, 아 : 르누보, 아 : 멘, 아 : 몬드, 아메 : 바, 아메리카리 : 그, 아이시 : 에이, 아 : 크등, 아파 : 트, 오 : 버코 : 트, 오 : 버타임, 오 : 버랩, 월 : 드컵, 윈 : 도쇼핑, 유 : 럽, 유 : 엔, 유파아이, 아이아르시·, 잘기, 지오코 : 스, 자·엔파·, 자·엠시 : , 차트, 초크코일, 치어걸·, 카드시스템, 카디건, 카본블랙, 카빈총, 칵테일파티, 칼기, 케이비 : 에스, 컴퓨 : 터, 크로스바 : , 크루 : 즈미사일, 크리스마스카 : 드, 크림 : , 클린 : 업트리오, 키 : 스테이션, 킬로미 : 터, 타임머신 : , 터 : 키석, 턴 : 테이블, 튜 : 너, 튜 : 브, 튤 : 립, 트렌치코 : 트, 파 : 카, 파 : 킨슨병, 팜 : 유, 팝아 : 트, 팝콘 : , 패션쇼 : , 페리보 : 트, 페어볼 : , 피리 : 랜서, 프리토 : 킹, 피 : 엑스, 필 : 링, 하 : 드웨어, 하 : 드트레이닝, 홀 : 인원, 홈 : 그라운드, 홈 : 닥터, 홈 : 런.

언중의 언어 생활을 이끌어야 할 국립 국어원이 이 정도의 학문적인 양식도 지키지 못하고 있다. 외래어 표기법은 1986년 문교부에서 고시한 이래 20년이 되었다. 언제까지 외래어의 발음 문제를 방치할 생각인지 이것은 한 기관으로서의 업무 유기이기도 하다.

◎ 화석(化石)이 되어 가는 장단음

우리나라의 국어 사전 편찬의 역사를 보면 1874년 'M.푸찔로'의 노한(露韓) 사전과 같이 구미인의 손에 의해 엮어진 사전이 10여 종이고 일본인에 의한 것도 수종이 된다. 그러나 우리 한국인이 편찬한 것으로 1938년 문세영 씨의 '조선어 사전'이 최고의 수준을 유지하였고 해방 후에는 수십여 종의 국어 사전 출판이 붐을 이루어 왔는데 그 가운데 대표적인 사전이 1947년 발행된 이윤재 씨의 '표준 조선말 사전'이다. 그러나 엄밀한 의미에서 최초의 국어 사전은 조선 총독부 조사국에서 만든 '조선어 사전'으로 보는 것이 타당할 것이다. 왜냐하면 비록 공동 편찬 위원으로 일본인이 포함된다 하더라도 한국인이 주도적인 역할을 하였을 것으로 간주되기 때문이다. 이 '조선어 사전'은 1911년 편찬에 착수한 지 9년이 경과한 1920년 3월에 간행되었다. 이 사전이 한국 학자의 힘으로 엮어져 그 명단이 궁금한데 다만 당시의 정황으로 보아 현은(玄檃) 씨와 어윤적(魚允迪) 씨가 관여하였을 것으로 보인다. 6만 5천어 정도의 어휘가 수록되었는데 순수 국어가 빈약하고 한자어가 훨씬 풍부한테 그 비례는 3:7 정도이다. 그리고 주해(註解)는 간략하게 예문도 없이 일본어로 주석하였다. 이 사전은 천 페이지가 넘는 당시로서는 최대의 사전이었다. 그런데 문세영 씨의 '조선어 사전'이나 이윤재 씨의 '표준 조선말 사전' 그리고 조선 총독부 조사국 편찬의 '조선어 사전'에서 표제어의 장음 표시는 첫 음절뿐 아니라 제2 음절 아래에서도 한자의 성조(聲調)에 따라 표시하였다.

- 문세영의 '조선어 사전' '가경 : (佳境) = 아름다운 경치, 가구 : (家口) = 집안의 식구, 가 : 고 : (可考) = 참고가 될 만 한 것'

- 이윤재의 '표준 조선말 사전' '가대 : 인(家大人) = 남에게 대하여 자기의 아버지를 일컫는 말'

- 조선 총독부의 '조선어 사전' '家産(가산 :) = 一家の 財産 家寶(가보 :) = 一家の 系譜, 家釀(가양 :) = 自家釀造の酒

그런데 이 세 사전 가운데 1947년 가장 늦게 출판된 이윤재 씨의 '표준 조선말 사전'에는 제2 음절 이하의 장음이 현격하게 줄어들면서 소멸되었음을 알 수 있다. 조선 총독부 편찬 '조선어 사전'에 흥미있는 발음 표시가 눈에 띈다.

家道(가 : 도 :) = 家法에서 '家'가 첫 음절에 오는 다른 '家'의 표제어는 모두 단음인데 家道(가 : 도 :)의 '家'만이 장음으로 처리된 점이다. 이것은 추측컨대 한국인 편찬위원이 당시의 현실 발음을 반영한 것으로 보인다. 그리고 家傳(가전 :)과 家政(가정 :)에서 '傳'과 '政'은 성조상 단음인데 장음 표시된 것은 편찬위원 가운데 지역의 학자가 잘못 표시한 것으로 보인다. 1911년부터 1920년까지 9년이란 과정에서 위원의 변동도 거듭되었을 것이며 실제의 어휘 채취에도 많은 인원이 동원되었을 것으로 보여 한국인 편찬위원 가운데 지역 방언권의 학자도 있었을 것이다.

1933년 한글 맞춤법 제정 당시 동남지역 학자의 주장으로 서울말인 '건느다'가 '건너다'로 대답'네'가 '예'(지금은 복수 표준어)로 전해진 이래, 지금까지 표준말 행세를 하고 있다. 즉 현재도 동남 지역에서는 정치(政治)[정치]를 [정 : 치]로 정권(政權)[정꿘]을 [증꿘]으로 발음하고 있다. 이 '조선어 사전'이 편찬되기 훨씬 후인 1933년 한글 맞춤법이 제정되었고 1936년에 표준말 모음이 정리되었기 때문에 이 사전의 편찬에서 가장 힘들었던 것은 이 씨 왕조 말기의 혼란한 철자 방식 때문에 표제어의 철자법이 가장 큰 애로점으로 짐작된다. 그 밖에도 선구적인 작업에서 겪게 되는 문제점이 많았을 것이다. 이러한 상황에서 발간되는 사전에 올바른 발음 표기란 기대하기 어렵다. 현 국어 사전의 발음 가운데 장단음은 이 '조선어 사전'을 대본(大本)으로 삼았는바 이 책의 가치를 높이 평가하지 않을 수 없다. 그런데 대표적으로 잘못된 것으로 보이는 예로 '고르다(선택)/고르다(더하고 덜함이 없다)'와 '모 : 든/모두', '고 : 르다(신랑감/색씨감)/고르다(땅이 고르다, 날씨가 고르다, 고르게 노나 갖다)는 의미가 이 당시에 분화되었을 것으로 생각된다. 또 전체를 뜻하는 '모든'과 '모두'에서 '모 : 든'이 길면 '모두' 또한 긴소리이어야 하는데 '모두'만 짧다는 것은 납득이 가지 않는다. 이와 비슷한 오류가 많이 있을 것으로 유추(類推)되며 85년 동안 내려오고 있다.

해방 이후 사전이 발간될 때마다 저자 또는 편저자가 장단음을 수정 보완하였다. 그러나 현재까지도 이어져 오는 국어학계의 발음 경시 풍조로 장단음의 올바른 표시 또한 소홀히 다루어져 국어의 장단음은 화석(化石)처럼 굳어져 가고 있다.

단음이 장음화된 세 경우를 살펴보겠다(장음의 단음화 현상은 제도권 발음 교육 부재에 기인한 것이므로 생략함.)

(1) 말의 품위, (2) 발음 경제, (3) 뜻을 강조하는 속성(屬性)의 부사인 이 세 가지 경우가 있다. 위의 세 가지 이유로 현실음에서 장음이 된 대표적인 어휘를 들어 본다.

(1)의 예 : 현군(賢君)〔현 : 군〕, 현탑(賢笞)〔현 : 답〕, 현덕(賢德)〔현 : 덕〕
현명(賢明)〔현 : 명〕, 현모양처(賢母良妻)〔현 : 모양처〕

단어가 장음이 될 때 어감(語感)상 품위가 붙게 되며 단순 장음보다 조음점
(調音點)이 높은 〔현 : 〕과 같은 장고모음(長高母音)은 더욱 무게를 느끼게 한
다.

(2)의 예 : 유 : 월, 시 : 월, 바 : 위(바 : 위섬, 바 : 윗돌, 바 : 위틈, 바 : 위
그림, 바 : 윗등), 분 : 위기에서 '유 : 월'은 이중모음이 겹쳐 일
종의 모음 충돌(Hiatus)을 완화해주기 위해 '우'가 첨가된 '유
우월'이 '유 : 월'이 되었으며, 그 밖에 제2 음절에 발음 장애성
의 이중모음이 나는 고로 첫 음절을 길게 하여 발음 경제를 꾀
한 것입니다.

(3)의 예 : 가 : 끔(가 : 끔 비가/눈이 내리겠습니다.)
바 : 이(아주 전혀)(그이의 형편을 바 : 이 모르는 것은 아니지
만)
쭉 : /쑥(복수 발음)(이 길로 쭉 : /쑥가다, 막걸리를 쭉 : /쑥 들
이 켜다)
쑥 : /쑥 (성적이 쑥 : /쑥 올라가다, 주가(株價)가 쑥 : /쑥 올
라가다)

'가 : 끔'과 '바 : 이'는 부사(副詞)의 의미 강조 속성의 결과이며 '쭉 : /쑥',
'쑥 : /쑥'도 화자(話者)의 표현 농담(濃淡)에 따라 장단음으로 되었다.

◎ 그 밖의 예

마음속으로 갈망하는 것을 시각적(視覺的)으로 나타낸 것이 그림이라
면 마음속의 욕망이 승화(昇華)된 상태로 남아 있는 마음의 그림 심상(心
象)이 '그리움'이라는 유추(類推)가 가능하다. 따라서 어원이 같은 것으로
보이는 '그 : 림', '그 : 리다'와 함께 '그 : 리움'도 장음으로 통일시켜야 할
것이다. 이와 반대로 언중(言衆) 사이에서 빈도(頻度)가 높은 향수(鄕愁)

〔향 : 수〕/향수(香水) 〔향수〕로 분화시키는 것은 장단음의 기능을 살려 주는 셈이 된다.

사자(獅子)가 〔사 : 자〕의 경향을 보이는 것은 덩치가 큰 동물의 단음(短音)이 그러한 이미지와 어울리지가 않는다. 또한 장음인 호 : 랑이와 자주 어울려 쓰이기 때문에 동화(同化)가 된 듯하다. 이는 마치 수관형사(數冠形詞) 가운데 양수(量數)에서 일음절의 〔둘 : 〕 〔셋 : 〕, 〔넷 : 〕, 〔열 : 〕의 장음은 이음절의 하나(V, ♩), 다섯(V, ♩), 여섯(V, ♩), 일곱(V, ♩), 여덟(V, ♩), 아홉(V, ♩)과 어울릴 때 박자를 맞추기 위한 경우와 같다고도 할 수 있다. 이밖에 굵 : 다, 굶 : 다, 자 : 라, 저 : 희, 제 : (나의 낮춤말) 유도(柔道) 〔유 : 도〕, 〔네 : 〕(너의 변한 말), 사령부(司令部) 〔사 : 령부〕, 제출(提出) 〔제 : 출〕, 제공(提供) 〔제 : 공〕, 제기(提起) 〔제 : 기〕, 마포(麻浦) 〔마 : 포〕등은 이미 현실 발음에서 장음화 된 낱말들이다. 하나의 문제 제기이게 때문에 더 이상의 예시는 생략한다. 장음화된 낱말 조사가 공신력 있는 국어 관련 기관에서 이루어져 화석(化石)이 되어 가는 장단음 낱말에 활기를 넣어 주어야 할 것이다. 모두 7장으로 되어 있는 표준 발음법에서는 장단음을 7분의 1의 비중으로 다루었으나 방송 현장에서는 국어의 음운 법칙 총화보다 이 장단음의 한 가지 규범에 더 무게를 두고 있기 때문이다.

1970년(문교부)부터 한글 맞춤법 및 표준어 개정 작업에 착수하여 17년이란 긴 시간 동안 국어학계의 원로와 중견학자 초 · 중 · 고등학교 국어 교사와 국어에 관심 있는 일반인들이 참여한 공청회에서의 의견 수렴과 학계의 노고 끝에 나온 규범이다. 그러나 국어학계 고질병인 발음 경시(輕視) 즉 음성 언어 경시 풍조로 말미암아 그 긴 시간 끝에 만들어진 표준 발음법으로서는 지나치게 허술하며 방송 현장의 상황이 반영되지 않아 중요한 항목이 빠졌다. 결국 1989. 3. 1 공고된 한글 맞춤법 및 표준어 규정은 1933년에 제정된 한글 맞춤법과 1936년의 표준 발음 모음

이란 '건물을 리모델링한 결과물'이다. 표준어는 '표준 낱말＋표준 발음'
의 유기 결합체이다. 표준 낱말은 건물의 외관(外觀)/외장(外裝)이라면 표
준 발음은 인테리어/내장(內裝)이다. 현행 표준 발음법은 겉의 건물만 지
어 놓고 내부 장식(인테리어 공사)은 소홀히 한 격이다. 특히 외래어의 경
우는 인테리어 작업을 전혀 하지 않은 부실 공사의 건축물과 같다고 하
겠다. 외래어는 표기와 발음이 일치해도 자연스러울 때 이상적인 표기법
이라 할 수 있다. 외래어 표기의 원안(原案)인 외래어 표기법 통일안
(1941년)의 원칙대로 '외래어 표기는 소리 나는 대로 적는다'는 표음주의
의 정신을 따랐다면 전혀 문제가 되지 않았을 것이다. 외래어 표기법은 특
별한 내장(內裝)/인테리어를 필요로 하지 않는 투명한 유리 건물과 같아야
한다.

　최근 KBS 아나운서실의 한국어 연구팀은 국립 국어원과 국어의 공동
연구 개발을 위한 협약식을 가졌다. 또한 한국어 연구팀은 국어 기본법
에 따라 문화관광부가 지정한 언론사 유일의 국가 국어 상담소로 지정되
어 한층 위상(位相)이 높아졌다. 국립 국어원의 남기심 원장은 국어원 소
개의 인사말에서 "사람이 말을 만들고 말이 사람을 사람답게 만든다."고
하였다. 이것은 아나운서들이 지향하는 목표이자 음성 언어의 이상(理想)
이기도 하다. 이 글에서 보인 필자의 국어학계와 상반된 견해는 정통파
(正統派) 아나운서들의 의견이기도 하다. 이제는 국어학계에서도 실용 국
어의 현장에서 첨병(尖兵)으로 일하는 아나운서의 목소리에 귀를 기울일
때이다. 두 기관의 연구 결과에서 학문적인 일치를 보인다면 이는 곧 국
가적인 합의로 간주하여도 될 것이다.

5. 맺는 말

아직도 많은 국어학자는 영어나 프랑스어처럼 국어도 표기와 발음이 일치하지 않는 언어라는 사실에 관심이 없다. 상아탑 학문 일면도의 국어 발음 경시의 경향이라 하겠다. 한글 맞춤법 제1장 총칙 제1항 "한글 맞춤법은 표준어를 소리대로 적되 어법에 맞도록 함을 원칙으로 한다." 에서 우리말은 소리 나는 대로 적는 표음주의(表音主義)와 어법에 맞도록 적는 형태주의(形態主義)를 취하고 있음을 알 수 있다. 즉 국어는 형태주의에 따른 표기는 표기와 발음이 일치하지 않는다. 거기에 15,000 단어나 되는 동형이음어까지 합하면 불일치의 말이 증가하게 됨을 알 수 있다. 이에 관한 논문이 없어 하나의 가설로 말한다면 영어와 프랑스어는 표기와 발음이 90% 이상 일치하지 않으며 독일어, 이탈리아어, 일본어 등은 90% 이상 일치한다. 한편 한국어는 40%에서 50%가량 일치하지 않는다. 방송 언어는 말을 노래하는 음악적인 언어이다. 악기를 다루기 위해 코르위붕겐 바이엘, 체르니 같은 입문교본을 익혀야 하듯 방송 언어를 표준 발음과 음악적으로 연주하게 위해서 여러 음운 법칙을 배워야 하겠으나 그 중 가장 큰 비중을 차지하는 것이 장단음 규정이다. 악보의 시창력(視唱力)이 없는 성악가가 있을 수 없듯이 장단음에 무지한 방송인 또한 있을 수 없다. 결혼식의 축의금 대신 자신이 쓴 서예 작품을 내놓는 사람이 있다. 서력(書歷)이 30여 년이나 된다고 하는데 저의 안목으로는 대서소 수준의 글씨로밖에 보이지 않는다. 서법의 기본인 '永'字 八法과 운필(運筆)과 집필(執筆)을 배우지 않았기 때문이다. 또한 데생(素描)을 거치지 않은 화가는 '이발소류' 수준의 그림밖에 나오지 않는다. 피카소는 만년에도 소묘를 게을리하지 않았다고 한다. 우리나라 최초의 프로 서예가이면서 서단(書壇)에 파격적인 글씨를 선보인 추사(秋史) 선생은 평생 초서(草書)를 쓰지 않았다. 서법(書法)에 벗어나기 쉽다는 하나의 이

유 때문이었다. 또한 준거(準據)에도 철두철미하여 친구 윤정현(尹定鉉)이 써 달라는 아호 침계(梣溪)에서 보이지 않아 10여 년 후 수당서(隨唐書)에서 발견하고 나서야 비로소 썼다는 일화에서 볼 수 있듯 모든 예술은 기본에 충실하다. 방송 언어도 수(守)·파(破)·리(離)의 과정이 필요하다. 우선 장단음에 철저한 뒤에 다소 파격을 하는 것이 좋다. 언어의 규범에서 '잠시, 다소' 벗어났을 때는 노래에서 박자에 융통성을 보였을 때 생기는 멋있는 아나운싱이 나올 것이다.

당(唐)나라 때 고승(高僧) 아서(亞栖)도 '서통즉변(書通則変)'이라 하여 정법(正法)의 글씨에 통한 다음이라야 자기식의 글씨를 쓸 수 있다고 하였다. 현대는 자격증시대이다. 운전을 하기 위해서는 면허증을 취득해야 한다. 소위 비아나운서 출신 전문 MC들은 객관적인 검증을 거치지 않았을 뿐 아니라 방송의 기본인 발음 교육은 물론 음성 언어(방송 언어) 입문 교육조차 받지 않은 상태에서 방송에 투입된다. 한 분야에서 성공하여 이름이 알려진 외부 인사(교수, 탤런트, 가수 등)의 방송 참여는 시청률을 감안한다면 있을 수도 있다 하겠으나 전혀 방송에 특별한 재능이 없거나 부적격한 방송사 안팎의 인사들의 출연은 불가해하다. 그러나 전자의 경우도 공영 방송에서는 제한적이어야 한다. 하루에도 헤아릴 수 없이 많은 방송 현장의 언어 교통 사고는 당연한 일일 수밖에 없다. 아나운서가 되기 위하여 수 년 동안의 필기와 실기 시험 준비와 실제 시험에서는 5차례 정도의 난관을 통과하여야 한다. 3수생은 흔한 일입니다. 또 입사 후에는 수개월 동안의 교육 과정을 마쳐야 한다. 이른바 언론 고시를 거친 이러한 인재들을 백안시(白眼視)하는 것은 방송 개혁과 무관한 것인지 모르겠다. 사람이 말을 만들어 내고 말은 사람의 인품을 만들어 준다고 한다. 방송 언어가 점잖으면 국민의 말도 점잖게 될 것이며 방송 언어가 경박하고 거칠면 국민의 말 역시 경박하고 거칠어지는 것이다.

말은 보이지 않는 사람의 다른 모습이다. 언어는 의사 전달의 매개 역학 외에 이러한 철학적인 기능도 가지고 있는 것이다. 방송 경영 차원에서도 외부 방송인의 몰상식적인 기용은 부적절하다. 왜냐하면 이들의 개런티는 서민 근로자들은 상상할 수 없는 거액이기 때문이다. 아나운서 출신 MC는 내레이션 방송을 하는데 비아나운서 출신의 내레이션은 들어 본 적이 없습니다. 낭독은 아나운싱의 기본으로 혹, 낭독 불능(不能) 방송인이 있다면 이는 사이비(似而非) 방송인이다. 명곡일지라도 악보 자체는 기호에 지나지 않으며 연주나 노래하였을 때 아름답다. 악보가 문자 언어라면 연주와 노래는 음성 언어이다. 바이올린이란 악기는 연주하는 사람의 능력 여하에 따라 바이올린도 되고 깡깡이(바이올린의 속칭)도 된다. 그레샴의 법칙이 헌법인 한국의 방송 풍토에서 깡깡이 소리에 귀가 젖어 옥석(玉石)의 구별 능력을 상실한 한국의 시청자들은 깡깡이의 소리를 바이올린 연주로 착각하고 있다.

▣ 참고 문헌

- 국립 국어원(1999), 표준 국어 대사전 편찬 지침.
- 김민수(1992), 국어 사전, 금성출판사.
- 남광우(1989), 한국어의 발음 연구 9, 한국어발음연구회.
- 문세영(1938), 조선어 사전, 박문서관.
- 이규항(2004), 아나운서로 가는 길, 에듀그린.
- 이숭녕(1975), 조선어 사전 해제.
- 이윤재(1947), 표준 조선말 사전, 어문각.
- 이익섭(1988), 방송에서의 표준어와 비표준어, 방송언어연구총서, KBS한국어연구회.
- 이주행(2003), 남한과 북한의 '표준 발음법' 통일 방안에 관한 고찰, 언어와 진실, 한국자료원.
- 이주행·이규항·김상준(2004), 표준 한국어 발음 사전(개정판), 지구문화사.
- 이현복(1985), 방송 가요의 노랫말에 관한 음성학적 연구, 한국어논문 9집, KBS한국어연구회.

제 3 장

아나운싱의 이론과 실제

김 상 준

1. 아나운싱의 정의

한국에서는 뉴스를 주로 하면서 방송사에서 다양한 일을 하고 있는 직종의 직업인을 아나운서라고 부른다.

일본에서도 아나운서라 부르고, 북한에서는 방송원이라 부른다. 그리고 중국에서는 파음원(播音員)이라 하고, 중국의 조선족 동포 방송에서는 파음원과 아나운서를 함께 사용하고 있다. 영국 BBC는 프리젠터(Presenter)라고 한다.

아나운서라는 말의 동사형은 'announce'로 '알리다, 고지하다, 공고하다, 전하다, 예고하다'라는 뜻이 있다.

아나운스의 동명사는 아나운싱(announcing)이다. 아나운싱이라는 말은 아나운스를 함, 즉 알리다의 명사형 '알림, 알리기'라 할 수 있다. 그리고 고지하다의 명사형인 '고지, 고지하기'나 전하다의 명사형 '전하기'라 할 수 있다.

아나운스라는 말과 비슷한 의미로 커뮤니케이트(communicate)[1], 프리젠트(present)[2], 딜리버리(delivery)[3]라는 말도 사용한다. 명사형으로는 커뮤니케이터, 프리젠터를 사용하기도 한다.

한편 '방송에서 말하기'라는 의미를 가진 말을 남한에서는 '방송화법', 북한에서는 '방송화술'[4]이라 표현하고 있다.

방송 화법이라는 말과 방송 언어라는 말은 '방송에서 표현하는 말'이라는 의미의 용어를 사용하여 왔다.

김상준(2004)의 방송언어론에서는 "방송 언어(broadcast language)는 방송을 통해 표출되는 모든 말을 뜻하며, 그것은 입말인 음성 언어(spoken language)와 글말인 문자 언어(letter language)로 나뉘는데, 일반적으로 방송에서 사용하는 음성 언어를 말한다. 또한 그보다 더 하위 구분을 하면 일상 언어와 상대적인 개념으로서의 방송 언어로서, 일반인이 아닌 방송인이 방송에서 사용하는 말을 의미한다."고 규정하였다.

이 경우 방송 언어라는 말에는 아나운스 하기, 즉 방송에서 말하기라는 능동적인 의미를 나타내기 어려워서 '아나운싱'이라는 표현을 그대로 사용하게 된 것이다.

김상준·박경희·유애리(2004)가 번역한 '아나운싱'[5]에서는 부제로

---

1) 〈사상·지식·정보 따위를〉 '전달하다, 통보하다'의 뜻이 있음.
2) 〈계획·안(案)을〉 '제출하다, 제안하다'의 뜻이 있음.
3) 명사로 '배달, 전달'의 의미가 있음.
4) 북한의 인민 방송원 준박사(남한의 석사—필자주) 이상벽, 부교수 김수희, 공훈방송원 신덕홍 등이 저술한 '방송원 화술'(1988)이 있음.
5) 칼 하우스만 등의 '아나운싱'에서는 아나운스와 같은 개념으로 전달(Delivery), 내레이션(Narration)이라는 말을 사용하고, 아나운서와 같은 개념으로 아나운서를 비롯해 커뮤니케이터(Communicator), 방송인(Broadcaster), 스포츠 캐스터(Sports Anchors), 리포터(Reporter), 기상 캐스터(Weathercaster), MC(Master of Ceremonies), 라디오 토크 쇼 진행자(Radio Talk Show Host), 영화 프로그램 진행자(Movie Host), 어린이 프로그램 진행자(Children's Show Host), 게임 쇼 진행자(Game Show Host) 등의 말을 사용하고 있음. 방송 메시지의 전달(Communication the Message) 항목에서는 방송을 준비하면서 원고를 읽는 행위를 원고 읽기(Reading Copy)라는 말로 표현하

'Broadcasting Communicating Today'를 쓰면서 아나운싱과 커뮤니케이팅을 동의어로 사용하고 있다.

따라서 이 글을 '아나운싱의 이론과 실제'로 해서 방송 아나운서의 할 일과, 아나운서의 언어 표현 방법 등을 제시하려고 한다.

2. 아나운싱 분야의 직업인

2.1. 아나운서

전통적으로는 아나운스하는 사람을 아나운서라고 하였지만 프로그램의 장르가 다양해지고 아나운서들의 역할이 세분화되면서 여러 용어들이 생겨났다.

아나운서는 협의와 광의로 나눠 정의할 수 있다. 먼저 협의의 정의로는 지상파 방송과 케이블 텔레비전, 인터넷 방송 등 라디오와 텔레비전 방송사 직원으로 뉴스와 텔레비전와 라디오 프로그램의 MC나 DJ, 스포츠 중계방송을 비롯한 각종 행사의 의식중계 방송 등을 주임무로 하는 사람이나 그 직업을 말한다.

광의의 정의로는 방송사를 포함해서 학교와 기업, 공항이나 역의 터미널, 경기장 등에서 안내방송을 하는 사람이나 그 직업을 말한다. 이들은 보이스 액터(Voice Actor)라고 하는 성우, 음악 등을 선곡하고 소개하며 정보를 주는 DJ(Disk Jockey), 토크 쇼를 비롯한 쇼나 오락 프로그램의 사회자로서 MC(Master of Ceremonies), 각종 소식을 취재해서 현장에서 알려주는 리포터(Reporter), 날씨 등 전문 소식을 전하여 주는 캐스터(Caster) 등으로 불리는 직업인들이 있다.

고 있음.

이 밖에 방송에서 '아나운스'하는 직업으로 다음과 같은 방송인들도 있다.

- 프로그램을 소개하는 PJ (Program Jockey)
- 뮤직비디오를 소개하는 VJ (Video Jockey)
- 춤과 노래를 소개하는 DJ (Dance Jockey)
- 패션을 소개하는 FJ (Fashion Jockey)
- 영화를 소개하는 CJ (Cine Jockey)
- 인터넷방송의 아나운서로서 IJ(Internet Jockey)
- 쇼핑 채널에서 상품을 소개하는 쇼 호스트(Show Host)

한국 언론재단(2004)에서는 "아나운서란 협의의 개념으로는 '뉴스 전달자'를 말하고, 광의의 의미로는 방송에 출연하는 비연예 인사, 좁게는 방송사에 사원으로 고용돼 있음을 함축한다."고 정의하고 있다.

이민웅(2005)에서는 방송 커뮤니케이터로 기자, 뉴스 앵커, 방송에 직접 등장하는 PD, PD앵커, 시사·교양 프로그램의 사회자 등을 거명하고 있다. 이밖에 정치인, 고위 관료 및 전직 고위 관료, 연구소 연구위원, 기업 및 노동조합의 간부, 그리고 대학 교수 등 토론 프로그램 사회자나 패널 등 일시적 방송 출연자를 거명하면서 아나운서는 언급하지 않고 있다.

2.2. 앵커

앵커(Anchor)란 방송의 종합 뉴스를 전달하는 아나운서를 가리키는 말이다. 뉴스 프로에서는 앵커맨, 앵커우먼, 혹은 프리젠터(Presenter)[6]

---

6) 영국의 BBC는 60년대까지 써 오던 아나운서라는 직명 대신 프리젠터(Presenter)라는 직명을 사용하고 있음. 프리젠터가 하는 일은 뉴스캐스터, MC, DJ 등으로 정확하고 표준적인 언어를 구사할 것을 요구하고 있으며, 프리젠터를 선발하는 기준은 방송에서의 표준 영어 사용과 적절한 표현 능력임.

로 불린다.

앵커라는 말은 '닻, 확보'라는 뜻과 함께 전주자(前走者)의 기록을 확보한다는 의미로 릴레이의 최종 선수(the anchor in a relay team)를 뜻한다. 등산용어로는 암벽(岩壁)이나 빙설(氷雪)을 그룹으로 올라갈 때, 자일로 몸을 묶고 서로 안전을 확보하는 일을 말한다.

확보자는 상대가 실족해서 추락하는 경우, 여기에 끌려들지 않게 나무·바위·하켄·피켈 등에 자일을 걸고 자신을 확보하는 앵커를 말한다.

2.3. MC

MC란 'Master of Ceremonines'의 준말로, 어떤 의식이나 행사, 대담과 좌담 프로그램 등의 진행자를 뜻한다. Master에는 제사장, 누군가를 지배하거나 통치하는 사람, 기구의 장, 고용주나 선장, 학교 교사 중 종교나 철학을 가르치는 남자 교사, 미술이나 스포츠 분야에서 위대한 경지에 이른 사람 등의 여러 가지 뜻이 담겨 있다. 즉 어느 분야에서든 매우 중요한 역할을 하는 사람이 바로 Master, MC라 할 수 있다.

2.4. 리포터

리포터(Reporter)란 미국 등지에서는 신문, 통신, 잡지, 방송 등에서 주로 시국(時局)에 관한 보도나 논평을 하는 일에 종사하는 사람으로 취재 편집과 논평 등의 일을 담당하는 사람을 말한다.

또한 취재 담당자를 리포터(Reporter), 편집 및 논평 담당자를 에디터(Editor)라고 하며, 양자의 총칭으로서 저널리스트(Journalist)라는 말을 사용하고 있다.

한국에서는 신문·방송·통신 분야 등 취재를 담당하는 사람을 '기자'

라고 하는 경우가 많고, 잡지에서는 주로 기고자(寄稿者)와 교섭하는 일을 하는 사람을 '기자'라고 한다.

원래는 보조기자, 통신원, 탐방기자를 일컫는 말이지만, 한국의 방송에서는 현장소식을 전달하는 기능을 하는 사람들을 말한다. 주로 매거진(Magazine)형태의 프로그램에서 각 지방에 파견되거나 화제의 현장 등을 소개하는 방송사의 직업인들을 리포터라고 한다.

2.5. DJ

DJ(Di나 Jokey)란 라디오 프로그램이나 디스코텍 따위에서 가벼운 이야깃거리와 함께 음악을 들려주는 사람이다. 예전의 음악 프로그램이 DJ가 혼자서 음악을 소개하고, 사연을 읽어 주고, 내레이션을 하던 평면적 구성이 주류를 이루었다면, 요즘은 청취자 퀴즈, 음악 드라마, 노래 자랑, 교통 정보, 날씨, 경제, 영어, 초대석 등 온갖 코너를 망라한 종합 구성 형식이 주류를 이루고 있다.

2.6. 내레이터

내레이터(Narrator-남성, Narratress-여성)란 영화나 방송극, 영상 홍보물 등에서 화면에는 나타나지 않고 내용이나 줄거리 등을 해설하는 사람, 즉 내레이션 하는 사람이다. 또한 직업적으로 포즈를 제공하는 사람을 뜻하는 '모델'을 합성한 용어로, 흔히 내레이터 모델로 부르는 직업인도 있다. 이 경우는 아나운서 모델 또는 컴패니언(Companion)이라고도 한다.

2.7. 캐스터

캐스터(Caster)란 방송보도의 기능 분화에 따라 연출자나 편집자, 기사작성자와 구별해서 최종 전달자(傳達者)에게 붙여진 이름이다. 그러나 한국에서는 뉴스만 전담하는 아나운서를 가리키기도 하고, 기자도 이 역할을 맡게 되었다.

뉴스, 스포츠 중계 방송에서의 아나운서를 부르는 명칭으로 뉴스 캐스터, 스포츠 캐스터 등으로 사용한 용어인데, 한국에서는 일기 예보를 담당하는 사람을 기상 캐스터라고 한다.

3. 아나운싱을 위한 한국어 발음

3.1. 한국어의 자음

표준 발음법에서 정한 한국어의 자음은 모두 19개이다.

ㄱ(기역) ㄲ(쌍기역) ㄴ(니은) ㄷ(디귿) ㄸ(쌍디귿) ㄹ(리을) ㅁ(미음) ㅂ(비읍)
ㅃ(쌍비읍) ㅅ(시옷) ㅆ(쌍시옷) ㅇ(이응) ㅈ(지읒) ㅉ(쌍지읒) ㅊ(치읓) ㅋ(키읔)
ㅌ(티읕) ㅍ(피읖) ㅎ(히읗)

3.1.1. 자음의 국제 음성 기호(IPA)와 보조 기호 일람

다음의 자음 일람표에서 (기본)으로 표시한 것이 주로 초성에 쓰이는 19개의 기본자음이고 나머지는 음성학적인 변이음이다. 〔　〕안 발음기호 왼쪽에 찍은 (')표시는 악센트 표시이다.

[p]   바람[paˈram]의 ㅂ(기본)
         입술[ˈipsˈul]의 ㅂ
[b]   나비[naˈbi]의 ㅂ
[pˈ]   빨래[ˈpˈallɛ]의 ㅃ(기본)
[pʰ]   파리[ˈpʰa : ri]의 ㅍ(기본)
[t]   다리[taˈri]의 ㄷ(기본)
         받고[ˈpatkˈo]의 ㄷ
[d]   파도[pʰaˈdo]의 ㄷ
[tˈ]   딸[tˈal]의 ㄸ(기본)
[tʰ]   탈[tʰa : l]의 ㅌ(기본)
[k]   가을[kaˈɯl]의 ㄱ(기본)
         색동[ˈsɛktˈoŋ]의 ㄱ
[g]   동굴[ˈto : ŋgul]의 ㄱ
[kˈ]   까닭[kˈaˈdak]의 ㄲ(기본)
[kʰ]   칼[kʰal]의 ㅋ(기본)
[ts]   자리[tsaˈri]의 ㅈ(기본)
[dz]   이제[iˈdze]의 ㅈ
[tsˈ]   찌개[tsˈiˈgɛ]의 ㅉ(기본)
[tsʰ]   처음[tsʰʌˈum]의 ㅊ(기본)
[s]   소리[soˈri]의 ㅅ(기본)
[ʃ]   쉽다[ˈʃy : ptˈa]의 ㅅ
[ɕ]   시간[ɕiˈgan] ㅅ
[sˈ]   싸리[sˈaˈri]의 ㅆ(기본)
[ɕˈ]   씨알[ɕˈiˈal]의 ㅆ
[h]   하늘[haˈnɯl]의 ㅎ(기본)
[ɦ]   동해[ˈtoŋɦɛ]의 ㅎ
[m]   마음[maˈum]의 ㅁ(기본)
[n]   나리[naˈri]의 ㄴ(기본)

[ɲ]   예닐곱[jeˈɲilgop]의 ㄴ

[ŋ]   둥지[ˈtuŋdzi]의 ㅇ(기본)

[ɾ]   우리[uˈɾi]의 ㄹ(기본)

[l]   달[tal]의 ㄹ

[ʎ]   달력[talˈʎjʌk]의 력의 ㄹ

3.1.2. 가갸표

다음 가갸표는 옛날의 가갸표와는 달리 발음연습을 위해 발음이 어려운 'ㅐ, ㅔ'와 함께 단모음과 이중모음이 가능한 'ㅚ, ㅟ'를 포함하였다. 또한 가로·세로 모두 14개씩을 배치해서 가로와 세로는 물론이고 사선, 혹은 대각선으로도 연습할 수 있도록 하였다.

모음 자음	ㅏ	ㅑ	ㅓ	ㅕ	ㅗ	ㅛ	ㅜ	ㅠ	ㅡ	ㅣ	ㅐ	ㅔ	ㅚ	ㅟ
ㄱ	가	갸	거	겨	고	교	구	규	그	기	개	게	괴	귀
ㄴ	나	냐	너	녀	노	뇨	누	뉴	느	니	내	네	뇌	뉘
ㄷ	다	댜	더	뎌	도	됴	두	듀	드	디	대	네	되	뒤
ㄹ	라	랴	러	려	로	료	루	류	르	리	래	레	뢰	뤼
ㅁ	마	먀	머	며	모	묘	무	뮤	므	미	매	메	뫼	뮈
ㅂ	바	뱌	버	벼	보	뵤	부	뷰	브	비	배	베	뵈	뷔
ㅅ	사	샤	서	셔	소	쇼	수	슈	스	시	새	세	쇠	쉬
ㅇ	아	야	어	여	오	요	우	유	으	이	애	에	외	위
ㅈ	자	쟈	저	져	조	죠	주	쥬	즈	지	재	제	죄	쥐
ㅊ	차	챠	처	쳐	초	쵸	추	츄	츠	치	채	체	최	취

ㅋ	카	캬	커	켜	코	쿄	쿠	큐	크	키	캐	케	킈	퀴
ㅌ	타	탸	터	텨	토	툐	투	튜	트	티	태	테	퇴	튀
ㅍ	파	퍄	퍼	펴	포	표	푸	퓨	프	피	패	페	푀	퓌
ㅎ	하	햐	허	혀	호	효	후	휴	흐	히	해	혜	회	휘

3.2. 한국어의 모음

3.2.1. 단모음

한국어의 단모음은 현행 표준 발음법에서 다음의 10개를 규정하였다. 이중에는 이중모음으로 발음해도 되는 'ㅚ, ㅟ'가 포함되어 있다.

단모음: ㅏ[a] ㅐ[ɛ] ㅓ[ʌ/ə] ㅔ[e] ㅚ[ø] ㅗ[o] ㅜ[u] ㅟ[y] ㅡ[ɯ] ㅣ[i]

3.2.2. 한국어 모음 사각도(Quadrilateral Figure)

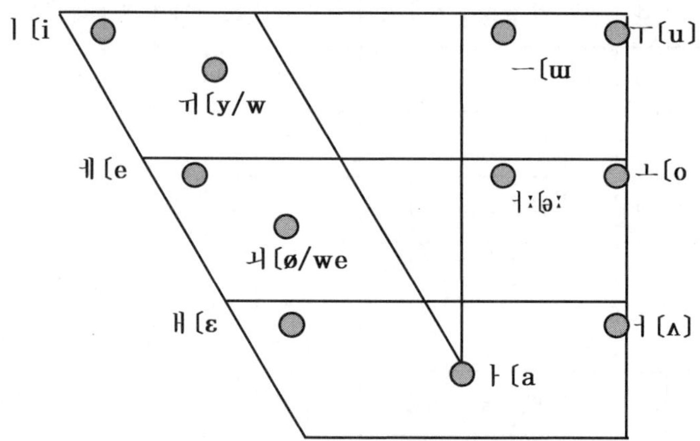

3.2.3. 이중모음

표준어 규정에는 11개의 이중모음을 규정하고 있다. 위의 단모음 10개를 제외한 11개의 이중모음은 다음과 같다.

이중모음: ㅑ[ja] ㅒ[jɛ] ㅕ[jʌ] ㅖ[je] ㅘ[wa] ㅙ[wɛ] ㅛ[jo] ㅝ[wʌ] ㅞ[we] ㅠ[ju] ㅢ[ɰi]

이중모음을 만드는 반모음(半母音, Semi-vowel)[7]으로는 [j/w/ɰ]가 있다.

3.2.4. 모음의 국제 음성 기호(IPA)와 보조 기호 일람표

[a]　　바다[paˈda]의 ㅏ

[aː]　말씀[ˈmaːlsˈɯm]의 ㅏ

[ɛ]　　애기[ɛˈgi]의 ㅐ

[ɛː]　해방[ˈhɛːbaŋ]의 ㅐ

[ʌ]　　어머니[ʌˈmʌɲi]의 ㅓ

[ʌː]　열[jʌː]의 ㅕ

[əː]　건강[ˈkəːngaŋ]의 ㅓ

[e]　　메밀[meˈmil]의 ㅔ

[eː]　세상[ˈseːsaŋ]의 ㅔ

[o]　　소리[soˈɾi]의 ㅗ

[oː]　노인[ˈnoːin]의 ㅗ

[ø]　　되다[tøˈda]의 ㅚ

[we]　외길[weˈgil]의 ㅚ

[weː]　외무[ˈweːmu]의 ㅚ

---

7) 반자음(Semi-consonant)이라고도 함.　[j](영어의 you [juː], 국어의 야[ja], 여[jə] 등)와 [w](영어의 work [wəːk], 국어의 와 [wa], 워 [wə]) 등이 여기에 속함.

[u]   눈동자['nunt'oŋdza]의 ㅜ
[u ː] 눈사람['nu ː ns'aram]의 ㅜ
[y]   취나물[tsʰy'namul]의 ㅟ
[wi] 위문[wi'mun]의 ㅟ
[wi ː] 귀빈['kwi ː bin]의 ㅟ
[ɯ]   글[kɯl]의 ㅡ
[ɯ ː] 근세['kɯ ː nse]의 ㅡ
[i]   이웃[i'ut]의 ㅣ
[i ː] 이발['i ː bal]의 ㅣ
[j]   양식['jaŋɕik]의 반모음 ㅣ
[w]   완성['wansʌŋ]의 반모음 ㅜ
[ɰ]   의사['ɰisa]의 반모음 ㅡ

4. 아나운싱 기법

4.1. 뉴스와 리사이틀

취재 경험이 없는 아나운서의 방송은 앵무새와 같은 낭독이라고 평가하는 사람들도 있다. 그러나 성악가들은 작곡가와 작사자 등 남이 써준 악보를 개성 있는 곡조로 해석해서 리사이틀한다. 그와 마찬가지로 아나운서도 문자언어라는 기호를 보면서 개성과 혼을 실어 리사이틀 하는 음성표현 예술가라고 할 수 있다. 훌륭한 리사이틀을 위해서는 훌륭한 악보, 훌륭한 원고가 필요할 것이다.

리사이틀이라는 말의 유래를 이규항(2004)에서는 다음과 같이 기술하고 있다. "미국의 방송관련학자 Henneke는 라디오의 'Straight News'

를 'Straight Recital of News by an Announcer'라고 표현했습니다. 'reading, speaking'이란 말 대신 'recital'이라고 했습니다. 성대(聲帶)란 악기로 어법에 맞게 말을 연주한다고 보았습니다."

방송 뉴스 중 주로 라디오나 텔레비전에서 10분 내외의 뉴스를 리포트가 없이 아나운서가 주로 전달하는 뉴스는 스트레이트 뉴스(Straight News)라고 한다. 이 스트레이트 뉴스는 음악성이 강한 뉴스라 할 수 있다.

뉴스 낭독에 있어서 너무 정형시적인 면만 강조하면 우리가 흔히 말하는 일종의 '쪼'(調)에 빠지기 쉽다. 그러나 말은 음악이라는 대명제를 염두에 둔다면 무미건조한 낭독은 뉴스의 기본이 아니다. 그래서 뉴스 낭독은 단순한 읽기가 아니라 리사이틀(Recital)이라고도 한다.

'성대라는 악기로 방송하는 행위', 이것이 리사이틀이라는 말로 상징된 것이다. 음악은 여러 가지 음의 배합에 의해서 구성되는데, 그 배합에는 수평적 결합인 시간적 배치와, 수직적 결합인 공간적 배치가 있다. 앞의 것을 선율(melody)이라 하고, 뒤의 것을 화성(harmony)이라 한다. 음악은 이 둘을 결합해서 시간적으로 통일된 진행을 유지해 나가는데, 이 진행에 있어서 질서 있는 움직임을 계속시켜 나가는 것은 리듬(rhythm), 즉 율동이라 할 수 있다.

음악은 이러한 기본적 3요소에 의해서 성립되는 것이다. 어떤 형태의 방송보다도 연주와 가까운 방송이 바로 낭독형 뉴스이기 때문에 방송에 음악성을 부여하는 것은 당연하다.

4.2. 뉴스의 음성 표현

평소에는 자연스럽게 하는 말이지만, 방송을 하거나 연설 등에서 원고를 읽을 때는 정확하게 발음한다는 생각에서 음절 단위로 발음하는 일이 많이 있다. 단어나 구(句), 절(節)을 묶어서 자연스럽게 발음하는 것이 아니라 써 놓은 대로 하는 발음은 문자식 발음(spelling pronunciation)이라 한다.

일반적으로 방송 언어가 우리말을 망치고 있다는 말을 많이 한다.

그러나 오늘날 한국어의 모범적인 예를 들자면 방송에서의 뉴스, 특히 아나운서들의 스트레이트 뉴스를 예로 들 수 있다.

일상적인 한국어에서의 문제점뿐만 아니라 방송에서의 음성 언어 표현상의 문제점을 들자면 다음과 같다.

- 우리말의 발음을 음성언어의 원칙, 즉 표준 발음법에 정한 대로 발음하지 않고 써 놓은 대로 발음하는 현상(spelling pronunciation)이 만연하고 있다.
- 국어 교육에 정확한 발음, 알맞은 크기, 적절한 속도라는 음성자질 교육이 이뤄지지 않아서 문제가 많다.
- 발성을 할 때 자연스러운 소리, 즉 지성(地聲 natural voice)이 아닌 미성(美聲)을 가장한 가성(假聲 feigned voice)을 많이 사용하고 있다.
- 개별적인 발음 중에서 가장 심각한 것 중의 하나로 첫 음절에서 무기음(unaspirated sound)인 'ㅈ, ㅊ'음을 유기음(有氣音 aspirated sound)으로 발음하고, 'ㄹ, ㅅ'을 외국어식 발음으로 하고 있다.

뉴스와 방송 리사이틀의 음성 표현, 즉 아나운싱에서 지켜야 할 중요한 원칙은 다음과 같다.

- 정확한 발음, 간결한 억양, 명료한 정보 전달에 주력한다.
- 말하듯이 하되 Announcing Art로서의 음악성을 갖추도록 한다.
- 장단음, 발음, 핵심어, 쉼과 연결 등 사전 준비를 철저히 한다.

■ 진취적이면서 생동감 있는 언어와 비언어적 표현에 유념한다.

한국의 일부 방송인과 학자 중에는 뉴스는 말하듯이 해야 한다는 주장을 하는 사람들이 있다. '말하듯이'라는 말은 '기교를 부리지 않고 부드럽게'라는 의미로 본다면 옳은 말이다. 그러나 칼 하우스만 등(2004)은 뉴스에서 "리듬의 변화를 비롯한 다양한 억양과 강세, 소리의 크기와 세기, 높낮이 등 모든 것을 고려해서 총체적으로 변주하듯 원고를 읽게 되면, 마치 한 곡의 음악처럼 말의 운율이 살아난다."고 말한다. 그리고 유능한 커뮤니케이터라면 방송용 문장에서 고유의 운율을 찾아야 한다고 말한다. 또한 그 내용을 극적으로 살리기 위해서는 뉘앙스와 정서를 살려야 하고, 언어 본래의 의미로는 표현이 불가능한 것은 유사언어적인 것으로 살려야 한다고 말한다.8)

방송에서의 인토네이션, 혹은 어투는 노래를 배우는 것처럼 표준적인 유형을 익혀야 한다. 뉴스에서도 자주 나타나는 어투로 문제가 있는 것은 책을 읽듯이 단조로운 어투, 어색한 톤의 어투, 노래하는 듯한 어투, 판에 박힌 어투, 흐느끼는 식의 애조가 섞인 말투 등이 있다. 특히 텔레비전 뉴스에서 라디오 뉴스처럼 하는 경우가 있는데 이것은 음성 연기를 전혀 하지 못하는 경우라 할 것이다.

아나운서들의 뉴스나 내레이션처럼 낭독을 중심으로 한 아나운싱을 Announcing Art라 해서 음성표현 예술로 보고, 서예의 서체(calligraphy style)와 비교한다면 다음과 같은 비교가 가능할 것이다.

■ **해서(楷書)**: 뉴스는 서예의 해서(square-hand style character)와 같

---

8) 운율이나 뉘앙스 같은 말은 유사언어(paralanguage), 혹은 비언어 커뮤니케이션 연구 분야에서 많이 다뤄지고 있는데, 유사언어는 언어 본래의 것과 구분해서 준언어로 분류하기도 함.

다. 해서는 정자체(正字體)라고도 한다. 영어를 그대로 번역하면 정사각형과 같이 어디에도 기울지 않은 공정한 서체라 할 수 있겠다.

- **예서(隸書)**: 내레이션은 예서(ornamental seal style character)와 같다. 이것은 장식적인 서체라고 한다.
- **행서(行書)**: DJ · MC는 행서(running-hand, semi-cursive style character)와 같다. 이것은 반흘림 서체라고도 한다.
- **초서(草書)**: 중계 방송은 초서(cursive, grass style character)와 비교할 수 있다. 서예에서 초서는 흘림서체라고도 한다. 원고 없이 즉흥적인 묘사가 이어지는 것이 중계 방송이다. 그러나 초서도 그 운필에 법이 있게 마련이듯 중계 방송도 법에 맞아야 한다.
- **전서(篆書)**: 시 낭송은 드물게 방송하는 편이지만 전서(seal style character)와 비교할 수 있다. 이 서체는 인장(印章)서체라고도 하는데 한자 한자 정성을 들여 도장을 새기듯이 하여야 예술적인 음성 표현이 가능할 것이다.

4.3. 비전문적 뉴스 아나운싱의 특징

4.3.1. 반복적 올리기

유 · 소아적인 발성으로 말꼬리를 계속 올리면서 똘망똘망하게 자신을 소개하는 유치원이나 초등 학생들의 어투를 상상하면 된다.

이러한 방송은 전문성이 가장 떨어지는 방송인들에게서 볼 수 있다.

- -했 : 고⌣, -했 : 으며⌣, -했 : 습니다⌣ .
- 오 : 백년 도읍지를 필마로 돌아드니⌣ 산천은 의 : 구하되 인걸은 간 데 없 : 다⌣,

어즈버 태평연월이 꿈이런가 하노라⌣.

4.3.2. 반복적 내리기

자신없는 소리에 생동감이 없는 말로, 비전문 방송인인 여성들에게서 볼 수 있다.

- -했 : 고⌢, -했 : 으며⌢, 했 : 습니다⌢.
- 오 : 백년 도읍지를 필마로 돌아드니⌢ 산천은 의 : 구하되 인걸은 간 데 없 : 다⌢
  어즈버 태평연월이 꿈이런가 하노라⌢.

4.3.3. 습관적 끝기

중·고등 학교 이상의 비전문 방송인들에게서 볼 수 있는 책 읽는 형태의 낭독이다. 이러한 형식은 일반인의 평균적인 낭독 유형이라 할 수 있다.

- -했 : 고~, -했 : 으며~, -했 : 습니다~.
- 오 : 백년 도읍지를~ 필마로 돌아드니~ 산천은 의 : 구하되~ 인걸은 간 데 없 : 다~
  어즈버 태평연월이~ 꿈이런가 하노라~.

4.3.4. 끌어올리기

훈화나 훈시, 강의 형태의 낭독이다. 이런 형태의 언어 표현은 단상에 올라가 있으면서 아래를 내려다 보면서 말하는 형태의 표현으로 군대와 같은 명령과 지시 형태의 언어 표현이라 할 수 있다.

- -했 : 고 ⤵, -했 : 으며 ⤵, -했 : 습니다 ⤵.
- 오 : 백년 도읍지를 필마로 돌아드니 ⤵ 산천은 의 : 구하되 인걸은 간 데 없 : 다 ⤵
  어즈버 태평연월이 꿈이런가 하노라 ⤵.

4.3.5. 습관적 비음화

코에 이상이 있을 때는 당연히 콧소리가 나지만, 습관적인 콧소리나 콧소리에 가까운 유성음을 내는 경우가 많다. 특히 일부 성우들과 여성들에게서 많이 볼 수 있는 소리라 할 수 있다.

4.3.6. 유성음 '-다'의 무기음화

우리말 종결어미의 '-다'는 유성음이다. 그러나 이 소리를 유성음이 아닌 무성음으로 내면서 힘을 가하면 부드러운 '-다'가 둔탁한 무기음으로 소리 난다.

4.3.7. 레가토(legato)가 아닌 스타카토 형태

스타카토(staccato)란 군대에서 많이 하는 구호나 군가식으로 딱딱 끊어서 방송하는 형태이다. 말은 음악과 같아서 한 호흡을 단위로 해서 억양과 인토네이션을 적절하게 구사하는 연습이 필요하다.

4.4. 아나운싱을 위한 호흡과 발성

4.4.1. 호흡

호식 즉 날숨과, 흡식 즉 들숨을 말하며 발성은 거의 대부분 호식에 의해 이뤄진다. 사람은 1분에 16회의 숨을 쉰다. 그리고 한 호흡에 0.5 ℓ의 공기가 드나들고, 1분에 8ℓ의 환기, 최대 약 4.5ℓ의 공기가 출입하는데 이때의 공기량을 폐활량이라 한다.

호흡에 의한 문제로는 기식음(氣息音)이 섞인 소리, 빈약한 소리 등이 있다. 호흡은 성량과 관계가 있는데, 성량(volume)은 허파의 공기가 성대와 입을 통해 밖으로 나오는 양을 말한다. 그리고 공기의 양에 따라 높낮이와 강약, 거칠고 부드러움이 결정된다.

4.4.2. 소리의 생성

사람의 음성은 코의 뒤, 즉 식도의 입구인 후두에서 생성된다. 목 중앙부를 옆에서 보면 후두가 돌출되어 있는데, 성대의 진동은 남성의 베이스와 여성의 소프라노까지 1초에 64~1,024회이다.

인간의 음성은 성대(vocal cords)가 근원지이며, 성대는 바이올린의 현, 활은 폐에서 나오는 공기와 같다. 생성된 소리를 키워 주는 곳은 공명강(resonance tube)이다. 공명강은 바이올린의 동체와 같이 인두, 구강, 비강이 주를 이룬다. 원음을 듣기 좋은 소리로 만들기 위해서는 좋은 공명이 있어야 한다.

4.4.3. 음질과 음색

음질(sound quality, tone quality)은 호흡 기관, 후두, 공명 기관, 성대 등 네 개의 발성 기관에서 결정되는데, 성대의 면적, 형태, 구조에 따라 독특한 음질이 생성된다. 얼굴과 음질은 지문처럼 사람마다 다르다.

음질은 음색, 혹은 소리맵시라는 말로도 표현한다. 두산동아(2005)는 음색(timber, quality of a tone, tone color)이란 음을 들을 때 생기는 기본적인 심리적 인상의 하나로 크기와 높이가 같을 경우라도 두 음이 다르게 느껴질 때 음색이 다르며, 크기, 높이, 음색을 음의 3요소라고 하는데, 음색은 크기, 높이 이외의 심리적 인상을 모두 포함하는 복잡한 개념이라고 설명하고 있다.

음성과 관련해서 인간의 상호 커뮤니케이션을 설명하는 이론으로 '메라비언의 법칙'9)이 있다. 앨버트 메라비언(Albert Mehrabian)은 메시지를 전달할 때 목소리가 38%, 표정(35%)과 태도(20%) 등 신체 언어가 55%이며, 말하는 내용은 겨우 7%의 비중을 차지한다고 했다.

무슨 말을 하든지 목소리가 좋으면 메시지 전달에 3분의 1 이상 성공한 것이라는 말의 근거가 되는 말이다.

김형태(2005)10)에 의하면 남자 목소리의 기본 주파수는 100~150Hz, 여성은 200~250Hz이며, 100Hz는 1초에 성대가 100번 진동한다는 것을 의미한다는 것이다. 소리가 높아질수록 주파수가 높다.

목소리는 외모와 함께 첫인상을 좌우하는 주요 변수다. 목소리를 통해 카리스마가 발현되기도 하고 타인을 설득하는 힘이 생긴다. 조선 시대에는 느리고 낮은 음으로 늘어지는 목소리를 가져야 양반다운 것으로 인식됐다고 한다.

미국인은 약간 높은 음의 영국 악센트를 선호하며, 북한에서는 전투적인 기백에 강하고 선동적인 목소리를 좋아한다.

현대적인 의미의 좋은 목소리는 일반적으로 명료하고 깨끗하며, 톤이 약간 높고, 하모닉스(harmonics, 배음)11)와 울림이 좋으며, 느낌이 풍부한 소리를 말한다.

김형태(2005)에서는 지상파 3사 텔레비전 종합뉴스 여성 앵커들의 주파수를 통해 특성을 분류하고 있다. MBC 김주하 앵커는 기본 주파수가

---

9) 캘리포니아 대학 사회심리학자 앨버트 메라비언(Albert Mehrabian) 교수의 1970년 저서 "Silent Messages"에 나온 말.
10) http://blog.daum.net
11) 어떤 진동체가 내는 여러 가지 음 가운데, 원음(原音)보다 많은 진동수를 가진 음.

190Hz 정도로 여성으로서는 매우 낮은 편이어서 중성적이며 지적인 느낌을 준다고 한다.

KBS 정세진 앵커는 220Hz로 단정하고 깔끔한 목소리이다.

SBS 김소원 앵커는 230Hz 정도로 다소 높은 톤이라 명료도가 높다고 분석하고 있다.

아나운서들에게는 별로 없으나 음성 연기를 주로 하는 방송인들에게 있어서 문제가 있는 음성은 병적으로 목쉰 소리와 연약하고 가냘픈 소리, 귀에 거슬리는 걸걸한 소리를 들 수 있다.

4.4.4. 좋은 소리를 위한 발성법

- 전신의 힘을 빼는 자세로 목 주위 근육과 정맥이 팽창하거나 어깨와 턱에 힘이 들어가 피곤하지 않아야 한다.
- 음의 강약은 폐, 음의 고저는 후두, 음색은 음성 조절 기관에서 조절한다.
- 언어의 변별은 입술과 혀가 성대로부터 올라온 음을 조절한다.
- 공기 공급은 목이 아니라 가슴에서 한다는 느낌이 들도록 흉복식(횡격막) 호흡을 한다.
- 숨을 많이 마신 다음 발산을 조절할 수 있는 방법 익혀야 한다.
- 가성대(false cords)의 가성(feigned voice)이 아닌 진성대(true cords)의 지성(natural voice)을 사용한다.
- 충분한 휴식, 운동, 균형 잡힌 식사, 금연이 좋다.
- 성대는 목 운동, 얼굴 마사지, 혀 운동, 목 마사지, 성대 이완 등으로 보호한다.
- 비음이 섞이지 않는 말을 골라 코를 막고 비음을 내지 않도록 한다.[12]

4.4.5. 성대의 혹사를 막는 방법[13)

- 목의 통증, 쉰소리가 나면 말하기 패턴을 재정립하여야 한다.
- 방송전에 허밍, 노래 등으로 워밍업을 한다.
- 수분 섭취를 자주 해서 적당한 습도를 유지하여야 한다.
- 목소리를 높이는 대신 마이크의 볼륨을 높인다.
- 흡연은 직접적인 피해와 함께, 기침을 자주 해서 성대에 염증을 일으키므로 조심한다.
- 감기 중에는 목소리 자제하고, 잔기침도 가능하면 피한다.
- 몸의 어떤 부위건 스트레스를 피하고 자유로운 자세에서 발성하여야 한다.

4.4.6. 성대 보호 마사지

- 머리를 전후 좌우 여러 방향에서 돌리면 어깨와 목의 긴장이 풀린다.
- 얼굴 근육을 위에서 아래로 마사지하면서 턱이 늘어지도록 한다.
- 혀를 내밀거나 입안에서 돌리는 혀 운동을 주기적으로 한다.
- 목 위 쪽 턱 아래를 마사지 해서 후두의 경직을 풀어 준다.
- 엄지와 검지로 턱을 잡고 힘을 뺀 뒤에 위아래로 움직인다.
- 목의 후두 부분을 가볍게 잡고 좌우로 부드럽게 마사지를 한다.
- '아' 하는 큰 한숨을 쉰 뒤 가장 낮은 소리에서 글을 읽는 연습을 한다.

---

12) 비음 제거를 위한 연습으로 영국의 Royal Shakespear 극단에서는 "This is the house."라는 말을 코를 막고 발음해서 콧소리가 나오지 않는 연습을 하고 있음. 이 말은 ㄴ[n], ㅁ[m], ㅇ[ŋ] 등 비음이 적은 음소들로 되어 있음. 한국어에서는 비음이 섞이지 않은 음으로 "이곳이 그 집이다"를 코를 막고 발음해서 콧소리가 나오지 않는다면 비음을 막을 수 있을 것임. 김상준·박현우(1999) "BBC 영어 관련 조사연구 보고서" 참조.
13) 김상준·박경희·유애리(2004)

4.4.7. 주요 조음 기관

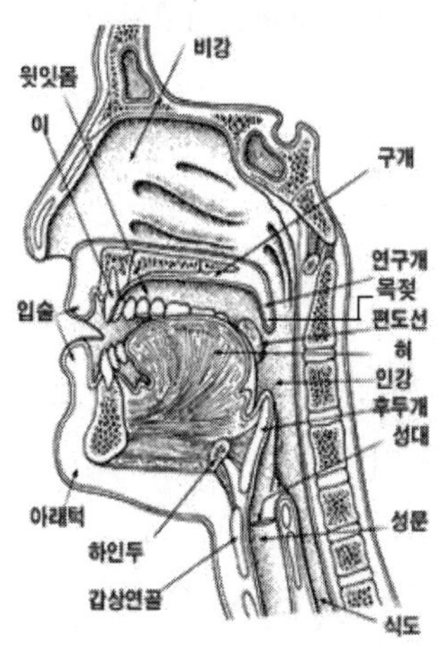

- 조음 기관(調音器官): 음성을 만들어 내는 신체 기관
- 성대(聲帶): 얇고 예민한 근육, 허파에서 나오는 숨을 조절함.
- 목젖(口蓋垂): 숨을 입이나 코로 선택해서 통과시킴.
- 구개(口蓋): 입천장, 앞 부분은 딱딱한 경구개(硬口蓋). 뒷부분은 연구개(軟口蓋)
- 치조(齒槽): 윗니와 윗잇몸 사이
- 혀(舌): 조음 기관 중 가장 큰 역할을 하며 주로 자음을 만드는 역할

5. 아나운싱의 실제

5.1. 시조를 사용한 아나운싱 연습

5.1.1. 회고가(길재)[14]

오 : 백년 도읍지를 필마로 돌아드니√

산천은 의 : 구하되 인걸은 간데없 : 다/

어즈버 태평연월이 꿈이런가 하노라.//

---

14) 회고가(懷古歌)는 옛 자취나 지나간 일을 생각하여 지은 시조로 고려가 망한 후 유신들이 고려를 회상하며 부른 노래. 길재(吉再)와 원천석의 시조가 유명함. 고려 유신 회고가라 도도 함.

5.1.2. 발음 연습

오백년도읍지[오 : 뱅년도읍찌]/의구하되[으이구하뒈]/태평연월[태평녀]/꿈이런가[꾸미런가]

5.1.3. 한국어 리듬과 가락의 원형-평시조

필자는 1990년대부터 방송 뉴스를 중심으로 한 아나운싱의 기초단계에서 시조낭송과 함께 시조를 뉴스로 바꿔 낭독하는 연습을 시키고 있다. 이것은 뉴스의 특성을 쉽게 익힐 수 있는 지름길로 단시간에 '뉴스적인 낭독'에 접근하는 효과가 있다.

시조(時調)는 한국 고유의 정형시로서 7~8백 년의 역사를 두고 민족의 얼과 정서를 담아 줄기차게 오늘에 이른 민족문학이다. 조선시대로 접어들어 발전되면서 송강 정철(松江 鄭澈), 고산 윤선도(孤山 尹善道), 노계 박인로(蘆溪 朴仁老) 등의 대가를 배출하였으며, 조선중기에는 황진이(黃眞伊) 등이 시조의 절정기를 이룬다. 고대시조 중 평시조는 시조를 음악상으로 나눈 명칭의 하나로 단시조(短時調), 혹은 단형시조(短形時調), 평거시조(平擧時調)라고도 한다.

구의 구분에는 3가지가 있는데, 3장 중 1장을 4구씩 가르는 12구, 1장을 2구씩 가르는 6구, 초장·중장은 2구씩, 종장은 4구로 가르는 8구 등이 있다.

자수(음수)는 3·4·3(4)·4, 3·4·3(4)·4, 3·5·4·3으로 한 장을 15자 내외, 한 수를 45자 내외로 가른다.

43자인 회고가를 뉴스처럼 할 경우에는 다음과 같이 쉼과 끊어 읽기를 해야 한다.

오 : 백년 도읍지를 필마로 돌아드니√ 산천은 의 : 구하되 인걸은 간

데없 : 다 / 어즈버 태평연월이 꿈이런가 하노라.//

(√) 표시는 숨을 쉬지 않고, 순간적인 쉼에 이어 '산천'에 강세를 두고 낭독한다.

필자의 시조 낭송 속도로는 평시조 43음절을 10초 정도에 발화하는 것이 적절한 것으로 보인다. 물론 낭송자에 따라 더욱 깊은 정감을 불어넣으려면 더 느리게 할 수 있을 것이다. 만일 뉴스라면 7초 정도에 발화해야 할 것이다.

말은 음악이라고 하였다. 우리말의 리듬이나 선율이 가장 잘 나타난 것이 우리의 시가문학 작품이라 할 수 있고, 이런 유형의 시가로는 시조나 가사, 민요시 등이 있다. 시 낭송에 있어서 한 호흡에 낭송할 수 있는 가장 적절한 길이가 바로 시조 한 장의 길이인 15자 내외가 아닐까 한다.

그래서 우리 고시조, 그 중에서도 평시조는 민족적인 문화 유산이라 할 수 있다. 학교에서도 시조에 대한 수업을 많이 하면서 낭송과 암송을 많이 한다면, 우리말의 낭독은 물론이고 평소의 말도 좋아질 것이다.

시조는 한국어의 기본적인 음수율을 가지고 있기 때문에 시조 낭송은 물론이고, 뉴스와 내레이션 연습용으로도 훌륭한 교재가 될 수 있다.

5.2. 뉴스 아나운싱

5.2.1. 6 · 15 남북 정상 회담

김대중 대 : 통령은 오늘 오 : 전√ 북한 김정일 국방위원장과 역사적인 남북정상회담을 갖기 위 : 해/ 평양 순 : 안공항에 도착했 : 습니다.//(50음절)

김대'통령은 오늘 오 : 전 10시 30분√ 부인 이 : 희호 여사와 함께/ 특별기편으로 순 : 안공항에 도착해/ 트랩 밑에서 기다리고 있던 √김정일 국방위원장과 악수를 나눴습니다. //(66-116)

김대'통령은 이어 김정일 국방위원장으로부터√ 김영남 최 : 고인민회 : 의상임위원장 등 북한측 인사들을 소개받은 뒤 : / 북한군 의 : 장대를 사열했 : 습니다.// (64-180)

김대'통령이 도착한 순 : 안공항에는√ 수 : 천명의 환영인파가 나와/ 분단 이 : 후처음으로 평양을 방 : 문한 √남측 정상을 맞이했습니다.// (50-230. *30초 지점)

김대중 대 : 통령은 공항 환영식이 끝난 뒤/ 김정일 국방위원장과 한 차에 동 : 승해 숙소로 떠났습니다.//(39-269) - 2000. 6. 13.KBS 라디오 · 텔레비전뉴스[15]

5.2.2. 발음 연습

[김대중대 : 통녕은 오느로 : 전 부칸 김정일 국빵위원장과 역싸저긴 남북쩡상훼 : 담을 갇끼 위 : 해 평양 수 : 난공항에 도 : 차캔씀니다.

김대'통녕은 오느로 : 전 열 : 써삼십뿐 부인 이 : 히호 여사와 함께 특뼐기 편으로 수 : 난공항에 도 : 차캐 트램미테서 기다리고 읻떤 김정일 국빵위원장과 악쑤를 나눤씀니다.

김대'통녕은 이어 김정일 국빵위원장으로부터 기명남 췌 : 고인민훼 :

---

15) 이 뉴스는 KBS 특파원이 평양에서 보낸 첫 번째 뉴스임. 이후 6월 15일 전세계가 지켜보는 역사적인 남북정상회담에서는 공동선언문이 채택되기도 했는데, 선언문의 서문은 다음과 같음. "조국의 평화적 통일을 염원하는 온 겨레의 숭고한 뜻에 따라 대한민국 김대중 대통령과 조선민주주의인민공화국 김정일 국방위원장은 2000년 6월 13일부터 6월 15일까지 평양에서 역사적인 상봉을 하였으며 정상회담을 가졌다. 남북 정상들은 분단 역사상 처음으로 열린 이번 상봉과 회담이 서로 이해를 증진시키고 남북 관계를 발전시키며 평화 통일을 실현하는 데 중대한 의의를 가진다고 평가하고 다음과 같이 선언한다."

이 상이뮈원장 등 부칸측 인사드를 소개바든 뒤 : 부칸군 으이장대를
사열핸 : 씀니다.
김대'통녕이 도 : 차칸 수 : 난공항에는 수 : 천명에 화녕인파가 나와 분
다니 : 후 처 : 으므로 평양을 방 : 문한 남측쩡상을 마지핸 : 씀니다.
김대중 대 : 통녕은 공항 화녕시기 끈난 뒤 : 김정일 국빵위원장과 한
차에 동 : 승해 숙쏘로 떠난씀니다.]

5.2.3. 뉴스 아나운싱 준비

여기서는 문장 전체를 발음 연습 자료로 하였다. 소리를 문자로 옮겨
놓은 것이기에 읽기가 어렵다. 그러나 한국어의 올바른 발음을 구사하기
위해서는 이런 노력도 필요하다는 생각에서 전체 기사를 음성 표기를 하
였다.

( ) 안에는 그 문장의 음절수를 나타냈는데, 1분간 뉴스 발화 속도는
350~370 음절이면 적절한 속도이다.

영어의 경우에는 1분에 160단어의 속도를 권장하고 있다.[16]

방송 전에 원고를 받고, 예독할 때는 다음의 사항을 고려해서 설계,
혹은 디자인하여야 한다.

- 장음, 긴소리에는 (:)표시를 한다.
- '김대'통령은'처럼 합성어일 경우 (')표시는 완전한 장음이 아닌 반
  장음으로 처리한다.
- 숨을 쉬지 않고 순간적으로 어조를 달리하기 위한 표시는 (√)로
  한다.
- 숨을 쉬어야 할 곳에는 빗금(/) 표시를 한다.
- 필요에 따라서는 평탄한 어조(평탄조 →), 내리는 어조(하강조 ↘),

---

16) 김상준·박경희·유애리(2004)

올리는 어조 (상승조 ↗) 등으로 어미 처리 표시를 한다.

이상의 요령에 따라 준비를 하고, 평탄, 하강, 상승 등의 변화는 같은 어조의 반복을 피하면서 낭독자의 개성에 따라 적절하게 조화를 이루는 것이 좋을 것이다.

숨을 쉬기 위해서 끊기를 하는 것은 의미 변별을 위해서도 필요하다. 글로 쓰인 문장은 띄어쓰기라고 하지만, 음성 언어에서는 띄어쓰기가 아니라 끊어 읽기라고 하여야 한다.

방송을 할 때 호흡은 입과 코로 동시에 조용하게 쉬어야 마이크로 잡음이 들어가지 않는다.

그리고 입에 고인 침을 삼킨다거나, 입술이 말라 침을 바를 때에도 잡음이 나지 않도록 조심하여야 한다.

전체 뉴스의 음성표기는 표준 발음법에서 규정한 원칙과 허용 중, 관용발음을 사용하였다.[17]

5.3. 다큐멘터리 아나운싱

5.3.1. 동물의 왕국, 나일강의 악어

나일강, / 아프리카를 가로질러√ 사 : 천백사 : 십오 : 마일이나 뻗어 있는 강입니다.// (29음절)

원시적인 밀림과 메마른 사막을 굽이치고 / 외떨어진 부족들의 마을과

---

17) 한글 맞춤법과 표준어 사정원칙에는 '표준발음법 제5항, 다만4'에서처럼 "단어의 첫음절 이외의 '의'는 [ㅣ]로, 조사 '의'는 [ㅔ]로 발음함도 허용한다"처럼 '허용'이라는 말이 많이 나오는데, 허용이라는 말은 정부기관이 언중들에게 시혜를 베푸는 듯한 느낌을 주는 표현임. 언중들이 관습적으로 써온 말을 받아들일 때는 복수 표준어로 처리하는 것이 좋을 것임. 예를 들어 위의 조항은 "단어의 첫음절 이외의 '의'는 [ㅣ]로, 조사 '의'는 [ㅔ]로도 발음한다"로 바꿔야 함.

√ 고 : 대 파라오[18)의 석상을 감 : 돌아 흐릅니다.//(44, 73)

유럽인들은√ 장 : 엄하고 경이적인 이 강을 처 : 음 여행할 때 / 악어
와 마주치게 됐 : 습니다.//(33, 106)

강둑을 따라 수 : 백마리씩 흩어져 있는 악어는 / 햇볕을 쬐 : 기도 하
고√ 그늘에서 몸을 식히기도 했 : 습니다.//(40, 146)

그로부터 백년이 지난 오늘날은 / 나일 강변 어디에서도√떼를 지은
악어의 모습은 보기 힘듭니다.//(38, 184)

그러나 아프리카의 일부 강과 호수 기슭에는 / 아직도 이 선사시대의
동 : 물이 제법 남아있습니다.//(38, 222)

이 시간에는 우간다에서 나탈까지 여행하며 / 나일강에서 세인트 루시
카 호수 사이에 남아있는 / 악어의 모습을 함께 보겠습니다.//(51, 273)

여기는 나일강의 발상지로 알려진 우간다입니다[우간담니다].//(20,
293)

나일 같은 강은 어디에도 없 : 습니다.//(14, ※1분 307음절)

때로는 평온하고√ 때로는 난폭하기도 한 이 강변을 따라서 / 세 : 계
에서 가장 찬 : 란했던 문명의 꽃은 피고 / 또 사라지기도 했습니다.//
(50, 357) KBS-텔레비전

5.3.2. 발음 연습

사천백사십오마일[사 : 천백싸 : 시보 : 마일]/석상[석쌍]/강(江)둑을
[강뚜글]/수백마리[수 : 뱅마리]/흩어져 있는 악어는[흐터저인는아거
는]/햇볕을[핻뼈틀]/기슭에는[기슬게는]/발상지[발쌍지]/문명의 꽃
은[문명에꼬츤]

---

18) 파라오(Pharaoh): 큰 집이라는 뜻으로, 고대 이집트의 왕을 이르던 말.

5.3.3. 다큐멘터리의 특징과 방송 요령

위의 다큐멘터리(Documentary) 내레이션(Narration) 낭독 속도는 내용에 따라 차이가 있겠지만, 1분에 300 음절 정도가 알맞은 속도이다.

내레이션(Narration)의 의미는 다양하게 쓰인다. 일반적으로 영화, 텔레비전, 라디오의 다큐멘터리나 구성물 등의 해설이라는 의미로 사용되는 말이다. 내레이션에는 화면의 설명과 함께 배경 음악이나 음향 효과를 추가하는 경우가 많다. 프로그램의 형식과 내용에 따라 템포나 억양, 분위기 등이 달라진다.

'다큐멘타리(Documentary)'란 용어는 '여행담(Travelogue)'의 뜻을 지닌 불어(Documentaire)에서 유래된 말로, 그리어슨이 플래허티(Robert Flaherty)의 "모아나(Moana, 1926)"에 관한 평을 '뉴욕 선'지에 실었을 때 사용하였다고 한다. 후에 그리어슨은 기록영화를 '현실의 창조적인 처리'로 정의하였다.

1948년 세계 기록영화 연합(World Union of Documentary)에서는 기록영화를 "인간의 문제와 해결에 대한 욕구와, 지식과 이해의 폭을 넓힐 목적으로 사실에 입각한 촬영과 진실한 재구성을 통해 현실의 상황을 해석하는 것."이라 정의하였다.

여기에 나오는 플래허티(Robert Flaherty)는 영화 감독이라기보다는 탐험가이면서 인류학자이었다.

단순한 기록물이 아닌 최초의 다큐멘터리로 플레허티의 '북극의 나누크(Nanook of the North, 1922)'를 꼽는다.

내레이션은 문예물과 비문예물로 분류한다. 문예물(文藝物)은 예술성이 짙은 작품이나 문화영화, 드라마의 해설, 문예작품 등을 말한다. 문예물을 내레이션 할 때는 내레이터의 감정이나 성격을 주입시켜 효과를 높일 수 있다.

비문예물(非文藝物)은 주로 뉴스를 비롯한 시사성이 있는 프로그램이나 다큐멘터리를 말한다. 주로 자연 다큐멘터리가 여기에 포함되며, 시사성 텔레비전 프로그램도 있다. 영상물에 목소리만 삽입하는 기법을 보이스 오버(voice over)라고 한다.

방송 언어의 꽃은 아마도 내레이션일 것이다. 호감이 있는 목소리에 정확한 발음으로 낭독한다면, 안락의자의 조용한 흔들림과 같은 느낌을 받을 것이다. 멀리서 들리는 파도소리나, 조용한 산중에서 듣는 솔바람 소리를 연상할 수 있는 내레이션은 서예의 서체로 본다면 예서(隷書, ornamental seal style character), 즉 장식적인 서체이다.

내레이션은 아나운싱을 예술 낭독으로 승화시키는 최고의 작품이라 할 것이다. 예술성을 살리기 위해서는 발성과 호흡, 발음 등 음성언어적인 조건이 모두 갖춰져야 한다. 영상물일 때는 화면의 이미지에 맞추어 마치 밀물과 썰물처럼 자연스러운 흐름으로 프로그램 분위기를 살려야 한다.

김상준·박경희·유애리(2004)에서는 칼 하우스만(Carl Hausman) 등이 제시한 효과적인 내레이션 기법으로 다음과 같은 것을 들고 있다.

- 내용 전달이 명확하되 튀지 않으면서 편안함을 주도록 한다.
- 부자연스럽고 긴장된 자세는 어색한 음색을 만들고 전달력도 떨어뜨린다.
- 대본에서 자신이 느낌을 투사시켜 분위기를 전달한다.
- 너무 진지하고, 강압적인 기법(hard sell)보다 부드럽고 미묘한 느낌이 들도록 한다.
- 시간이 생명인 방송에서는 원고에 시간 표시를 하면서 장면에 맞는 내레이션을 한다.

5.4. DJ 아나운싱

5.4.1. 젊음을 위한 희망 음악[19]

안녕하세요?√ "젊음을 위한 희망음악" 서원석입니다.//(20음절)

길을 걷 : 다 우연히 하늘을 보았습니다.//(15-35)

구름 한 점 없 : 는 가을 하늘이/ 오늘따라 유 : 난히도 아름답게 느껴집니다.//(28-63)

어느새 가을이 무르익어가면서/ 수확의 계 : 절이 다가왔습니다.//(25-88)

푸른 하늘과 붉게 물든 단풍,/ 그리고 상쾌한 공기만으로도/ 삶 : 의 여유를 가지게 해 : 주는 가을에 대 : 해/ 새삼 고마움을 느끼게 해 : 주죠?//(51-139)

이렇게 아름답고 낭 : 만적인 가을,/ 여러분은 어떤 생각을 가지고 계 : 십니까?//(30-169, 30초 지점)

젊음이 더욱 멋있게 느껴지는 가을입니다.//(17-187)

오늘 같은 날은/ 여러분 모두 따스한 커피 한 잔과 함께/, 여유와 미소를 가지고√하루를 보내시기 바랍니다.//(41-228)

그러면 음악 듣겠습니다./ 오늘 첫 곡은√ 박소정씨가 신청한 곡입니다.//(27-255)

EXTREAM의/ WHEN I FIRST KISSED YOU.(13~15-270)// -2004. 10.

---

19) 이 문장은 동아방송대학 방송연예과 '아나운싱 실습'시간에 학생들과 함께 작성한 DJ프로그램의 오프닝멘트(opening announcement)임

5.4.2. 발음 연습

젊음을 위한 희망음악[절므믈 위한 히망으막]: '위'는 이중모음으로 해서 [wi]로 함/길을 걷다[기를걷 : 따]/수확의 계절이[수화게게 : 저리]/삶의 여유[살 : 메여유]

5.4.3. DJ 아나운싱의 특징과 방송 요령

DJ 프로그램은 방송에 따라 그 전달 양상이 달라진다.

DJ 프로그램은 크게는 클래식 음악 방송과 팝 계열의 음악 방송으로 나누는 것이 일반적이다. 팝계열 음악 방송의 진행은 톡톡 튀는 개성이 요구된다면, 클래식 음악 프로그램 진행자에게는 정감 있고 풍부한 소리, 따뜻한 음색과 친밀하고 신뢰감 있는 목소리가 요구된다.[20]

거부감 없는 편안하고 자연스러운 어조, 전달력 있는 분명한 발음, 다양한 언어 구사력과 더불어 클래식과 조화되는 음악적인 울림이 있는 소리, 거기에 자신만의 분위기와 색깔, 개성을 표현할 수 있다면 그 진행자는 청취자와 오랜 만남을 가질 수 있을 것이다.

DJ 프로그램은 뉴스보다 약간 느린 속도인 1분에 340 음절의 발화 속도면 적당할 것이다.

5.5. MC 아나운싱

5.5.1. MC 멘트-한글날 기념, 대학생과 함께 하는 "열린음악회"[21]

네,√ KBS 합창단의 '옛 : 시인의 노래',/ 첫 곡으로 들어봤 : 습니다.//
(26음절)

---

20) 이미선(2000),"Disk Jocky", 21세기 아나운서 방송인 되기, 한국방송출판.
21) 이 문장은 2004년 10월 KBS 방송아카데미 학생들과 함께 방송연습용으로 작성한 글임.

안녕하세요, 열린음악회 김재홍입니다.//(16-42)

오늘 10월9일√ 한 : 글날을 맞이해서/ 한 : 글에 대 : 한 애정이 남다른/ 전국의 국어국문학과 학생,√ 만 : 여 명과 함께 하고 있습니다./ 여러분 반갑습니다.//(56-98)

서울 청량리에 자리잡은√ 이곳 세 : 종대 : 왕기념관은/ 1973년에 개관했 : 습니다.// (33-111)

세 : 종대 : 왕의 업적을 기리는 국보급 자료들이/ 한 : 글실과 과학실, 국악실,/(28-139, 30초 지점) 그리고 세 : 종대 : 왕 일대기실 등에 전 : 시돼 : 있습니다.//(48-159,)

여러분, 왠 : 지 가을에는/ 음악이 더 잘 들리는 것 같지 않으세요?//(24-183)

여름에 듣는 음악과 가을에 듣는 음악은/ 분명 그 느낌이 다를 텐데요.// (27-210)

깊어가는 가을저녁,/ 풀벌레 소리와 함께 듣는/ KBS교향악단과 합창단의 감미로운 선율은/ 우리의 마음을 더욱 포근하게 해 : 줄 것 같습니다.// (57-267)

소프라노 조수미씨의/ '아, 대 : 한민국' 박수로 청해 듣겠습니다.//(24-291, 1분 270음절)

5.5.2. 발음 연습

KBS 합창단의[케이비에쓰합창다네]/옛시인의노래[옏 : 씨이네노래]/ 청량리[청냥니]/1973년에[천구백칠썹쌈녀네]/세종대왕의 업적을[세 : 종대 : 왕에업쩌글]/국보급 자료들이[국뽀끕짜료드리]/일대기실[일때기실]/왠지[wɛ : ndzi]

5.5.3. MC의 자세

이금희(2000)에서는 MC란 주연의 자리에 서 있는 조연 연기자와 같다고 말한다. 시청자는 MC를 보기 위해서가 아니라 출연자의 이야기와 사연, 혹은 프로그램의 내용을 보기 위해 텔레비전을 보는 것이다.

MC는 주연이 아니라 주연을 빛나게 하여 주는 조연이고, 상대의 움직임을 늘 관찰하고 거기에 따라 자신의 행동반경을 조절하여 나가는 사람이다. 즉 MC란 '말을 잘 하는 사람'이 아니라 '말을 잘 하도록 도와 주는 사람'이라는 것이다.

이금희(2000)에서는 또 MC는 프로그램을 파악하고, 프로그램을 제작진과 함께 만들어야 하고, 그러기 위해 리허설에 참여하면서 작은 것도 꼼꼼히 챙기어야 한다고 한다.

프로그램 진행을 위해 설계도를 준비하고, 출연자와 마음을 맞춰야 하며, 자료를 점검하고, 돌발 사태에 대비하는 유연한 자세와 나만의 이야기를 가지면서도 겸손한 대표역, 즉 프로그램에서 주인의 마음도 강조한다.

프로그램을 위해 부지런히 모은 자료지만 프로그램이 끝나면 아낌없이 버리기와 연습 방법 찾기, 모니터하기를 권한다.

그는 또 방송 프로그램은 하나의 Ceremony가 아니라 Communication이라고 말한다. 따라서 MC도 프로그램에서 적극적인 역할을 하는 Master of Communication을 지향해 나가야 한다고 강조한다.

5.6. 스포츠 중계 아나운싱

5.6.1. 한국-스페인, 2006 독일 월드컵 평가전[22]

---

22) 박기만(1991, "스포츠 중계방송-축구", 아나운서교본, KBS한국어연구회)의 글을 참고로 2005년 10월 12일 서울에서 열린 한국과 이란의 평가전에서 뛴 선수들을 대입시킨 것임. 이 경기는 2005년 9월 한국 축구 국가대표팀 감독으로 영입된 네덜란드 출신 디

한 : 국과 이란의 친선경 : 기,/ 후 : 반전 4 : 0분/ 한 : 국 공 : 격입니다.//(17음절)

상대방 진영,√ 페널티박스 왼 : 쪽에서/ 조 : 원희 센터링,/ 이란 수비 헤딩,/ 아 : 크 밖으로 밀어낸 공 : ,/ 이 : 동국 달려가면서 숫 : ...,/ 수비 맞고 오른 쪽으로 튀어나온 볼입니다.//(61) 김진규 페널티박스로 접어들면서 다시 숫 : !//(17)

그러나 수비 맞고 골 : 아웃,/ 한 : 국 오른쪽 코 : 너킥입니다.//(21)

한 : 국 오른쪽에서 코 : 너킥입니다./ 코 : 너킥을 준 : 비하고 있는 박지성입니다.//(24)

유경렬, 박주영, 조 : 원희가 상대방 문전에,/ 한 : 국 선 : 수 네댓 명이 √ 아 : 크서 : 클 부 : 근에 포 : 진하고 있습니다.// (39)

아시아 최 : 강을 자랑하는 이란은/ 한 명을 제외한 전원이 코 : 너킥에 대 : 비하고 있습니다.// (34)

박지성,√ 코 : 너에서 2 : ~3 미 : 터 물러섰다가/ 달려가면서 코 : 너킥,/ 아, 높은 공,/ 문전에서 안정환 점프,/ 그러나 이란 수비 헤딩으로 멀 : 리 보냈습니다.//(55)

이란 메자이,√ 자기 진영 오른 쪽 중간에서,/ 중앙선 넘겨 길 : 게 패스했습니다.//(29-297, 발화속도 30초 지점)

이란의 역습,√ 오른 쪽 터치라인을 따라 돌진하는 이란,/ 한 : 국 수비 두 : 명밖에 없 : 습니다.//(33)

이란 공 : 격수 한 명/ 정 : 면으로 밀고 들어옵니다.//(18)

이란 오른 쪽 골 : 라인 부근에서 센터링,/ 아 : 크서 : 클 부 : 근에서 이란 공 : 잡는 순간,/ 이 : 천수 슬라이딩 태클,/ 오른 쪽 터치라인 부 : 근으로 밀어냈습니다.//(66)

아드보카트 감독의 첫 번째 경기로 한국이 2대 영으로 이김.

한 : 국 위기를 모면했습니다.//(11-425)

후 : 반전√ 시간 얼마 남지 않았습니다.// 한 : 국 아드보카트 감독,/

이 : 동국 대 : 신√ 안정환을 투입하고 있습니다.//(40)

조 : 원희 볼 : 잡았습니다.//(9) 전반 59초만에√ 상대 골 : 문 오른쪽

에서 강슛,/ 마치 당구의 쿠션 볼 : 처럼/ 수비 세 : 사람에게 맞은 뒤

√ 골에 빨려 들어가/ 선취골을 뽑아낸 조 : 원희/ 길 : 게 찼습니

다.//(62)

후 : 반 4 : 4분입니다.// 이때 안정환 볼잡고 단독 드리블,/ 밀고 들어

가다 김진규에게 패스,/ 김진규 왼 : 발 슛 : ,/ 수비 발 맞고 골 : ,/ 골

: ,/한 : 국 2 : 대 0으로 다시 한 골 추가했습니다.//(66)

6만여명의 관중, 열광,√또 열광입니다.//(15) 2002년 한 : 일 월드컵

당시의 열광에 못지않습니다.// (21-616, *1분간 최대 발화 가능 음

절23))

한 : 국 축구 국가 대 : 표팀 : / 아드보카트를 감독으로 영입한 이 : 후

첫 경 : 기를/ 2 : 대 0 승리로 장식하면서/ 독일 월 : 드컵을 향한√ 순

: 조로운 출발을 하고 있습니다.//(60)

여기는 상 : 암 월 : 드컵 경 : 기장입니다.//(14-690) /

5.6.2. 발음 연습

수비 맞고[수비맏꼬]/골 아웃[고 : 라웉]/돌진하는[돌찐하는]/아크서

클[아 : 크써 : 클]/투입하고[투이파고]/선취골을[선취꼬 : 를]/못지않

습니다[몯 : 찌안씀니다]/장식하면서[장시카면서]

---

23) 라디오 스포츠 중계의 1분간 최대 발화 음절수는 약 600 음절임. 그러나 최근에는 라디
오 중계의 경우에도 텔레비전중계처럼 해설자와 여유있게 경기 분석위주의 경기를 하고
있기 때문에 빠른 속도는 의미가 없음. 그러나 실제 중계시 빠른 묘사를 위해서는 빠른
발화연습이 필요함.

5.6.3. 스포츠 중계 방송 준비와 연습

과거 청각 중심의 라디오 시대에서 영상 중심의 텔레비전 시대로 넘어오면서, 최근의 스포츠 방송은 언어 구사력보다는 외모나 제스처가 뛰어난 아나운서가 더 많은 활약을 하고 있는 편이다.

스포츠 중계 아나운서는 스포츠 캐스터로 불린다. 조건진(2000)은 캐스터(caster)라는 말을 '~을 던지다'라는 뜻의 cast에서 파생된 말로, 정보를 던지는 사람이라는 뜻이라고 풀이하고 있다. 따라서 캐스터는 경기장에서 벌어지는 상황, 즉 지금 벌어지는 역동적인, 때로는 감동의 드라마와도 같은 매 순간을 훈련된 언어로 각색해서 던지는 언어의 마술사라 할 수 있다.

그러나 외형적 표현기술에 지나치게 집착하다 보면, 어법에 맞지 않는 언어 표현이나 국적 불명의 뜻 모를 용어를 남발하며 경기의 흐름과 맞지 않게 내용을 잘못 전달하는 일이 벌어지기도 한다.

캐스터가 되기 위해서 과거의 아나운서 중에는 전차를 타고 가면서 길거리의 간판을 모조리 읽으면서 현장 묘사력을 길렀다는 말이 전해진다.

그러나 필자는 자신이 하고 싶은 경기, 자신이 좋아 하는 캐스터의 중계방송을 녹음해서 녹취록을 만든 뒤 그대로 따라 하는 반복적인 연습을 권한다. 그것은 경기의 흐름을 이해할 수 있고, 경기 나름의 용어와 표현 방법을 익힐 수 있는 방법이다.

처음에는 모델이 되는 아나운서의 아나운싱을 모사하는 것이다. 그리고 나서 자신의 개성을 살리는 연습을 꾸준히 하여야 한다.

구기를 중심으로 한 스포츠 중계를 위한 몇 가지 요령은 다음과 같다.

- 1분에 600 음절 정도를 표현할 수 있도록 발성 연습을 한다.
- 중언부언하지 않고 필요한 말만 하도록 묘사력을 기른다.

- 선수 이름, 경기용어, 상황이 벌어지고 있는 위치, 현재 시각을 파악해서 전달한다.
- 해당 경기의 각종 정보에 정통하도록 노력하고, 평소에도 기록에 충실하여야 한다.
- 장시간 중계에 적응할 수 있도록 체력 관리와 성대 관리에 힘쓴다.

5.7. 의식 중계 아나운싱

5.7.1. 김대중 대통령 평양 방문 중계

분단의 벽을 넘 : 는 역사적인 첫 걸음!//(14음절)

오늘 남북 정상 회 : 담을 앞두고/ 김대중 대 : 통령을 환송하는√ 공식 환송행사가 열리게 될/ 경기도 성남, 서울 공항입니다.//(46-60)

7천만 온 : 겨레의 염 : 원을 안 : 고√ 그리고 이산가족의 아픔과 기대를 안 : 고,/ 남과 북 정상들이 만나는 날/. 오늘은 온 : 국민과 온 : 세 : 계가√ 우리를 주 : 목하고 있습니다.//(62-122)

눈과 귀가 이곳에 쏠려있습니다.// (13-135)

이곳 서울 공항은 지금 화창한 날씨 속에/(16-151, 30초 지점) 민족의 꿈과 희망을 실현할 수 있는√ 출발점이라는 점에서/ 엄숙하면서도 기대와 희망에 가득 차있습니다.//(58-193)

이제 잠 : 시 후 김대중 대 : 통령 내 : 외분이 도 : 착하면√ 간단한 환송행사 후 : / 우리들이 그렇게 기대했던√ 평양길에 오르게 됩니다.//(48-241)

이곳 행사장에는√ 이 : 만섭 국회의장을 비롯한 3부 요 : 인,/ 주 : 한 외 : 교사 : 절,/ 이산가족 대 : 표 등이 참석하고 있습니다.//(44-285)

지금 김대중 대 : 통령 내 : 외분이 입장하고 있습니다.//(20-305, 1분)

- 2000.6.13.

5.7.2. 발음 연습

분단의 벽[분다네벽], 겨레의 염원을 안고[겨레에염 : 워늘안 : 꼬], 엄
숙하면서도[엄수카면서도], 평양길에[평양끼레], 자민련[자민년]

5.7.3. 의식 중계의 준비와 연습

위 중계 방송 원고는 김관동(2000)이 작성한 것을 전달 속도 1분에 맞
추기 위해 일부 내용을 바꾸었다. 중계방송이긴 하지만 스포츠 중계처럼
빨리 할 필요는 없다. 위 원문의 시간 표시는 필자의 전달 속도를 참고해
서 표시한 것으로 1분에 300여 음절이면 적절한 속도라 할 수 있다.

방송에서의 의식 중계는 정부 주관의 삼일절, 현충일, 제헌절, 광복
절, 개천절, 한글날 등이 있고, 종교 의식으로는 부처님 오신 날, 법요식
과 성탄절 미사가 있다. 그 외에 경찰의 날, 국군의 날 행사가 있고, 공
항에서의 국가원수나 국위를 선양한 선수단 등의 환영식과 환송식 등을
들 수 있다.

의식 중계 사회를 맡게 되면 충분히 정보를 수집하여야 한다. 또한 식
이 진행되는 순서와 식장배치, 기념사나 축사하는 인사, 배석하는 인사,
참석한 사람들이 누군지 확인해야 한다. 스케치는 단상에 자리잡은 사람
은 물론이고, 단하에 참석한 사람에 대해서도 필요하다.

김대중 대통령의 방북 중계라면 정상회담이 갖는 의의는 무엇인지, 회
담 이후 양국간의 변화에 이르기까지 총체적인 흐름을 이해하여야 한다.

의식 중계 방송의 작가는 따로 없다. 중계 방송을 맡은 사람이 정보
수집가이고, 작가이다. 대통령이 서울 국제공항에 도착한 순간부터 출발
성명서 낭독, 각계각층 인사들과 이산가족으로 구성된 환송객들과의 인

사, 비행기 탑승 , 이륙 순서로 원고를 작성한다.

중계 방송의 아나운싱을 어떤 어조로 할 것인가도 중요하다. 역사적인 대통령 방북 환송식 중계 방송의 경우라면 온 겨레의 염원이 담긴 것이기 때문에 감동적인 음성 표현으로 시청자들의 심금을 울리는 방송이 되도록 하여야 할 것이다.

5.8. 프레젠테이션과 아나운싱

5.8.1. 보도 문장의 문체

■ 자료-뉴스 문장의 문체적 특성

* 방송 보도 문장의 문체
 -강건체(nervous style)가 아닌 우유체 부드럽고 우아한 문체 우유체
 (feeble style)
 -화려체(flower style)가 아닌 건조체, 혹은 평명체(plane style)
 -만연체(loose style)가 아닌 간결체(concise style)

* 문체(sytle)의 어원
 -라틴어 스틸루스(stilus)에서 유래한 말이 수사학과 결부되면서 문장
 형태의 유형과 같은 의미로 사용
 -신문이나 방송의 보도 문장은 정확성(accuracy), 객관성(objectivity),
 공정성(fairness) 기본으로 구성

* 독창적인 문체 개발의 필요성
 -언어는 상황에 따라 변하게 마련, 따라서 독창성 있는 문체를 개발

하기 위해 자기 계발이 필요함.

* 결론적으로
 -방송 문장은 간결하고, 평이하면서도 우아한 품격을 지니도록 하여야
  함.

■ 프레젠테이션 문장
지금부터 문체론적인 면 : 에서/ 방 : 송 보 : 도 문장의 특성에 대 : 해
말씀 드리겠습니다.//(32)
방 : 송뉴스문장은/ 강건체가 아닌 우아한 품 : 격을 지닌 우유체입니
다,//(27-59)
그리고 화려체가 아닌 건조체며,/ 수식어를 많 : 이 사 : 용하는/ 만연
체가 아닌 간결체입니다. //(35-94)
문체론에서는√ 부드럽고 우아한 문장을 우유체라고 합니다.//(24-118)
여기에 상대되는 씩씩한 문체를√ 강건체라고 합니다.//(21-139)
그리고 꾸밈말이 적 : 고√ 이 : 지적인 문체를 건조체,/ 혹은 평명체라
고 하겠습니다.//(31-170, 30초 지점)
반 : 대로 호화스런 색채와√ 운율을 담은 문체를 화려체라고 하죠.//
(25-195)
그리고 말 : 을 절제하면서도√ 명쾌한 필치로 쓴 글은 간결체,/ 많 :
은 관형어나 부사어 등 수식어를 써서/길 : 게 늘여 놓은 글을 만연체
라 합니다.//(54-249)
방 : 송의 보 : 도문장은/ 정 : 확성과, 객관성,√ 그리고 공정성을 기본
으로 구성해야 합니다.//(33-282)
그러나 언어는 상황에 따라 변 : 하게 마련입니다.//(19-301)
위와 같은 기본원칙에 따라/ 독창성 있는 문체를 개발하기 위 : 해/ 끊

임없 : 는 자기 계 : 발이 필요합니다.//(39-340, 1분)

결론적으로 방 : 송문장은/ 간결하고 평이하면서도√ 우아한 품 : 격을 지니도록 해 : 야 하고,/ 어디까지나 냉 : 정성을 잃지 않도록 해 : 야 할 것입니다.//(55-395)

5.8.2. 발음 연습

특성에[특썽에]/품격을[품 : 껴글]/간결체입니다[간결쳄니다]/씩씩한[씩씨칸]/운율을[우뉴를]/절제하면서도[절쩨하면서도]/늘여놓은[느려노은]/정확성[정 : 확썽]/객관성[객꽌썽]/마련입니다[마려님니다]/끊임없는[끄님엄는]/필요합니다[피료함니다]/결론적으로[결론저그로]/품격을[품 : 껴글]/냉정성[냉 : 정썽]

5.8.3. 프레젠테이션의 준비와 실연

프레젠테이션(Presentation)이란 원래 광고 캠페인에 있어서 광고회사가 광고주에게 제출하는 광고 계획서를 말한다. 광고 프레젠테이션은 광고목적, 소구 지역(訴求地域), 소구 대상, 세일링 포인트, 즉 소구점(訴求點)의 결정, 광고 캠페인 아이디어의 창조, 광고매체의 선택, 광고 예산의 산정과 배분, 그리고 출고(出稿) 계획 등이다.

일반적으로 프레젠테이션은 학교에서의 발표는 물론 학회나 세미나에서의 발표, 강의, 강연, 설교, 정치 연설, 회사에서의 브리핑, 보고, 지시, 회의나 토론, 연회(Entertainment Speech)까지도 포함된다. 그러므로 교육 현장에서의 프레젠테이션 능력뿐만 아니라 실제 사회 생활에서 요구되는 각종 인사말을 비롯해서 어떤 상황, 어떤 자리에서나 대처할 수 있는 프리젠터와 커뮤니케이터로서의 자질과 아나운싱의 역량을 갖추어야 한다.

현대 사회에서 그 사람의 능력은 언어를 통해 평가받는다고 하여도 과언이 아니다. 여러 사람 앞에서 자신의 생각이나 의견, 지식, 정보, 아이디어를 잘 표현한다면 바로 능력에 대한 인정을 받을 것이며, 이것은 성공을 위한 중요한 무기가 될 것이다.

스피치 능력이 부족하면 전달되는 정보는 불완전하게 되고, 그의 능력은 평가절하 된다. 하지만 스피치 능력이 충분하면 정보는 효과적으로 전달되고, 그에 대한 신뢰도와 능력은 높이 평가된다. 과거에는 프레젠테이션이라는 말보다 브리핑(Briefing)이라는 말을 사용하였다. 브리핑이란 어떤 일에 대한 배경이나 사정, 상황 따위를 설명하는 것을 말한다.

프레젠테이션을 잘하려면 무엇보다도 준비를 철저히 하여야 한다. 전달할 내용을 조직의 원리에 따라 간략하고 효과적으로 조직하고, 청중에 대한 정보도 사전에 알아두어야 한다. 그리고 시간, 장소, 상황 등에 어울리는 언행과 옷차림을 하여야 한다. 실제로 프레젠테이션을 할 때는 다음 사항에 유념하여야 한다.

시작할 때는 허리를 곧게 펴고 연단으로 부드러우면서도 당당히 걸어나가서 적당한 위치에 선다. 이때 설명할 자료가 있다면 자신의 오른쪽에 스크린이나 화이트 보드가 오도록 하는 것이 좋다. 즉 청중이 볼 때 오른쪽에 서서 하는 것이 좋다.

자리에 설 때는 너무 경직되지 않은 상태로, 발은 자신의 뒤꿈치가 10 내지 20센치 정도 떨어지게 한다.

마이크 사용법은 대단히 중요하다. 핸드 마이크는 자신의 턱 높이에 오도록 하고, 수직으로 바로 세우는 것이 좋다. 핀 마이크를 사용할 때 남성들은 본체를 벨트에 걸고, 마이크 케이블이 외부로 노출되지 않도록 한다.

마이크 핀은 상의 왼쪽 깃, 혹은 넥타이에 고정하되, 가능하면 입 쪽으로 향하게 한다.

상의 주머니나 깃이 없는 여성들의 경우는 미리 도착해서 적절한 위치에 마이크를 걸 수 있도록 세심하게 준비하여야 한다.

마이크 헤드는 옷에 스치지 않도록 해야 잡음을 방지할 수 있다.

발화 속도는 필자의 기준으로 1분에 340 음절 정도 되는 것으로 나왔다.

프레젠테이션의 요령은 다음과 같다.24)

- 서너 개의 요지를 간단하고 쉬우며, 명료하게 제시한다.
- 내용은 시간적, 공간적, 주제별 방법에 따라 조직해서 제시한다.
- 청중의 반응을 보면서 적절한 속도로 말한다.
- 4 · 5분마다 청중의 관심을 끌 수 있는 표현을 사용한다.
- 파워 포인트를 비롯한 시청각 자료를 적절히 사용한다.

5.9. 연설과 아나운싱

5.9.1. 기미독립선언문-최남선25)

오등은 자에 아 : 조선의 독립국임과√조선인의 자주민임을 선언하노라.//(28음절)

차로써 세 : 계 만 : 방에 고 : 하여√인류 평등의 대 : 의를 극명하며, / 차로써 자손 만 : 대에 고 : 하여√민족 자존의 정 : 권26)을 영 : 유ㅎ

---

24) 이주행 · 김상준(2004), 아름다운 한국어, 지구문화사.

25) 최남선 (崔南善, 1890~1957). 호 육당(六堂). 육당은 일본 경찰의 눈을 피하기 위해 광문회(光文會) 임규(林圭)의 일본인 부인의 안방에서 약 3주일 만에 작성, 최린에게 전달, 최린은 손병희 등의 동의를 얻어 2월 27일까지 민족 대표 33인의 서명을 마침. 선언문 뒷부분에 첨가된 공약 삼장(公約三章)은 한용운(韓龍雲)이 따로 작성한 것임. 선언서의 원고는 오세창(吳世昌)에 의해 천도교(天道敎)에서 경영하는 보성인쇄소에서 2만 1000장을 인쇄, 3월 1일 서울을 비롯한 전국의 주요도시에서 일제히 선포. 민족대표들은 3월 1일 아침 인사동(仁寺洞)의 태화관(泰和館)에 모여 독립선언문 100편을 탁상에 펴놓고 찾아오는 사람에게 열람하게 함.

게(케) 하노라.//(48, 76)

반 : 만 년 역사의 권위를 장 : (仗)하여√차를 선언함이며, / 이 : 천만 민중의 성충을 합하여√차를 포명함이며, / 민족의 항구여일한 자유 발전을 위 : 하여 차를 주장함이며, / 인류적 양심의 발로에 기인한 / 세 : 계 개 : 조(改造)의 대 : 기운에 순 : 응 병 : 진하기 위 : 하여√차를 제기함이니, / 시 : (是) 천(天)의 명명이며, 시대의 대 : 세이며, / 전 인류 공 : 존 동 : 생권의 정 : 당한 발동이라, / 천하 하물(何物)이 든지√ 차를 저 : 지 억제ㅎ지(치) 못 : 할지니라.// (147, 223) 정권 구:시대의 유물인 침략주의, 강권주의의 희생을 작하여, / 유:사 이: 래 누:천년에 처음으로 / 이:민족 겸제의 통:고를 상한 지√금에 십 년을 과:한지라, / (55, ※1분 278) 아:생존권의 박상됨이 무릇 기하이 며, / 심령상 발전의 장애됨이 무릇 기하이며, / 민족적 존영의 훼:손 됨이 무릇 기하이며, / 신예와 독창으로써√세:계 문화의 대:조류에 기여 보:비할 / 기연을 유실함이 무릇 기하이뇨?//(82, 360)

5.9.2. 발음 연습

조선의 독립국임과[조서네동닙꾸김과]/인류 평등의 대의를 극명하며 [일류평등에대 : 이를긍명하며]/민족 자존의 정권(正權)을[민족짜조 네정 : 궈늘]/역사의 권위를[역싸에궈뉘를]/전 인류 공존 동생권의[저 닐류공 : 존동 : 생꿔네]/못할지니라[모 : 탈찌니라]/강권주의[강꿘주 이]

5.9.3. 강력한 설득의 선언문

기미독립선언문은 침착한 어조로 이해를 구하는 형태의 일반적인 연

---

26) 정권(正權) : 정당한 권리. 정권(政權)은 [정꿘]으로 발음함.

설과 달리 강력한 힘을 넣어 대중을 설득하는 선언문이다.

이 문장은 필자의 발화속도로 1분에 270여 음절이 적절한 것으로 보인다.

육당 최남선의 기미독립선언문은 힘이 넘치는 강건체 문장이다. 민중의 민족 사랑 정신과 자존심을 불러일으키고, 일제의 식민 정책 포기를 설득하기 위한 다양한 수식어가 감동적으로 이어진다. 장단음을 적절하게 배합해 강약과 완급의 조화를 이뤄 낭독의 묘미를 극대화하고 있다. 이 문장을 아나운싱할 때는 스타카토의 경박단소형이 아니라, 유장하면서도 힘있는 레가토의 장강대하와 같은 웅장함이 나타나야 한다.

이 선언서는 1919년 3월 1일 오후 2시 태화관, 긴장이 넘치는 가운데 한용운이 낭독하였다. 같은 시각 탑골공원 팔각정 단상에는 태극기가 내걸리고 군중의 감격과 흥분은 절정에 달한다. 민족 대표들은 태화관으로 가 있었기 때문에 경신학교 졸업생 정재용이 선언문을 낭독하였다. 낭독이 끝날 무렵 대한 독립 만세 소리가 터져 나왔다.[27]

요즘 우리말은 글말, 즉 문자 언어나 입말, 즉 음성 언어를 막론하고 그 흐름이 경박단소(輕薄短小)로 변하고 있다. 말과 글은 시대를 반영하는 의사 소통 수단이다. 그래서 어지러운 세태를 반영하면서 남의 말을 잘 듣지 않고, 자기주장만 앞세워 딱딱 부러지는 스타카토(staccato)식의 말이 넘치고 있다[28].

뜻이 서로 통해서 오해가 없어야 하는 의사 소통(communication)은 상대방의 말을 잘 들으면서 마음까지도 헤아리는 역지사지(易地思之)의 배

---

27) 당시 상황을 천도교에서 발행한 독립신문에서는 "수무족도(手舞足蹈) 풍탕조용(風蕩潮湧)의 세(勢)로 장안을 관중(貫中)하니 고목사회(枯木死灰)가 아닌 우리 민족, 금어롱조(金魚籠鳥)가 아닌 우리 민족으로 수(誰)가 감읍(感泣)치 않으리요"라 기록했음. 선언문의 내용은 물론이요. 정재용의 낭독 솜씨 또한 군중을 움직이는 힘이 넘쳤기 때문에 '수무족도 풍탕조용', 몸을 솟구쳐 회오리 바람에 성난 파도와 같은 기세로 거리를 휩쓸었을 것임.
28) http://upkorea.net.

려가 있어야 한다. 그러려면 음절 단위를 딱딱 끊어서 말하는 스타카토 식보다 말과 말을 부드럽게 이어 주는 레가토(legato)식의 부드러운 표현이라야 한다. 그래야 유장(悠長)하면서도 장중(莊重)한 장강대하(長江大河)와 같은 말이 나올 것이다.

스타카토식 말투에 투쟁적이고 비판적인 언설이 넘치고 있는 현상은 학교와 사회에서 '말하는 방법'을 배울 기회가 적어진 것이 가장 큰 이유이다. 옛날 서당에서 학문을 익혔던 우리의 선인들은 오늘을 사는 우리들보다 의사 소통과 낭독, 대중 연설 기술이 훨씬 앞섰을 것이다. 그것은 '하늘 천 따 지 검을 현 누를 황'하면서 낭랑한 목청으로 책을 읽는 낭독 수업을 진행한 덕택일 것이다.

말을 할 때 청〈성대〉도 좋아지고, 깊이 있는 소리가 나오게 하기 위해서는 낭랑한 목청으로 낭독하는 연습을 계속하여야 한다. 시조나 시를 낭송하거나, 교과서에 실렸던 신록예찬, 산정무한, 페이터의 산문 등을 목소리를 낭랑하게 가다듬어 자주 읽으면 정감 있게 말하는 데 도움을 줄 것이다.

아울러 육당 최남선의 기미독립선언문을 분위기를 살려 낭독 연습을 하면 대중 연설에 효과를 볼 것이다.

6. 맺는 말

지금까지 방송에서의 아나운싱을 어떻게 할 것인가를 놓고, 방송의 장르별로 연습을 할 수 있는 문장을 제시하고, 발음 연습과 낭독법을 중심으로 아나운싱의 요령을 제시하였다.

그러나 가장 중요한 낭독 및 방송 아나운싱의 모범을 보이는 음성자료를 제시하지는 못했다. 아나운싱의 녹음자료는 필자가 기획해서 현재도

시판중인 KBS 한국어연구회(1996)의 'KBS한국어 발음과 낭독'이라는 자료가 참고가 될 것이다.

우리나라 방송은 과거에는 아나운서라는 언어적으로 잘 훈련된 방송인들이 방송 메시지 전달의 대부분을 맡았었다. 그러나 최근에는 비전문 방송인의 대거 출연으로 인해 영상이나 일반 음향의 발달과 반비례해서 언어메시지의 질이 저하되고 있다는 우려의 목소리가 높다. 따라서 아나운서의 교육과정을 정립하고, 아나운싱을 포함한 합리적인 교육을 시행하는 것은 방송사와 학계가 공통의 관심을 가지고 풀어가야 할 숙제라 할 것이다.

아나운서는 다양한 주제에 대해 광범위한 지식을 소화하고 있어야 한다. 즉 문제점을 정확하게 인식하고 논평할 수 있는 예리한 판단력은 물론, 간결하고도 흥미롭게 내용을 전달하는 기술이 있어야 한다. 또한 아나운서는 강인한 체력이 요구되는 직업이기도 한다. 방송중 돌발적인 상황이 발생하더라도 당황하지 않고 침착하게 대처할 수 있는 임기응변의 재치와 순발력을 갖추어야 한다.

필자는 아나운서를 비롯한 방송인들에게 방송에 임하는 자세로 "시청자에게 꽃다발을 안기는 마음으로" 라는 말을 강조하고 있다. 시청자에게 군림하지 않고 꽃다발을 안기는 마음으로 아나운싱 하기 위해서는 먼저 엄격한 자기 관리가 있어야 한다. 방송에서의 자세는 물론이고 인사 한 마디 하는 것도 선배들이 모범을 보이는 엄격한 교육이 필요하다.

흔히 이러한 교육과정을 도제교육(徒弟敎育) 형태의 낡은 교육제도라고 부정적인 평가를 하는 사람도 있다. 도제라는 말은 "직업에 필요한 지식이나 기능을 배우기 위해 스승의 밑에서 일하는 직공"을 말한다. 예술 분야의 도제 교육은 현대적인 표현으로 사사(私事)라고 해서 어떤 사람을 "스승으로 삼고 가르침을 받는 것"을 말한다.

이렇게 도제나 사사라는 말이 약간 부정적인 느낌을 주는 말이기는 하지만, 단순한 기능이나 학문이 아닌 예술 분야는 당연히 도제교육과 같은 과정을 밟아야 하는 것이다. 음악이나 미술, 서예, 연극영화의 연기, 심지어 시나 소설 같은 문학예술까지도 스승이나 선배의 예술적인 지도를 받게 되어 있다.

방송에서의 아나운싱 아트(Announcing Art)29), 즉 언어 예술(言語藝術)도 마찬가지이다. 기본적인 교육을 받고 방송 현업에 들어간 뒤에도 같은 장르의 방송, 같은 음색, 같은 취향을 갖춘 선배에게서 지도를 받게 되면 훨씬 빨리 목표에 도달하게 된다.

본문에서도 강조한 바 있지만 성악가들은 작곡가와 작사자 등 남이 써 준 악보를 개성 있는 곡조로 해석해서 리사이틀 한다. 마찬가지로 아나운서는 기자나 작가 등 남이 써 준 뉴스나 내레이션 원고 등을 잘 소화해서 개성과 혼을 실어 리사이틀 해야 하며, DJ나 MC, 대담과 좌담을 비롯한 시사토론, 열기가 넘치는 중계방송 등 원고가 없는 즉흥적인 방송도 음악 연주의 요소를 모두 갖추어야 하는 음성 표현 예술가라 할 수 있다.

일반적으로 화법학에서는 좋은 연사의 조건으로 설득 능력(rhetorical competence)을 꼽는다. 설득 능력을 갖추려면 성실성(integrity), 지적 능력(knowledge), 태도(attitude), 기법(skill), 자신감(self-confidence)을 고루 갖춘 사람이라고 소개하고 있다. 따라서 한국어 아나운싱의 완성을 위해서는 발성법을 비롯해서 발음법, 악센트와 억양, 표현 속도를 적절하게 익힌 뒤 효과적인 음성 관리를 할 수 있어야 한다.

지금까지 방송 언어는 '바르고, 고우며, 쉽게'라는 목표를 지향하여 왔

---

29) Art라는 말을 "특수한 기술, 기예, 혹은 ~술(術)"로 번역한다면 북한에서 말하는 화술(話術, art of conversation)이 남한에서 사용하는 화법(話法 speech)보다 어울리는 말이라 할 수 있음.

기 때문에, 일상 언어와 괴리된 특수 언어로 전락하였다는 지적을 하는 사람들도 있다. 심지어 스피치 커뮤니케이션에 있어서는 내용, 즉 콘텐츠(contents)가 좋아야 하기 때문에, 정확한 발음과 발성, 유창한 언어 표현은 오히려 의사 소통에 장애가 된다는 식의 주장을 하는 학자들도 있다.30)

그러나 방송 언어는 물론이고 일상 언어에서도 듣는 사람에게 꽃다발을 안기는 마음, 꾸미지 않은 자연스러운 소리에 소탈함과 따스함, 그리고 풍부한 정감을 불어넣어 활기 있게 살아 있는 말이 되도록 노력하여야 한다. 활기 있게 살아 있는 말이란 먼저 유창하지 않으면 기대할 수 없다.

---

30) 임태섭(2003)은 "유창함은 좋은 스피치의 충분조건도 필요조건도 아니다"라고 말하고 있음. 그리고 스피치는 우선 내용 자체가 진실하고도(authentic) 적절해야(appropriate) 하고, 이러한 내용이 명쾌하고(clear) 간결한(simple) 방식으로 자연스럽게(natural) 전달될 때 청중의 마음을 움직일 수 있는 좋은 스피치가 탄생된다고 함.

▣ 참고 문헌

국립국어연구원(2001), 한국 어문규정집, KBS 아나운서실 한국어연구회.

김상준(1997), "방송언어 문제점과 개선 방안", 신문과 방송 제320호.

김상준(1997), NHK 일본어 관련 조사 연구 보고서, KBS 아나운서실.

김상준(2000), "표준발음법 이해하기", 21세기 아나운서, 방송인 되기, KBS 한국어 연구회 편, KBS 영상사업단.

김상준(2004), 방송언어연구, 커뮤니케이션북스.

김상준(2005), 표준한국어 발음과 낭독, 한국방송출판.

김상준·박경희·유애리 역(2004), 아나운싱, Carl Hausman, Lewis O′Donnell, Philip Benoit 지음, 커뮤니케이션북스.

김상준·박현우(1999), BBC 영어 관련 조사연구 보고서, KBS 아나운서실.

리상벽·김수희·신덕홍(1988), 방송원화술, 평양 예술교육출판사.

박기만(1991), "스포츠 중계방송·축구", 아나운서교본, KBS한국어연구회.

이규항(2004), 아나운서로 가는길, 에듀그린.

이금희(2000), "TV MC론", 21세기 아나운서 방송인 되기, KBS한국어연구회, 한국방송출판.

이민웅(2005), "숙의적 방송 커뮤니케이터 모델", 연구보고서-한국적 방송 커뮤니케이터 모델 확립방안 연구, 한국스피치커뮤니케이션학회.

이주행·이규항·김상준(2004), 표준 한국어 발음 사전(개정판), 지구문화사.

이주행·김상준(2005), 아름다운 한국어(개정판), 지구문화사.

조건진(2000), "스포츠 중계방송", 21세기 아나운서 방송인되기, 한국방송출판.

한국언론재단 연수부(2000), 언론인연수 종합보고서, 한국언론재단.

KBS한국어 연구회(1991), 아나운서교본, KBS문화사업단.

KBS한국어 연구회(1996), KBS한국어 발음과 낭독, 한국방송출판.

NHK(1997), 직원연수가이드북, NHK 방송연수센터 노무 인사실.

김상준(2004), http://upkorea.net

김형태(2005), http://blog.daum.net

두산동아(2005)http://www.encyber.com

중국북경 전매대학(傳媒大學) 홈페이지(2004), http://www.cuc.edu.cn

한국언론재단홈페이지(2004), http://www.kpf.or.kr

제 4 장

방송 언어의 평가 지수와 평가 방법에 관한 고찰

이 주 행

1. 들어가는 말

방송 문화를 형성하는 여러 요소 중에서 매우 중요한 것은 방송 언어
이다. 방송 문화를 제대로 이해하기 위해서는 그 핵심이 되는 방송의 언
어 문화를 제대로 이해할 필요가 있다. 언어는 단순한 의미 전달의 도구
가 아니라 사용자의 사고 방식이나 가치 체계를 반영하는 문화적 또는
이념적 도구이다. 따라서 대중 매체 중에서 수용자에게 영향을 가장 강
하게 끼치는 텔레비전 방송 언어는 시청자들의 언어 습득과 학습 및 언
어 습관 형성이나, 사고 방식 혹은 가치 체계 형성에 직접적으로 혹은 간
접적으로 영향을 끼친다. 그리하여 텔레비전 방송 언어는 은연중에 특정
한 사고 방식이나 가치 체계를 옹호함으로써 시청자들의 사고 방식이나
가치 체계를 오도할 위험을 내포하고 있다(임태섭, 1995 : 1). 또한 방송
언어는 그 사회의 언어 문화를 형성하는 데 중요한 구실을 한다. 방송의
언어 문화가 건전하지 못하면 그 사회 구성원들의 언어 습관, 사고 방식,

가치 체계 등이 건전하지 못하게 된다. 따라서 방송 언어 문화는 건전성을 지녀야 할 필요가 있다. 그런데 우리나라의 방송 언어는 많은 문제를 지니고 있다1). 이러한 문제를 해결하기 위해서는 장르별 방송 언어를 객관적이고 합리적이며 타당성이 있게 평가할 수 있는 기준을 마련하여 그것에 따라 평가하여야 한다.

그 동안 방송 언어에 대하여 이루어진 연구는 대부분 언어 순화 차원에서 방송 언어의 문제와 개선 방안에 대한 것이다. 그러함에도 불구하고 오늘날 라디오와 텔레비전 방송 언어는 심각할 정도로 오염되어 있는 실정이다. 특히 오락 프로그램의 진행자와 출연자의 언어와 드라마 언어는 문제가 많다. 방송 언어가 개선되지 않고 날이 갈수록 오염되는 요인으로 다음과 같은 것을 들 수 있다.

(1) 방송 프로그램 제작자·진행자·출연자 등이 국어 구사 능력이 결여되어 있기 때문이다.

(2) 방송 프로그램 제작자·진행자·출연자 등이 국어 사랑에 대한 의식과 수용자를 존중하는 태도가 결여되어 있기 때문이다.

(3) 방송 프로그램 제작자·진행자·출연자 등이 방송 심의 규정을 모르거나 경시하고 방송 활동을 하기 때문이다.

(4) 방송사의 책임자가 국어 순화에 대한 열정과 관심이 없기 때문이다.

(5) 방송사 자체에서 방송인의 언어를 평가하여 표창하고 불이익을 주는 평가 제도가 마련되어 있지 않기 때문이다.

(6) 방송 수용자인 청취자나 시청자가 무비판적으로 방송을 청취하거나 시청하기 때문이다.

---

1) 그 동안 방송 언어의 오용에 관한 연구로는 박갑수(1989), 이주행(1986, 1995. 1997, 1999, 2003), 유만근(1995), 이기현(2001) 등이 있다.

방송 언어의 질적인 향상을 도모하기 위해서는 방송인들이 스스로 피나는 노력을 하거나, 방송사가 방송인들의 방송 언어를 평가하여 그 결과에 따라 해당 방송인에게 이익을 주거나 불이익을 줄 필요가 있다. 그리하여 이 연구에서는 방송 언어의 여러 문제를 개선하기 위한 작업의 일환으로 방송인의 방송 언어 평가 내용과 평가 방법에 대해서 고찰하고자 한다.

이 연구에서는 방송 장르별 언어의 특성, 방송 장르의 성격, 방송위원회의 '방송 심의에 관한 규정'과 방송사의 '방송 강령' 등을 고려하여 방송 장르별 방송 언어의 평가 지수를 체계화하여 제시하고, 평가 방법에 대해서 고찰하고자 한다.

2. 방송 언어의 평가 지수와 평가 방법

방송 언어의 평가 기준과 평가 지수는 방송 언어의 특성, 방송 장르의 성격, 방송위원회의 '방송 심의에 관한 규정'과 방송사의 '방송 강령' 등을 고려하여 개발할 필요가 있다.

2.1. 방송 언어의 평가 기준과 지수

이 절에서는 우선 방송 언어의 평가 기준을 설정한 다음에 평가 지수에 대해서 살펴보기로 한다.

2.1.1. 평가 기준

방송 언어의 평가 기준은 보편적인 방송 언어의 속성에 근거하여 설정되어야 한다. 그 동안 이루어진 방송 언어의 특성에 대한 논저로는 이희승 (1956), 이응백(1979, 1988), 박갑수(1985), 임태섭(1995), 이주행(1995), 김상준(1997), 민현식(1999) 등을 들 수 있다.

이희승(1956)에서는 방송 언어는 표준어이어야 하고, 세련된 구두어이어야 하며, 순화된 고아한 말이어야 한다고 하고, 이응백(1988 : 4~7)에서는 방송 언어는 표준어이어야 하고, 품위가 있어야 하고, 알아듣기 쉽고 분명하여야 하며, 자연스러워야 한다고 하며, 박갑수(1985 : 152)에서는 방송 언어는 표준어이어야 하고, 구두어이어야 하며, 쉬운 말이어야 하고, 순화된 말이어야 한다고 한다.

임태섭(1995)에서는 방송 언어의 속성으로 순정성(純正性)·공식성(公式性)·공손성(恭遜性)·공정성(公正性)·세련성(洗練性) 등을 들고 있다. 이주행(1995)에서는 방송 언어의 특성으로 순정성(純正性)·공식성(公式性)·공손성(恭遜性)·공정성(公正性)·세련성(洗練性)·용이성(容易性) 등을 제시하고 있다. 임태섭(1995)이 든 방송 언어의 속성에 '용이성'을 하나 더 추가한 것이다. 그런데 임태섭(1995 : 3)에서는 '순정성'이란 '말이 얼마나 바르고 고운가'를 가리키는 것이라고 하는데, 이주행(1995)에서는 순정성이란 상스럽지 않고 잡되지 않으며 바른 성질을 뜻한다. 임태섭(1995 : 7)에서는 세련성이란 어려운 말이나 고급 언어로 치장된 것을 의미하는 것이 아니라 단어나 표현의 선택이 적절하고 문법적으로 무리가 없어야 함을 뜻한다. 그런데 이주행(1995)에서는 세련성이란 방송 언어는 세련미를 보이는 언어이어야 한다고 한다. 김상준(1997 : 21~28)에서는 방송 언어의 조건으로 표준어이어야 하고, 가능하면 쉬워야 하며, 시청자 중심의 경어를 사용하여야 하고, 품위 있는 말을 써야 하며, 지나친 수식어를 피하고, 구어적이어야 하며, 감탄사의 사용을 피하고, 조사와 용언에 제약이 많으며, 수의 표현에 조심하여야 하고, 논리적인 언어 표현이어야 함을 들고 있다. 김상준(1997)에서 제시한 방송 언어의 조건 중에서 '지나친 수식어를 피하여야 한다'는 것은 '가능하면 쉬워야 한다'는 내용과 중복되는 것이고, '감탄사의 사용을 피하여야 한다'는 것은 연예 오락 프로그램의 언어에는 부적절한 것이다. 그리고 '수의 표현에 조심하여야 한다'는 것은 표현 및 전달에 관련되는 것이기 때문에 방송 언어의 조건으로 부적절한 것이며, '논리적인 언어 표현이어야 한다'는 것은 방송 문장은 외형률을 갖춘 논리적인 문장이어야 한다는 것인데 이것도 뉴스 보도문에 국한한 것이므로 부적절한 것이다. 민현식(1999)에서는 방송 언어의 내용적인 조건으로 객관성, 정확성, 사실성, 지식성, 교양성, 건전성 등을 들고 있다. 그리고 방송 언어의 형식적인 조건으로 표준어이어야 하고, 자연스런 입말체이어야 하며, 간결하고 쉽고 논리적인 언어이어야 함을 들고 있다. 민현식(1999)에서 형식 조건으로 든 '논리적인 언어이어야 한다'는 것도 뉴스 보도문에 국한한 것이기 때문에 방송 언어의 일반적 특성으로 간주할 수 없는 것이다.

이희승(1956), 박갑수(1985), 김상준(1997), 민현식(1999) 등에서 방송 언어의 특성으로 구두성을 들고 있다. 구두성은 방송 언어 외에 일반 담화의 언어도 지니는 속성이므로 방송 언어의 특성으로 간주하는 것은 타당하지 않다.

지금까지 방송 언어의 특성에 대해서 논의한 것을 종합적으로 고려해서 요약하여 보면, 방송 언어의 특성으로 순정성(純正性)·공식성(公式性)·공손성(恭遜性)·공정성(公正性)·세련성(洗練性)·용이성(容易性) 등을 들 수 있다.

순정성(純正性)이란 방송 언어는 상스럽지 않고 잡되지 않으며 바른 말이어야 한다는 것이다. 비어, 속어, 은어, 유행어 등은 상스러운 말이다. 여기에서 잡된 말은 고유어나 한자어와 공존하는 외래어와 혼종어를 뜻한다. 바른 말이란 국어의 음운 규칙과 통사 규칙 등에 맞는 말을 의미한

다. 즉 이것은 표준 발음법에 맞게 발음하고, 적절한 성량·속도·쉼·
억양으로 말하고, 문법에 맞는 문장으로 말하는 것을 뜻한다. 방송 언어
의 순정성을 평가하는 요소를 도시하면 다음의 〔표 1〕과 같다.

〔표 1〕 순정성 평가 요소

평가 요소			용례
상스러운 말	비어		눈깔, 아가리, 대가리
	속어		공갈, 뻥튀기, 꼼수
	금기어		똥, 염병할 놈, 육시할 놈
	은어		오리발, 대박, 피박
	유행어		얼짱, 몸짱, 효짱얼꽝, 몸꽝
잡된 말	고유어 혹은 한자어와 공존하는 외래어		커리어(career), 커리큘럼, 커플
	혼종어		숏다리, 롱다리, 디스카운트하다
바른 말	발음	모음을 잘못 발음함	게〔개〕, 제발〔재발〕
		음장	大門〔대문〕, 進行〔진행〕
		연음법칙	꽃을〔꼬슬〕
		어두경음화	좀〔쫌〕, 살벌한〔쌀벌한〕
		불필요한 음운 첨가	하려고〔할려고〕
		단모음화	과자〔가자〕, 주관식〔주간식〕
		음성모음화	그리고〔그리구〕
		고모음화	이렇게〔이르케〕
		움라우트	당기다〔댕기다〕, 어미〔에미〕
		연구개음화	감기〔강기〕, 건강〔겅강〕
		구개음화	밭에〔바체〕
		격음화	끊겨〔끈껴〕
		외국어식 발음	레이디오, 훼밀리(family), 핸(fan), 해션
	문장	문장 성분간의 공기 관계	사망자가 더 **늘어날 전망입니다.**
			너무너무 아름다워요.
		조사의 오용	모든 얘기는 검찰**에** 다했어요.

바른 말	문장	어미의 오용	약속을 하지 말도록 요청했다고 보도했습니다.
		시제와 상(aspect)	조흥은행 파업은 **우려되고 있는** 상황입니다.
		피동문의 남용	…것으로 밝혀졌습니다. 꼬리를 물고 이어집니다.
		직접 인용법 오용	이 중에서 한 명은 있다라는 얘긴데요
		어순	정부는 그러나 화물연대의 요구…

공식성(公式性)이란 방송은 공공 매체의 하나이므로 방송 언어는 사석에서 사용하는 언어와는 구분되어야 한다는 것이다. 즉 방송 언어는 격식과 품위가 있어야 하고 감정이 절제된 언어이어야 한다는 것이다. 따라서 방송인은 성적 함의를 만들어 내는 선정적이고 음란한 언어를 사용하여서는 안 되고, 격식을 깨뜨리는 언어를 사용하여서도 안 되며, 감정적 절제를 잃게 하는 극단적인 언어와 과장된 언어를 사용하여서는 안 된다(임태섭, 1995 : 4~5). 방송 언어의 공식성을 평가하는 요소를 도시하면 다음의 〔표 2〕와 같다.

〔표 2〕 공식성 평가 요소

평가 요소		용례
비표준어	비표준어	억수로, 싸게싸게
부적절한 호칭어와 지칭어	부적절한 호칭어	오빠 여기 봐요.
	부적절한 지칭어	저의 와이프는 요리를 잘해요.
대우법에 어긋난 표현	주체 대우법에 어긋난 표현	최악의 물난리, 동양 최대
	청자 대우법에 어긋난 표현	주가 폭등, 비리 급증
선정적·성적 표현	선정적·성적 표현	앞이 빵빵해요, 어 보이네

공손성(恭遜性)이란 방송 언어는 예의 바르고 상대의 체면을 손상하지 않

는 말이어야 한다는 것이다. 예의 바른 말은 높임법에 맞는 말을 뜻한다. 국어에는 경어, 평대어, 하대어 등이 있는데 방송에서는 드라마와 영화를 제외한 프로그램의 경우 방송인은 시청자 중심의 경어를 구사하여야 한다. 그리하여 어느 경축식을 중계하는 아나운서는 "○○○ 대통령께서 경축식장에 들어오시고 계십니다."라고 말해서는 안 되고 "○○○ 대통령이 경축식장에 입장하고 있습니다."라고 말하여야 한다. 상대의 체면을 손상하지 않는 말은 상대의 체면을 존중하는 말이다. 상대의 체면을 손상하는 말은 상대의 성격을 비난하거나 상대의 품위를 손상하거나 상대의 능력을 무시하는 말이다(임태섭, 1995 : 6). Fraser(1990)에서는 공손법에 대한 견해를 다음과 같이 크게 네 가지로 구분하고 있다(이원표, 2001 : 325~328).

첫째는 공손법을 '사회적인 규범'으로 보는 견해이다. 즉 공손을 사회의 구성원으로서 반드시 따라야 할 표준적인 규범에 순응하는 언어 행위로 보는 견해이다. 이런 규범에 순응하지 않을 때에는 불손한 것으로 평가되어 사회적인 제재가 따른다. 이 견해는 공손법을 담화체(speech style)와 관련되는 것으로 간주하는 것이다. 격식성(formality)의 정도가 높을수록 더 높은 정도의 공손을 나타내는 것으로 판단한다.

둘째는 공손법을 화용 규칙의 한 예인 '대화-격률'로 보는 견해이다. 이것은 Grice의 협동의 원리(Co-operative principle)에서 비롯된 것이다. Lakoff(1979)에서는 화용적인 능력이 "명료하게 해라(Be clear.)"와 "공손하게 해라(Be polite.)"라는 두 개의 격률로 이루어진 것으로 보고 있다. "공손하게 해라"라는 격률은 "강제하지 마라(Don't impose.)", "선택안을 주어라(Give options).", "상대방을 기분 좋게 하여라(Make a feel good)." 등 세 가지로 세분하고 있다. Leech(1983)에서는 공손을 "우의를 돈독히 하고 유지하기 위한 형태, 즉 사회적-의사 소통적인 상호 작용에 참여하고 있는 개인이 상대적으로 조화로운 분위기에서 상호 작용을 할 수 있는 능력"으로 정의하고 있다. Leech(1983)에서는 공손 원리 (politeness principle)를 다음과 같이 여섯 개의 격률로 세분하고 있다.

① 재치의 격률(tact maxim) : 청자에게 부담을 주는 표현은 최소화하고, 혜택을 베푸는 표현은 최대화하라. 상대방이 듣기 좋고 상대방에게 도움이나 이익이 되는 말과 간접적이고 우회적인 표현법을 많이 써라.

② 관용의 격률(generosity maxim) : 화자에게 돌아가는 표현은 최소화하고, 화자 자신에게 부담이 되는 표현은 최대로 하라.

③ 칭찬의 격률(approbation maxim) : 청자에 대한 비방을 최소화하고, 청자에 대한 칭찬을 최대화하라.

④ 겸양의 격률(modesty maxim) : 화자 자신을 칭찬하는 말을 최소화하고, 화자 자신을 비방하는 표현을 최대화하라.

⑤ 동의의 격률(agreement maxim) : 청자와 불일치하는 표현은 최소화하고, 청자와 일치하는 표현은 최대화하라.

⑥ 공감의 격률(sympathy maxim) : 화자와 청자 사이의 나쁜 감정을 최소화하고, 동정심을 최대화하라.

셋째는 공손법을 '체면 유지를 위한 전략2)'으로 보는 견해이다. Brown & Levinson(1987)에서는 공손 전략으로 적극적 공손 전략, 소극적 공손 전략, 보상 행위 없이 공표적으로 체면을 위협하는 전략, 비공표적으로 체면을 위협하는 전략, 체면 위협을 하지 않는 전략 등을 들고 있다. 이것들 중에서 중요한 것은 적극적 공손 전략과 소극적 공손 전략이다. 적극적 공손 전략은 공적인 자기 이미지(public self-image)인 적극적 체면(positive face)을 고양하기 위한 전략이다. 즉 이것은 화자가 청자의

---

2) 체면 유지를 위한 전략은 체면의 유지를 인간의 타고난 본능적 욕구로 본 Goffman (1959)의 사회학적 분석과 Grice(1975)의 협동 원리가 요구하는 것처럼 언어 행위를 효율적으로만 수행할 경우 결과적으로 상대방을 위협하는 행위(face-threatening act : FTA)가 초래될 수 있기 때문에 이를 피하거나 보상하기 위한 수단으로 등장한 것이 공손 전략이라는 것이다.

욕구가 충족되기를 바란다는 것을 표현함으로써 청자의 체면을 세워 주는 것이다. 이를테면 상대방을 칭찬을 하거나 상대방에게 유대감을 표현하는 것이다. 소극적 공손 전략은 자신의 영역과 자유 의지를 보존하고 유지하며 공적인 이미지를 투사하기 위한 행동의 자유를 원하는 욕구인 소극적 체면(negative face)을 실현시키는 것이다. 예를 들면 "너무 큰 폐가 되지 않는다면"과 같은 표현이다. Brown & Levinson(1987)에서는 어떤 화행은 체면을 위협하는 행위로 본다. 가령 명령·충고·협박 등은 상대방의 소극적 체면을 위협하고, 불평·비판·반대 등은 상대방의 적극적 체면을 위협하는 것으로 본다. 또한 제안의 수락, 감사의 수락 등은 화자의 소극적 체면을 위협하고, 사과나 칭찬의 수락은 화자의 적극적 체면을 위협하는 것으로 본다. 이러한 체면의 위협이 화자와 청자 사이의 사회적 거리감, 상대적 힘, 그 화행이 그 문화에서 가지는 절대적 부담의 정도 등 세 가지 요인에 의해 결정되는 것으로 봄으로써 같은 화행이라 하더라도 실제로 느껴지는 공손의 정도는 사회, 문화적 맥락과 관련될 수 있음을 암시하고 있다.

넷째는 Fraser의 '대화-계약'으로서의 공손법이다. 이것은 대화 참여자들이 대화를 할 때 상호 권리와 의무를 이행하거나 인정하여 주는 것을 공손으로 보는 것이다.

방송 언어의 공손성을 평가하는 요소를 도시하면 다음의 〔표 3〕과 같다.

〔표 3〕 공손성 평가 요소

	평가 요소	용례
공손의 원리	재치의 격률	감독님 덕분에 이번 경기에서 우승할 수 있었습니다. 이 책을 제가 잠깐 보아도 될까요?
	관용의 격률	제가 부주의해서 못 들었는데, 다시 한번 말씀해 주시겠습니까?

공손의 원리	칭찬의 격률	정말로 운전을 잘하시네요.
	겸양의 격률	뭘요, 교통 법규를 지키면서 운전을 하는 것뿐인데요.
	동의의 격률	당신의 의견도 일리가 있지만 갑자기 세율을 대폭적으로 올리면 서민의 불만이 증폭되지 않을까요.
	공감의 격률	어제 제가 이성을 잃고 심한 말씀을 드린 것을 죄송하게 생각합니다. 깊이 생각해 보니 당신의 처지를 충분히 이해할 수 있을 것 같습니다.
체 면 유 지	적극적 체면 고양	넌 머리가 좋아서 이 문제를 풀 수 있을 거야.
	소극적 체면 실현	시청하는 데 지장이 없으면 볼륨를 좀 줄여 주시겠어요.

공정성(公正性)이란 방송 언어가 어떤 대상들을 공평하게 대하는 성질을 띤 언어이어야 한다는 것이다. 즉 이것은 여당과 야당, 남성과 여성, 젊은이와 노인 등을 차별하지 않고 공평하게 대하는 언어를 뜻한다. 방송에서 일정한 쟁점에 대해 여당의 주장만 보도하고 야당의 주장은 전혀 보도하지 않거나, 젊은이는 미화하여 표현하고 노인은 폄훼하여 말하거나, 남성이나 여성을 차별하여 말하는 것은 공정성을 잃은 말이라고 할 수 있다. 방송 언어의 공정성을 평가하는 요소를 도시하면 다음의 〔표 4〕와 같다.

〔표 4〕 공정성 평가 요소

평가 요소		용례
정치적 불공정어	정치적으로 불공정한 언어 사용	수구 정당
차별어	성 차별어 사용	치맛바람, 주부도박단
	세대를 차별하는 언어 사용	쉰세대
	지역을 차별하는 언어 사용	촌사람, TK
	사회계층을 차별하는 언어 사용	대권, 가신, 하사금, 영부인, 접견
	인종을 차별하는 언어 사용	불법 체류자
	기타 차별	일류 대학, 주요 대학, 명문 대학

| 특정 집단 | 특정 집단의 전문 용어 사용 | 뇌물, 떡값, 여론 재판 |
| 전문 용어 관점 옹호 | 특정 집단의 관점을 옹호하는 언어 사용 | 마녀사냥, 햇볕정책, 포용정책 |

세련성(洗練性)이란 방송 언어는 세련미를 보이는 언어이어야 한다는 것이다. 유사어를 능숙히 적절하게 사용하고, 유사한 의미를 나타내는 연결 어미들을 자유자재로 사용하며, 홑문장과 겹문장, 단문(短文)과 장문(長文) 등을 적절히 혼용하고 수사법을 능숙하게 활용하여 표현한 언어는 세련미가 있는 언어라고 할 수 있다. 동일한 단어와 연결어미를 불필요하게 중복하여 사용하거나, 진부한 어구를 사용하면 그는 언어의 세련성이 결여되어 있는 사람이다. 예를 들면 연결어미 '-(으)니, -(으)니까, (으)므로, -아서/어서' 등은 이유나 원인을 나타내는 어미인데, 어느 방송인이 이것들 중에서 '-(으)니' 하나만을 여러 번 반복해서 사용하여 말하는 것은 세련성이 결여되어 있는 것이다. 방송 언어의 세련성을 평가하는 요소를 도시하면 다음의 [표 5]와 같다.

[표 5] 세련성의 평가 요소

평가 요소		용례
동일한 단어	불필요하게 동일한 단어를 반복하여 사용하기	밝혀졌습니다…밝혀졌습니다.
동일한 어미	불필요하게 동일한 어미를 반복하여 사용하기	…고,…고, …했습니다.
진부한 어구	진부한 어구를 사용하기	…에 따르면, …할 전망입니다.
동일한 문장	구조상 동일 문장을 반복하여 사용하기	나는 향기가 그윽한 꽃을 좋아합니다. 나는 빛깔이 고운 꽃을 좋아합니다.
	일정한 길이의 문장을 반복하여 사용하기	인생은 짧습니다. 예술은 깁니다.

용이성(容易性)이란 방송 언어는 수용자가 쉽게 이해할 수 있는 언어이어야 한다는 것이다. 텔레비전은 대중 매체이므로 불특정 다수의 사람이 시청한다. 시청자들 중에는 무학자도 있고 박사 학위 소지자도 있다. 텔레비전 방송사는 무학자도 시청할 수 있는 언어로 방송하여야 한다. 방송 언어가 쉬운 언어가 되려면 사용 빈도수가 높은 일상 어휘로 간결하게 구성된 문장으로 표현되어야 한다. 방송 문장은 되도록 홑문장이어야 하고, 그 길이는 60 음절 이내이어야 한다. 전문 용어를 불가피하게 사용할 경우에는 반드시 알기 쉬운 말로 풀어 주어야 한다. 또한 어려운 약어, 전문용어, 외계어3), 고사성어나 외국어를 사용해서는 안 된다. 방송 언어의 용이성을 평가하는 요소를 도시하면 다음의 [표 6]과 같다.

[표 6] 용이성의 평가 요소

평가 요소		용례
난해한 어휘	이해하기 어려운 외국어 사용	XI(특별한 지성), 나뜨르빌(자연의 마을), 상떼빌(건강한 마을), 에클라트(갈채), 이니그마빌(수수께끼 마을), 르 메이에르(최고), 메르디앙(절정), 리버아크로파크(강변 정상 공원)
	이해하기 어려운 외계어 사용	셤(시험), 설(서울)
	이해하기 어려운 한자어 사용	음참마속(泣斬馬謖), 백무일취(百無一取)
	이해하기 어려운 약어 사용	FTO(자유무역협정), SUV(스포츠유틸리티차량)
	이해하기 어려운 전문 용어 사용	프리젠테이션, 공기 관계, 의미 자질
난해한 문장	70음절 이상의 장문을 사용	
	구조가 복잡한 복문을 사용	

---

3) 외계어란 일반인이 이해하기 어려운 인터넷 세대끼리만 통용되는 말을 뜻한다. 외계어의 보기를 들면 다음과 같다.
 '굴온데(그런데), 따랑(사랑), 모해요(뭣해요), 번팅(번개미팅), 설(서울), 셤(시험), 시로(싫어), 안냐쎄요(안녕하세요), 율분(여러분), 율찌미(열심히), 어래(오래), 뷘(부인), 잼(재미), 좀(줘)'

2.1.2. 평가 지수

이상의 2.1.1에서는 방송 언어의 특성을 고려하여 방송 언어의 평가 기준에 대해서 살펴보았다. 다음에는 이러한 평가 기준을 중심으로 방송 언어의 평가 지수를 설정하여 보기로 한다.

방송 언어의 보편 타당한 평가 지수를 마련하기 위해서는 앞에서 살펴본 방송 언어의 특성에서 도출한 평가 기준과 평가 요소 외에 방송위원회의 '방송 심의에 관한 규정'과 지상파 방송사의 '방송 강령' 등을 고려하여야 한다.

방송위원회의 '방송 심의에 관한 규정' 중에서 방송 언어와 관련되는 규정은 제9조, 제12조, 제13조, 제14조, 제24조, 제26조, 제28조, 제29조, 제34조, 제35조, 제39조, 제52조, 제53조 등이다. 그것을 적으면 다음과 같다.

제9조(공정성)
① 방송은 진실을 왜곡하지 아니하고 객관적으로 다루어야 한다.
② 방송은 사회적 쟁점이나 이해 관계가 첨예하게 대립된 사안을 다룰 때에는 공정성과 균형성을 유지하여야 하고 관련 당사자의 의견을 균형있게 반영하여야 한다.
③ 방송은 제작기술 또는 편집기술 등을 이용하는 방법으로 대립되고 있는 사안에 대해 특정인이나 특정단체에 유리하게 하거나 사실을 오인하게 하여서는 아니 된다.
④ 방송은 당해 사업자 또는 그 종사자가 직접적인 이해 당사자가 되는 사안에 대하여 일방의 주장을 전달함으로써 시청자를 오도 하여서는 아니 된다.
⑤ 방송은 성별, 연령, 직업, 종교, 신념, 계층, 지역, 인종 등을 이유로 방송 편성에 차별을 두어서는 아니 된다. 다만, 종교의 선교에 관한 전문 편성을 행하는 방송사업자가 그 방송 분야의 범위 안에서 방송을 하는 경

우에는 그러하지 아니하다.

제12조(정치인 출연 및 선거 방송)

① 방송은 정치와 공직선거에 관한 문제를 다룰 때에는 공정성과 형평성에 있어 주의를 기울여야 한다.

② 방송은 정치 문제를 다룰 때에는 특정 정당이나 정파의 이익이나 입장에 편향되어서는 아니 된다.

제13조(토론프로그램)

① 토론프로그램의 진행은 형평성, 균형성, 공정성을 유지하여야 한다.

② 토론프로그램은 출연자의 선정에 있어서 대립되는 견해를 가진 개인과 단체의 참여를 합리적으로 보장하여야 한다.

③ 토론프로그램은 토론의 결론을 미리 예정하여 암시하거나 토론의 결과를 의도적으로 유도하여서는 아니 된다.

④ 토론프로그램에서 사전 예고된 토론자가 불참하였을 경우에는 그 사유를 밝혀야 한다.

제14조(객관성)

방송은 사실을 정확하고 객관적인 방법으로 다루어야 하며, 불명확한 내용을 사실인 것으로 방송하여 시청자를 혼동케 하여서는 아니 된다.

제24조(윤리성)

① 방송은 국민의 올바른 가치관과 규범의 정립, 사회 윤리 및 공중 도덕의 신장에 이바지하여야 한다.

제26조(품위 유지)

방송은 품위를 유지하여야 하며 출연자나 시청자에게 예의를 지켜야 한다.

제28조(사회 통합)

방송은 지역 간, 성(性) 간, 세대간, 계층 간 갈등을 조장하여서는 아니 된다.

제29조(양성 평등)

방송은 특정 성(性)을 비하하거나 성 차별을 옹호·합리화·조장하는 내용을 다루어서는 아니 된다.

제34조(성 표현)

① 방송은 부도덕하거나 건전치 못한 남녀 관계를 주된 내용으로 다루어서

는 아니 되며, 내용 전개상 불가피한 경우에도 그 표현에 신중을 기하여
야 한다.

② 방송은 성과 관련된 내용을 지나치게 선정적으로 묘사하여서는 아니 되
며 성을 상품화하는 표현을 하여서도 아니 된다.

③ 방송은 성과 관련한 다음의 각 호의 내용을 방송하여서는 아니 된다. 단
내용 전개상 불가피한 경우에는 극히 제한적으로 허용할 수 있다.

   1. 기성·괴성을 수반한 과도한 음란성 음향 및 지나친 성적 율동 등을
포함한 원색적이고 직접적인 성애 장면

제35조(폭력 묘사)

방송은 과도한 폭력을 다루어서는 아니 되며, 내용 전개상 불가피하 게 폭
력을 묘사할 때에도 이를 긍정적으로 표현하여서는 아니 된다.

제39조(오락물)

① 방송은 비속한 소재를 주된 내용으로 삼아서는 아니 된다.

② 방송은 성적 충동을 유발하는 불건전한 내용의 게임이나 쇼를 구성하여
서는 아니 된다.

제52조(방송 언어)

① 방송은 바른말을 사용하여 국민의 바른 언어 생활에 이바지하여야 한다.

② 방송 언어는 원칙적으로 표준어를 사용하여야 한다. 특히 고정 진행자는
표준어를 사용하여야 한다.

③ 방송은 바른 언어 생활을 해치는 억양, 어조 및 비속어, 은어, 유행어,
조어, 반말 등을 사용하여서는 아니 된다.

제53조(사투리 등)

방송은 사투리나 외국어를 사용할 때는 국어 순화의 차원에서 신중하여야
하며 사투리를 사용하는 인물의 고정 유형을 조성하여서는 아니 된다.

이상의 방송위원회의 '방송 심의에 관한 규정'에 방송 언어에 대해서
규정하고 있는 것을 내용과 형식 평가 요소로 양분하여 기술하면 다음
〔표 7〕과 같다.

〔표 7〕 방송위원회의 방송 언어 평가 지수

	평 가 지 수
내 용	(1) 공정성이 결여되어 있다.
	(2) 형평성이 결여되어 있다.
	(3) 객관성이 결여되어 있다.
	(4) 윤리성이 결여되어 있다.
	(5) 건전성이 결여되어 있다.
	(6) 사회 통합성이 결여되어 있다.
형 식	(7) 표준 발음법에 맞지 않게 발음한다.
	(8) 바른 억양을 사용하지 않는다.
	(9) 바른 어조를 사용하지 않는다.
	(10) 표준어를 사용하지 않는다.
	(11) 비속어를 사용한다.
	(12) 은어를 사용한다.
	(13) 유행어를 사용한다.
	(14) 바른 언어 생활을 해치는 조어를 사용한다.
	(15) 바른 언어 생활을 해치는 반말을 사용한다.
	(16) 국어 문법에 맞지 않는 문장을 사용한다.

KBS, MBC, EBS 등의 '총강' 및 '방송 강령'과 SBS의 '보도 윤리 강령'4)에서 방송 언어 평가 요소를 추출하여 보기로 한다.

우선 KBS의 '총강'과 '방송 강령' 중에서 방송 언어와 관련되는 것은 '총강 4. 방송의 공정성'과 '방송 강령' 제4항, 제8항, 제11항이다. 그것들을 적어 보면 다음의 (1), (2)와 같다.

(1) 총강

4. 방송의 공정성 : 우리는 공정성, 정확성, 객관성을 바탕으로 진실만을 전달한다. 방송은 균형을 유지해야 하며 우리 사회 모든 계층의 다양한 의견이나 주장, 요구 등을 고루 반영할 수 있는 민주 여론의 장이 되도록 한다.

---

4) SBS에는 '방송 강령'이 없고, '보도 윤리 강령'만 있다. 그래서 이 글에서는 '보도 윤리 강령' 중에서 방송 언어와 관련되는 것을 발췌하여 논의하기로 한다.

(2) 방송 강령

제4항 : 방송은 표준어 및 표준 발음법에 따른 언어와 품위 있고 순화된 우
　　　　리말을 사용해 국어 문화 확산에 이바지한다.

제8항 : 공공의 문제에 관한 논평이나 해설은 정확한 분석, 평가에 바탕을
　　　　두어야 하며 의견이 찬반으로 갈라져 있는 쟁점에 관해서는 쌍방의
　　　　의견을 대표하는 논평이 함께 제시되어야 한다.

제11항 : 방송은 혼인의 순결성과 가정생활을 보호해야 하며 이를 손상하
　　　　는 소재를 긍정적으로 다루지 않는다. 남녀의 성은 평등하게 취
　　　　급하며 어느 한쪽을 비하하여 다루지 않는다.

　　이상의 KBS '총강 4'와 '방송 강령 제8항', 그리고 '방송 강령 제11항'
은 방송 언어의 내용 조건에 해당된다. 그런데 '방송 강령 제4항'은 방송
언어의 형식 조건에 해당한다. 이것들을 참고하여 KBS의 방송 언어 평
가 요소를 제시하면 다음의 〔표 8〕과 같다.

〔표 8〕 KBS의 방송 언어 평가 지수

	평 가 지 수
내 용	(1) 공정성이 결여되어 있다.
	(2) 정확성이 결여되어 있다.
	(3) 객관성이 결여되어 있다.
	(4) 진실성이 결여되어 있다.
	(5) 양성 평등성이 결여되어 있다.
형 식	(6) 표준 발음법에 맞지 않게 발음한다.
	(7) 표준어를 사용하지 않는다.
	(8) 품위 없는 말을 사용한다.
	(9) 순화한 말을 사용하지 않는다.

　　MBC의 '방송 강령' 중에서 방송 언어와 관련되는 것은 '총강 6. 공정
성과 반론권', 'Ⅰ. 프로그램 일반 기준 9. 성'과 '13. 언어, 표현' 방송 강
령 제4항, 'Ⅱ. 보도 프로그램 기준 1. 정확성'과 '2. 불편 부당성' 등이

다. 그것들을 적어 보면 다음의 (3), (4), (5) 등과 같다.

(3) 총강
  6. 공정성과 반론권 : 우리는 진실에 입각하여 방송의 정확성·객관성·공
     정성을 유지하는 데 최선을 다하며, 방송 내용이 객관적 사실과 다르거
     나, 균형 유지에 명백히 어긋난 때에는 이를 신속히 바로잡는다. 또한,
     우리는 공익에 위배되지 않는 한 방송 내용과 관련이 있는 사람들의 명
     예와 사생활을 존중하고 보호하며, 반론을 필요로 하는 사람들에게는 최
     대한 그 기회를 부여한다.
(4) Ⅰ. 프로그램 일반 기준
  9. 성
    (1) 성과 관련되는 문제는 선정적으로 다루지 아니하며, 불쾌감이나 혐오
        감을 주는 표현을 피해야 한다.
    (2) 불건전한 남녀 관계를 매력적으로 다루거나 긍정하는 표현을 해서는
        안 된다.
    (3) 신체의 과도한 노출을 하지 않으며, 일부를 노출하거나 묘사할 경우
        에도 외설적이거나 음란한 느낌이 들도록 해서는 안 된다.
    (5) 출연자들의 언어, 동작, 무용, 의상, 자세 등이 시청자들에게 성적인
        감흥을 유발하지 않도록 주의해야 한다.
    (6) 드라마 프로그램에 있어서 음향 효과나 연기자의 행위, 언어, 자세
        등이 지나치게 욕정을 자극하는 일이 없도록 유의해야 한다.
  11. 폭력
    (1) 폭력은 결코 긍정적으로 묘사되어서는 안 된다.
    (2) 폭력에 관해서는 불가피한 경우일지라도 매력적, 자극적 또는 과장적
        으로 표현해서는 안 된다.
    (3) 총, 칼 등 흉기의 사용을 표현할 때는 살상의 방법을 흉내내거나, 이
        러한 감정을 유발하지 않도록 주의해야 한다.
  12. 논쟁, 재판
    (1) 의견이 대립되고 있는 공공의 문제는 가능한 한 여러 시각에서 공평
        하게 다루어야 한다.
    (2) 현재 재판에 계류중인 사건에 대해서는 정당한 법적 조치를 취함에
        방해가 되지 않도록 유의해야 한다.

(3) 범죄 사건에 있어서 피의자의 명예나 인격은 최대한으로 존중 되어야
한다. 미성년자의 경우에는 더욱 그러하다.

13. 언어, 표현

(1) 방송 언어는 원칙적으로 표준어를 사용하며, 되도록 알기 쉽게 표현
한다.

(2) 필요에 의해 사투리를 사용할 경우에는 신중하게 취급할 것이며, 대
중의 불쾌감을 유발케 하거나 조롱이나 경멸의 수단으로 사용해서는
안 된다.

(3) 대중에게 공포나 불안 또는 불쾌감을 주는 품위 없는 언어나 동작에
의한 표현은 하지 않는다.

(4) 뉴스 보도 형식을 빌린 극중의 표현은 사실과 혼동되지 않도록 신중
하게 취급해야 한다.

(6) 어떤 프로그램도 대중을 오도할 가능성이 있는 교묘한 방식이나 가장
된 방법으로 중요한 사실을 그릇되게 묘사해서는 안 된다.

(7) 정신적, 신체적 장애와 관련된 문제를 다룰 때는 그와 같은 장애로
고통받는 사람들을 당황케 하거나 기가 꺾이지 않도록 주의해야 한다.
특히 장애자에 대한 호칭 사용에 신중을 기해야 하며, 장애자를 웃음
의 소재로 삼아서는 안 된다.

(5) II. 보도 프로그램 기준

1. 정확성

정확성은 MBC의 공신력을 구축하는 우선적인 토대가 된다. 정확성이란
실제의 현실과 보도된 현실 사이의 관계를 의미하므로 객관적인 사실을
정확하게 전달토록 노력해야 한다. 따라서 단일한 취재원으로부터 나온
정보를 기사화하는 데에는 각별한 주의가 필요하다.

정확성은 결코 단편적인 사실만을 전하는 것으로 끝나는 것 이 아니므로
프로그램 담당자는 언제나 사실을 정확히 취재하고, 그와 관련된 다른
자료들도 충분히 조사하여 사안의 전모를 이해할 수 있도록 종합 정보를
제공해야 한다.

(1) 오보의 정정 : 객관적 사실을 잘못 보도하였을 때는 솔직하게 시인
하고 신속하게 정정한다. 또한, 중요한 사실을 누락했거나, 잘못된
보도에 필요 이상의 비중을 둔 경우에도 그 균형을 회복할 수 있는

적절한 조치를 취하여야 한다. 정정 방송을 할 경우 그 정정의 내용 뿐만 아니라, 그것이 정정이라는 사실을 구체적으로 밝혀야 한다.

(2) 객관적인 표현 : 실제 사실을 보도함에 있어서는 객관성 유지를 최우선으로 하고, 우호적 혹은 경멸적인 태도로 오해될 수 있는 표현을 피한다.

2. 불편 부당성

MBC는 공공의 이익을 위해 봉사하는 방송이며, 특정 계층 또는 사회 집단을 위해 봉사하는 방송이 아니다. 따라서, MBC는 계층, 신념, 종교, 연령, 성별에 관계없이 국민의 견해가 불편부당하게 반영되도록 노력한다.

(1) 균형성의 유지 : 사회적으로 논란이 되고 있는 문제를 다룰 경우에는 다양한 견해를 균형 있게 취급해야 한다. 균형성은 양적인 균형과 질적인 균형을 동시에 요구한다. 질적인 균형을 위해서는 문제에 관련된 당사자들의 대표적인 모습과 입장이 정리되어 전달되어야 한다. 질적인 균형은 또 문제와 관련된 적합한 정보를 취급함으로써 이루어진다. 문제의 본질과 관계없는 정보를 강조하면서 정작 중요한 사실을 빼버린다면 그것은 결코 균형있는 보도라 할 수 없다. 즉 관련된 주요 사실의 의도적 누락이나 은폐 등에 의해 한쪽으로 편향시키지 말아야 한다. 그러나 이를 위해 잘잘못을 가리는 심문이나 재판의 형태를 도입해서는 안 된다.

(2) 다양한 정보 제공 : 다양성은 최소한 두 가지 측면이 있다. 하나는 사회적으로 중요한 문제에 대해 다양한 정보와 견해를 제공하는 것이고, 다른 하나는 문제 그 자체가 특정 계층이 아닌 다양한 국민의 관심사를 반영해야 한다는 것이다. 따라서, 다양성은 첫째, 특정의 견해가 상당한 정도로 국민들 사이에 지지를 받고 있어야 하며, 둘째, 비록 지지의 정도는 약하더라도 사회적으로 중요한 의미를지니는 견해가 포함되어 있어야 하며, 셋째, 가능한 한 다양한 사회 계층의 견해가 폭넓게 제시되어 있어야 한다는 것을 요구한다.

(3) 보도와 논평의 구분 : 보도와 논평은 엄격히 구분되어야 한다. 취재원의 의견임을 가장하여 기자 개인의 의견을 보도에 삽입할 수는 없다. 논평과 해설은 정확하고 엄격한 사실의 바탕 위에서 이루어져

야 한다. 논평과 해설에서 나타나는 가치 판단은 무엇이 중요하고, 왜 그러한가에 대한 정확한 정보와 전문적인 배경 지식에 근거하여 내려져야 한다. 논평과 해설은 분명하게 제시된 증거의 뒷받침 아래 이루어 져야 하며, 시·청취자 자신이 스스로 하나의 견해를 형성할 수 있게 해 주는 사실적이고 지적인 설명이 되어야 한다.

 이상의 (3)과 (5)는 방송 언어의 내용 조건에 관하여 규정한 것이다. (3)에서는 '공정성, 정확성, 객관성, 진실성' 등을, (5)에서는 '정확성, 객관성, 공정성, 형평성' 등을 평가 요소로 추출할 수 있다. (4)의 '9. 성'과 '11.폭력'은 방송 언어의 형식 조건에 해당하고, '12. 논쟁, 재판'은 내용 조건에 해당한다. '9. 성'은 선정적이거나 외설적인 표현을 삼가고, '11. 폭력'은 폭력적인 언동을 삼갈 것을 규정한 것이다. MBC의 방송 언어 평가 요소를 추출하여 보면 다음의 〔표 9〕와 같다.

〔표 9〕 MBC의 방송 언어 평가 지수

	평 가 지 수
내용	(1) 공정성이 결여되어 있다.
	(2) 객관성이 결여되어 있다.
	(3) 건전성이 결여되어 있다.
	(4) 형평성이 결여되어 있다.
	(5) 정확성이 결여되어 있다.
	(6) 진실성이 결여되어 있다.
형식	(7) 비표준어를 사용한다.
	(8) 어려운 말을 사용한다.
	(9) 품위 없는 언어를 구사한다.
	(10) 정신적, 신체적 장애자를 차별하는 언어를 구사한다.
	(11) 선정적인 음성 언어를 구사한다.
	(12) 외설적인 음성 언어를 구사한다.
	(13) 선정적인 신체 언어를 구사한다.
	(14) 폭력적인 음성 언어를 구사한다.
	(15) 폭력적인 신체 언어를 구사한다.

SBS에는 '방송 강령'이 없고 '보도 윤리 강령'이 있다. '보도 윤리 강령' 중에서 방송 언어와 관련되는 것은 '총강 2. 공익성'과 '윤리 강령 1. 일반 원칙 나.'이다. 그것을 옮겨 적으면 다음의 (6), (7)과 같다.

    (6) 총강
      2. 공익성
      우리는 공중의 이익을 추구하며 방송의 정확성·객관성을 바탕으로 다양
      한 계층의 기대와 요구를 수렴할 수 있도록 노력한다.
    (7) 윤리 강령 1. 일반 원칙
      나. 논평이나 해설은 공정성을 유지해야 하며 찬반이 있는 쟁점에 대해
      서는 양측의 의견을 균형 있게 전해야 한다.

이상의 (6)과 (7)에서 보듯이 SBS의 '보도 윤리 강령'에서는 방송 언어의 내용 조건인 '정확성, 객관성, 공정성, 균형성' 등을 규정하고 있음을 알 수 있다. 이것을 고려하여 SBS의 방송 언어 평가 요소를 제시하면 다음의 〔표 10〕과 같다.

〔표 10〕 SBS의 방송 언어 평가 지수

	평 가 지 수
내 용	(1) 정확성이 결여되어 있다.
	(2) 객관성이 결여되어 있다.
	(3) 공정성이 결여되어 있다.
	(4) 균형성이 결여되어 있다.

EBS의 '방송 강령' 중에서 방송 언어와 관련되는 것은 'Ⅱ. 일반 사항' 제10항, 제11항, 제12항, 제13항이다. 그것을 옮겨 적으면 다음의 (8)과 같다.

(8) EBS 방송 강령 Ⅱ. 일반 사항
　10. 성
　　① 성과 관련된 문제는 선정적으로 다루지 아니하며, 불쾌감이나 혐오
　　　감을 주는 표현은 피한다.
　　② 불건전한 남녀 관계를 매력적으로 다루거나 긍정적으로 표내거나,
　　　이러한 감정을 유발하지 않도록 한다.
　　③ 범죄에 관해서는 법률을 존중하도록 하고, 범죄를 미화하거나 긍정
　　　적으로 다루지 않는다.
　　④ 범죄의 수단이나 과정이 호기심을 유발하거나 모방할 만큼 필요 이
　　　상으로 자세히 묘사·표현하지 않는다.
　12. 논쟁·재판
　　① 의견이 대립되고 있는 공공의 문제는 가능한 한 여러 시각에서 공평
　　　하게 다룬다.
　　② 범죄 사건에 있어서 피의자의 명예나 인격을 최대한으로 존 중한다.
　13. 언어·표현
　　① 방송 언어는 원칙적으로 표준어를 사용하며, 되도록 알기 쉽게 표현
　　　한다.
　　② 시청자에게 공포나 불안 또는 불쾌감을 주는 품위 없는 언어나 동작
　　　에 의한 표현을 하지 않는다.
　　④ 정신적, 신체적 장애와 관련된 문제를 다룰 때에는 그와 같은 장애
　　　로 고통받는 사람들을 당황하게 하거나 기가 꺾이지 않도록 주의한
　　　다. 특히, 장애자에 대한 호칭의 사용에 신중을 기해야 하며, 장애자
　　　를 웃음의 소재로 삼아서는 안 된다.
　　⑤ 청소년 프로그램의 경우 지나친 성인적 표현이나 충동적 표현을 자제
　　　하며, 출연한 청소년들에게도 표현하기 어려운 상황을 요구해서는 안
　　　된다.

　이상의 (8)에서 제10항의 '① 성과 관련된 문제는 선정적으로 다루지
아니하며'와 '② 불건전한 남녀 관계를 매력적으로 다루거나'는 방송 언어
의 내용 조건과 관련되는데, '① 성과 관련된 문제는 …불쾌감이나 혐오
감을 주는 표현은 피한다.'와 '② 불건전한 남녀 관계를 … 긍정적으로 표

현하지 않는다.'는 형식 조건과 관련된다. 그리고 제11항과 제13항은 방송 언어의 형식 조건에 해당하는데, 제12항은 방송 언어의 내용 조건에 해당한다. 이것을 참고하여 EBS의 방송 언어 평가 요소를 추출하여 보면 다음의 〔표 11〕과 같다.

〔표 11〕 EBS의 방송 언어 평가 지수

	평가 지수
내용	(1) 건정성 결여되어 있다.
	(2) 윤리성이 결여되어 있다.
	(3) 공정성이 결여되어 있다.
형식	(4) 표준어를 사용하지 않는다.
	(5) 이해하기 어려운 말을 한다.
	(6) 품위 없는 음성 언어를 구사한다.
	(7) 품위 없는 신체 언어를 구사한다.
	(8) 성을 시청자에게 불쾌감이나 혐오감을 주는 언어로 표현한다.
	(9) 정신적, 신체적 장애자를 차별하는 언어를 사용한다.
	(10) 남녀의 불륜 관계를 긍정적으로 표현한다.
	(11) 폭력적인 언어를 구사한다.

이상의 〔표 7〕, 〔표 8〕, 〔표 9〕, 〔표 10〕, 〔표 11〕 등을 종합하여 보면 다음의 〔표 12〕와 같다.

〔표 12〕 방송위원회와 방송사 방송 언어의 평가 지수

	평가 지수	방송위원회	KBS	MBC	SBS	EBS
내 용	(1) 공정성이 결여되어 있다.	●	●	●	●	●
	(2) 형평성이 결여되어 있다.	●		●	●	
	(3) 객관성이 결여되어 있다.	●	●	●	●	

구분	항목					
내 용	(4) 윤리성이 결여되어 있다.	●				●
	(5) 건전성이 결여되어 있다.	●		●		●
	(6) 사회 통합성이 결여되어 있다.	●				
	(7) 양성 평등성이 결여되어 있다.	●				
	(8) 진실성이 결여되어 있다.		●			
	(9) 정확성이 결여되어 있다.	●	●	●	●	
형 식	(10) 표준 발음법에 어긋나게 발음한다.		●			●
	(11) 바른 언어 생활을 해치는 억양을 사용한다.	●				
	(12) 비표준어를 사용한다.	●	●	●		●
	(13) 비속어를 사용한다.	●	●	●		●
	(14) 은어를 사용한다.	●				
	(15) 유행어를 사용한다.	●				
	(16) 바른 언어 생활을 해치는 조어를 사용한다.	●				
	(17) 바른 언어 생활을 해치는 반말을 사용한다.	●				
	(18) 순화한 말을 사용한다.		●			
	(19) 쉬운 말을 사용한다.			●		●
	(20) 품위 없는 신체 언어를 사용한다.					●
	(21) 정신적, 신체적 장애자를 차별하는 언어를 사용한다.					
	(22) 폭력적인 언어를 구사한다.					●
	(23) 성의 문제를 시청자에게 불쾌감이나 혐오감을 주는 언어로 표현한다.					●

[표 12]에서 보듯이 방송위원회와 방송사에서는 다양한 프로그램의 성격을 고려하여 각 프로그램에 알맞은 방송 언어를 구사할 때 유의할 점을 상세하게 규정하고 있지 않다. 그리고 속도와 쉼에 대한 평가 요소가 없으며, 텔레비전 자막에 쓰이는 언어 표기에 대한 유의점이 없다.

방송 언어의 평가 지수는 방송 장르의 목적에 따라 달라야 한다. 보도

(報道)와 시사(時事) 장르의 일차적 목적은 뉴스를 수용자에게 알려주는 데 있다. 따라서 보도와 시사 장르 언어의 형식적 특성은 표준 발음법에 맞게 발음한 언어이고, 표준 어휘로 구성된 언어이며, 규범 문법에 맞는 문장으로 짜인 언어이고, 표준 언어 예절에 맞는 언어이며, 입말체이고, 경어체이며, 이해하기 쉬운 언어라는 점이다. 보도와 시사 장르 언어의 내용적 특성은 공정성·객관성·사실성 등을 지닌 것5)이어야 한다. 이러한 방송 보도와 시사 장르 언어의 특성과 [표 1]~[표 6], [표 12] 등을 고려하여 보도와 시사 장르의 방송 언어 평가 지수를 작성하여 제시하면 다음의 [표 13]과 같다.

[표 13] 보도와 시사 장르의 방송 언어 평가 지수

평 가 지 수		
내용	1. 공정성 지수	(1) 정치적으로 불공정한 언어를 구사한다.
		(2) 성 차별 언어를 구사한다.
		(3) 세대를 차별하는 언어를 구사한다.
		(4) 지역을 차별하는 언어를 구사한다.
		(5) 사회 계층을 차별하는 언어를 구사한다.
		(6) 인종을 차별하는 언어를 구사한다.
		(7) 종교를 차별하는 언어를 구사한다.
		(8) 특정 집단을 차별하는 언어를 구사한다.
		(9) 특정 집단의 전문 용어를 사용한다.
		(10) 특정 집단의 관점을 옹호하는 언어를 사용한다.
	2. 객관성 지수	(1) 극단적 표현을 한다.
		(2) 과장된 표현을 한다.
	3. 사실성 지수	(1) 추측 보도를 한다.
		(2) 거짓말을 한다.
	4. 순정성 지수	(1) 단모음 '에'와 '애'를 정확히 구별하여 발음하지 못한다.
		(2) 단모음 '으'와 '어'를 정확히 구별하여 발음하지 못한다.
		(3) 이중모음 '의'를 표준 발음법에 따라 정확히 발음하지 못한다.

---

5) 한국인들 중 상당수는 방송 뉴스 보도를 비판적으로 수용하지 않고 그대로 믿고 수용하는 경향이 있다(김창룡, 2003 : 84).

형식	4. 순정성 지수	(4) 이중모음 '와'를 정확히 발음하지 못한다.
		(5) 모음의 장단을 정확히 식별하여 발음하지 못한다.
		(6) 전달하는 내용에 적절한 어조로 말하지 못한다.
		(7) 바른 억양으로 말하지 못한다.
		(8) 부적절하게 띄어 말한다.
		(9) 불필요하게 평음을 경음으로 발음한다.
		(10) 격음화 현상에 따라 정확히 발음하지 못한다.
		(11) 연음 법칙에 따라 정확히 발음하지 못한다.
		(12) 불필요하게 음운을 첨가하여 발음한다.
		(13) 움라우트 현상에 따라 발음한다.
		(14) 중화 규칙에 어긋나게 발음한다.
		(15) 비속어를 사용한다.
		(16) 유행어를 사용한다.
		(17) 공존하는 고유어와 한자어 대신에 외래어를 사용한다.
		(18) 자막의 언어를 맞춤법에 어긋나게 표기한다.
		(19) 자막의 언어를 띄어쓰기 규정에 어긋나게 표기한다.
		(20) 공기 관계를 맺을 수 없는 문장 성분들이 공기 관계를 맺도록 문장을 잘못 구성하여 말한다.
		(21) 조사의 오용으로 비문이 된 것을 사용한다.
		(22) 어미의 오용으로 비문이 된 것을 사용한다.
		(23) 주체 높임법에 어긋나게 말한다.
		(24) 청자 대우법에 어긋나게 말한다.
		(25) 번역투 문장을 사용하여 말한다.
	5. 공식성 지수	(1) 비표준어로 말한다.
		(2) 부적절한 호칭어를 사용한다.
		(3) 부적절한 지칭어를 사용한다.
	6. 세련성 지수	(1) 불필요하게 동일한 단어를 반복하여 사용한다.
		(2) 불필요하게 동일한 연결어미를 반복하여 사용한다.
		(3) 진부한 어구를 사용한다.
		(4) 불필요하게 구조상 동일한 문장을 반복하여 사용한다.
		(5) 불필요하게 일정한 길이의 문장을 반복하여 사용한다.
	7. 용이성 지수	(1) 이해하기 어려운 외국어를 사용한다.
		(2) 이해하기 어려운 외계어를 사용한다.
		(3) 이해하기 어려운 한자어를 사용한다.
		(4) 이해하기 어려운 약어를 사용한다.
		(5) 이해하기 어려운 전문용어를 사용한다.
		(6) 주로 70 음절 이상의 장문으로 말한다.
		(7) 주로 구조가 복잡한 복문으로 말한다.

교양 장르의 목적은 수용자의 교양을 함양하는 데 있다. 따라서 교양 장르 언어의 형식적 특성은 표준 발음법에 맞게 발음한 언어이고, 표준 어휘로 구성된 언어이며, 규범 문법에 맞는 문장으로 짜인 언어이고, 표준 언어 예절에 맞는 언어이며, 입말체이고, 경어체이며, 이해하기 쉬운 언어라는 점이다. 교양 장르 언어의 내용적 특성은 공정성·객관성·건전성·교양성 등을 지닌 언어이어야 한다.

〔표 14〕 교양 장르의 방송 언어 평가 지수

평 가 지 수		
내용	1. 공정성 지수	(1) 성 차별 언어를 구사한다.
		(2) 세대를 차별하는 언어를 구사한다.
		(3) 지역을 차별하는 언어를 구사한다
		(4) 사회 계층을 차별하는 언어를 구사한다.
		(5) 인종을 차별하는 언어를 구사한다.
		(6) 종교를 차별하는 언어를 구사한다.
	2. 객관성 지수	(1) 극단적 표현을 한다.
		(2) 과장된 표현을 한다.
	3. 건전성 지수	(1) 선정적인 표현을 한다.
		(2) 성 행위를 연상시키는 표현을 한다.
	4. 교양성 지수	(1) 일상 생활을 하는 데 불필요한 지식을 전달한다.
		(2) 부정확한 정보를 전달한다.
형식	5. 순정성 지수	(1) 단모음 '에'와 '애'를 정확히 구별하여 발음하지 못한다.
		(2) 단모음 '으'와 '어'를 정확히 구별하여 발음하지 못한다.
		(3) 이중모음 '의'를 표준 발음법에 따라 정확히 발음하지 못한다.
		(4) 이중모음 '와'를 정확히 발음하지 못한다.
		(5) 모음의 장단을 정확히 식별하여 발음하지 못한다.
		(6) 전달하는 내용에 적절한 어조로 말하지 못한다.
		(7) 바른 억양으로 말하지 못한다.
		(8) 부적절하게 띄어 말한다.
		(9) 불필요하게 평음을 경음으로 발음한다.
		(10) 격음화 현상에 따라 정확히 발음하지 못한다.

형식	5. 순정성 지수	(11) 연음법칙에 따라 정확히 발음하지 못한다.
		(12) 불필요하게 음운을 첨가하여 발음한다.
		(13) 움라우트 현상에 따라 발음한다.
		(14) 중화 규칙에 어긋나게 발음한다.
		(15) 비속어를 사용한다.
		(16) 유행어를 사용한다.
		(17) 공존하는 고유어와 한자어 대신에 외래어를 사용한다.
		(18) 자막의 언어를 맞춤법에 어긋나게 표기한다.
		(19) 자막의 언어를 띄어쓰기 규정에 어긋나게 띄어쓴다.
		(20) 공기 관계를 맺을 수 없는 문장 성분들이 공기 관계를 맺도록 문장을 잘못 구성하여 말한다.
		(21) 조사의 오용으로 비문이 된 것을 사용한다.
		(22) 어미의 오용으로 비문이 된 것을 사용한다.
		(23) 주체 높임법에 어긋나게 말한다.
		(24) 청자 높임법에 어긋나게 말한다.
		(25) 번역투 문장을 사용하여 말한다.
	6. 공식성 지수	(1) 비표준어로 말한다.
		(2) 부적절한 호칭어를 사용한다.
		(3) 부적절한 지칭어를 사용한다.
	7. 세련성 지수	(1) 불필요하게 동일한 단어를 반복하여 사용한다.
		(2) 불필요하게 동일한 어미를 연결어미를 반복하여 사용한다.
		(3) 진부한 어구를 사용한다.
		(4) 불필요하게 구조가 같은 문장을 반복하여 사용한다.
		(5) 불필요하게 일정한 길이의 문장을 반복하여 사용한다.
	8. 용이성 지수	(1) 이해하기 어려운 외국어를 사용한다.
		(2) 이해하기 어려운 외계어를 사용한다.
		(3) 이해하기 어려운 한자어를 사용한다.
		(4) 이해하기 어려운 약어를 사용한다.
		(5) 이해하기 어려운 전문 용어를 사용한다.
		(6) 주로 70 음절 이상의 장문으로 말한다.
		(7) 주로 구조가 복잡한 복문으로 말한다.

오락 장르의 목적은 수용자를 즐겁게 하고 일깨움을 주는 데 있다. 따라서 쇼 장르 언어의 형식적 특성은 유머와 기지가 넘치는 언어이고, 이해하기 쉬운 언어라는 점이다. 이것의 내용적 특성은 건전성·풍자성·교시성 등을 지닌 언어이어야 한다.

〔표 15〕 오락 장르의 방송 언어 평가 지수

평 가 지 수		
내용	1. 쾌락성 지수	(1) 사회자와 출연자가 재치가 넘치는 언어를 구사하지 않는다.
		(2) 사회자와 출연자가 유머를 구사하지 않는다.
	2. 건전성 지수	(1) 선정적인 표현을 한다.
		(2) 성 행위를 연상시키는 표현을 한다.
	3. 풍자성 지수	(1) 일정한 집단의 잘못을 빗대어 비웃으면서 공격하지 않는다.
		(2) 지명도가 높은 정치인의 실언을 빗대어 비웃으면서 폭로하고 공격하지 않는다.
	4. 교시성 지수	(1) 수용자에게 가르침을 주지 않는 내용으로 말한다.
형식	5. 순정성 지수	(1) 모음 '에'와 '애'를 정확히 구별하여 발음하지 못한다.
		(2) 모음 '으'와 '어'를 정확히 구별하여 발음하지 못한다.
		(3) 이중모음 '의'를 표준 발음법에 따라 정확히 발음하지 못한다.
		(4) 이중모음 '와'를 정확히 발음하지 못한다.
		(5) 모음의 장단을 정확히 구별하여 발음하지 못한다.
		(6) 전달하는 내용에 적절한 속도로 말하지 못한다.
		(7) 전달하는 내용에 적절한 어조로 말하지 못한다.
		(8) 바른 억양으로 말하지 못한다.
		(9) 불필요하게 평음을 경음으로 발음한다.
		(10) 격음화 현상에 따라 정확히 발음하지 못한다.
		(11) 연음 법칙에 따라 정확히 발음하지 못한다.
		(12) 불필요하게 음운을 첨가하여 발음한다.
		(13) 움라우트 현상에 따라 발음한다.
		(14) 비속어를 사용한다.
		(15) 유행어를 사용한다.
		(16) 고유어나 한자어와 공존하는 외래어를 사용한다.
		(17) 국어 조어법에 어긋나게 만든 단어를 사용한다.
		(18) 자막의 언어를 맞춤법에 어긋나게 표기한다.
		(19) 자막의 언어를 띄어쓰기 규정에 어긋나게 띄어 쓴다.
		(20) 공기 관계를 맺을 수 없는 문장 성분들이 공기 관계를 맺도록 문장을 잘못 구성하여 말한다.

형식	5. 순정성 지수	(19) 자막의 언어를 띄어쓰기 규정에 어긋나게 띄어 쓴다.
		(20) 공기 관계를 맺을 수 없는 문장 성분들이 공기 관계를 맺도록 문장을 잘못 구성하여 말한다.
		(21) 조사의 오용으로 비문이 된 것을 사용한다.
		(22) 이미의 오용으로 비문이 된 것을 사용한다.
		(23) 주체 높임법에 어긋나게 말한다.
		(24) 청자 높임법에 어긋나게 말한다.
		(25) 번역투 문장을 사용한다.
	6. 공식성 지수	(1) 불필요하게 비표준어로 말한다.
		(2) 부적절한 호칭어를 사용한다.
		(3) 부적절한 지칭어를 사용한다.
		(4) 출연자에게 반말을 한다.
	7. 세련성 지수	(1) 불필요하게 동일한 단어를 반복하여 사용한다.
		(2) 불필요하게 동일한 연결어미를 반복하여 사용한다.
		(3) 진부한 어구를 사용한다.
	8. 용이성 지수	(1) 이해하기 어려운 외국어를 사용한다.
		(2) 이해하기 어려운 외계어를 사용한다
		(3) 이해하기 어려운 한자어를 사용한다.
		(4) 이해하기 어려운 신조어를 사용한다.
		(5) 이해하기 어려운 약어를 사용한다
		(6) 이해하기 어려운 전문 용어를 사용한다
		(7) 70 음절 이상의 장문으로 말한다.
		(8) 구조가 복잡한 복문으로 말한다.

스포츠 장르 언어의 형식적 특성은 현장감과 생동감이 넘치는 언어이고, 표준 발음법에 맞게 발음한 언어이며, 표준 어휘로 구성된 언어이고, 규범 문법에 맞는 문장으로 짜인 언어이며, 표준 언어 예절에 맞는 언어이고, 입말체이며, 경어체이고, 이해하기 쉬운 언어라는 점이다. 스포츠 장르 언어의 내용적 특성은 공정성·객관성·건전성·쾌락성 등을 지닌 언어이어야 한다.

〔표 16〕 스포츠 장르의 방송 언어의 평가 지수

평 가 지 수		
내용	1. 공정성 지수	(1) 팀을 차별하는 언어를 구사한다.
	2. 객관성 지수	(1) 극단적 표현을 한다.
		(2) 과장된 표현을 한다.
	3. 건전성 지수	(1) 선정적인 표현을 한다.
		(2) 성 행위를 연상시키는 표현을 한다.
	4. 쾌락성 지수	(1) 재치가 넘치는 언어를 구사하지 않는다.
		(2) 유머를 구사하지 않는다.
	5. 순정성 지수	(1) 단모음 '에'와 '애'를 정확히 구별하여 발음하지 못한다.
		(2) 단모음 '으'와 '어'를 정확히 구별하여 발음하지 못한다.
		(3) 이중모음 '의'를 표준 발음법에 따라 정확히 발음하지 못한다.
형식	5. 순정성 지수	(4) 이중모음 '와'를 정확히 발음하지 못한다.
		(5) 모음의 장단을 정확히 식별하여 발음하지 못한다.
		(6) 전달하는 내용에 적절한 속도로 말하지 않는다.
		(7) 적절히 띄어서 말하지 못한다.
		(8) 전달하는 내용에 적절한 어조로 말하지 못한다.
		(9) 바른 억양으로 말하지 못한다.
		(10) 불필요하게 평음을 경음으로 발음한다.
		(11) 격음화 현상에 따라 정확히 발음하지 못한다.
		(12) 연음 법칙에 따라 정확히 발음하지 못한다.
		(13) 불필요하게 음운을 첨가하여 발음한다.
		(14) 움라우트 현상에 따라 발음한다.
		(15) 중화 규칙에 어긋나게 발음한다.
		(16) 비속어를 사용한다.
		(17) 유행어를 사용한다.
		(18) 공존하는 고유어와 한자어 대신에 외래어를 사용한다.
		(19) 공기 관계를 맺을 수 없는 문장 성분들이 공기 관계를 맺도록 문장을 잘못 구성하여 말한다.
		(20) 조사의 오용으로 비문이 된 것을 사용한다.
		(21) 어미의 오용으로 비문이 된 것을 사용한다.
		(22) 주체 높임법에 어긋나게 말한다.
		(23) 청자 높임법에 어긋나게 말한다.
		(24) 번역투 문장을 사용한다.
	6. 공식성 지수	(1) 비표준어를 사용한다.
		(2) 부적절한 지칭어를 사용한다.
	7. 세련성 지수	(1) 불필요하게 동일한 단어를 반복하여 사용한다.
		(2) 불필요하게 동일한 연결어미를 반복하여 사용한다.
		(3) 진부한 어구를 사용한다.

	(1) 이해하기 어려운 외국어를 사용한다.
	(2) 이해하기 어려운 외계어를 사용한다.
	(3) 이해하기 어려운 한자어를 사용한다.
8. 용이성 지수	(4) 이해하기 어려운 신조어를 사용한다.
	(5) 이해하기 어려운 약어를 사용한다.
	(6) 이해하기 어려운 전문용어를 사용한다.
	(7) 70 음절 이상의 장문을 사용한다.
	(8) 구조가 복잡한 복문으로 말한다.

2.2. 평가 방법

2.2.1. 평가 방법의 유형

방송인의 방송 언어를 평가하는 방법으로는 자기 평가법, 상호 평가법, 수용자 평가법, 방송사 평가법 등이 있다.

자기 평가법은 방송인 자신이 평가표에 따라 자신의 방송 언어를 평가하는 것이다. 이 방법은 방송인 자신이 방송에 출연하여 구사한 언어를 녹음하거나 녹화하여 평가하는 것이다.

상호 평가법은 동일한 프로그램에 출연하여 활동하는 사람끼리 일정한 평가표에 따라 서로 평가하는 것이다. 상대에 대해 평가한 결과를 상대에게 말할 적에는 좋은 점을 먼저 말하고 고쳐야 할 점을 말한 뒤에 좋은 점을 말하는 것과 같이 샌드위치식으로 한다.

수용자 평가법은 방송사가 청취자나 시청자에게 일정한 수고비를 주고 일정한 방송인의 방송 언어를 일정한 평가표에 따라 평가하게 하는 것이다.

방송사 평가법은 방송사 자체의 평가 위원이 일정한 방송인의 방송 언어를 일정한 평가표에 따라 3회 이상 평가하여 우수한 이에게는 포상을 하고 문제가 많은 방송인은 일정 기간 연수를 시키는 것이다. 이 방법에 따라 평가할 경우에는 자기 평가법과 상호 평가법에 따라 평가한 결과를 일정 비율 종합 평가에 반영한다.

2.2.2 평가 절차

1) 분석 단위와 코딩

(1) 분석 단위

방송 언어를 합리적으로 평가하려면 평가 대상에 따라 그 단위를 달리하여야 한다. 방송 언어의 공정성을 평가할 적에는 담화(텍스트) 전체를 그 단위로 삼아야 한다. 이를테면 공식성 지수 중에서 비표준어 사용 여부를 살필 적에는 문장을, 호칭어와 지칭어의 부적절한 사용 여부를 살필 적에는 화자, 청자, 지칭 대상간의 관계를 알아야 하기 때문에 담화 전체를, 순정성 지수를 분석할 경우에는 문장을 그 단위로 삼아야 한다. 방송 언어의 평가 지수별 분석 단위를 제시하면 다음 〔표 17〕과 같다.

〔표 17〕 방송 언어의 평가 지수별 분석 단위

평 가 지 수			분석 단위
내용	1. 공정성 지수	(1) 정치적으로 불공정한 언어를 구사한다.	담화(텍스트) 전체
		(2) 성 차별 언어를 구사한다.	문장
		(3) 세대를 차별하는 언어를 구사한다.	문장
		(4) 지역을 차별하는 언어를 구사한다.	문장
		(5) 사회 계층을 차별하는 언어를 구사한다.	문장
		(6) 인종을 차별하는 언어를 구사한다.	문장
		(7) 종교를 차별하는 언어를 구사한다.	문장
		(8) 특정 집단을 차별하는 언어를 구사한다.	문장
		(9) 특정 집단의 관점을 옹호하는 언어를 구사한다.	문장
	2. 객관성 지수	(1) 극단적 표현을 한다.	문장
		(2) 과장된 표현을 한다.	문장
	3. 사실성 지수	(1) 추측 보도를 한다.	담화(텍스트) 전체
		(2) 거짓말을 한다.	담화(텍스트) 전체
	4. 건전성 지수	(1) 선정적인 표현을 한다.	문장이나 신체 언어
		(2) 성행위를 연상시키는 표현을 한다.	문장이나 신체 언어
	5. 교양성 지수	(1) 일상 생활을 하는 데 불필요한 지식을 전달한다.	담화 전체
		(2) 부정확한 정보를 전달한다.	문장

형식	6. 쾌락성 지수	(1) 재치가 넘치는 언어를 구사하지 않는다.	문장
		(2) 유머를 구사하지 않는다.	문장
	7. 풍자성 지수	(1) 일정한 집단의 잘못을 빗대어 비웃으면서 공격하지 않는다.	담화(텍스트) 전체
		(2) 지명도가 높은 정치인의 실언을 빗대어 비웃으면서 폭로하고 공격하지 않는다.	담화(텍스트) 전체
	8. 교시성 지수	(1) 수용자에게 가르침을 주지 않는 내용으로 말한다.	담화 전체
	9. 순정성 지수	(1) 단모음 ‘에’와 ‘애’를 구별하여 정확히 발음하지 못한다.	문장
		(2) 단모음 ‘으’와 ‘어’를 구별하여 정확히 발음하지 못한다.	문장
		(3) 이중모음 ‘의’를 표준 발음법에 따라 정확히 발음하지 못한다.	문장
		(4) 이중모음 ‘와’를 정확히 발음하지 못한다.	문장
		(5) 모음의 장단을 정확히 구별하여 발음하지 못한다.	문장
		(6) 전달하는 내용에 적절한 속도로 말하지 못한다.	문장
		(7) 수용자가 내용을 이해하기 쉽도록 적절히 띄어서 말하지 못한다.	문장
		(8) 전달하는 내용에 적절한 어조로 말하지 못한다.	문장
		(9) 바른 억양으로 말하지 못한다.	문장
		(10) 불필요하게 평음을 경음으로 발음한다.	문장
		(11) 격음화 현상에 따라 정확히 발음하지 못한다.	문장
		(12) 중화 규칙에 맞게 발음하지 못한다.	문장
		(13) 연음 법칙에 따라 정확히 발음하지 못한다.	문장
		(14) 불필요하게 음운을 첨가하여 발음한다.	문장
		(15) 움라우트 현상에 따라 발음한다.	문장
		(16) 비속어를 사용한다.	문장
		(17) 유행어를 사용한다.	문장
		(18) 공존하는 고유어와 한자어 대신에 외래어를 사용한다.	문장
		(19) 공기 관계를 맺을 수 없는 문장 성분들이 공기 관계를 맺도록 문장을 잘못 구성하여 말한다.	문장
		(20) 조사의 오용으로 비문이 된 것을 사용한다.	문장
		(21) 어미의 오용으로 비문이 된 것을 사용한다.	문장
		(22) 주체 높임법에 어긋나게 말한다.	문장
		(23) 청자 높임법에 어긋나게 말한다.	문장
		(24) 번역투 문장을 사용한다.	문장
	10. 공식성 지수	(1) 비표준어를 사용한다.	문장
		(2) 부적절한 호칭어를 사용한다.	문장
		(3) 부적절한 지칭어를 사용한다.	문장

	11. 세련성 지수	(1) 불필요하게 동일한 단어를 반복하여 사용한다.	문장
		(2) 불필요하게 동일한 연결어미를 반복하여 사용한다.	문장
		(3) 진부한 어구를 사용한다.	문장
		(4) 불필요하게 구조상 동일한 문장을 반복하여 사용한다.	담화
		(5) 불필요하게 일정한 길이의 문장을 반복하여 사용한다.	담화
	12. 용이성 지수	(1) 이해하기 어려운 외국어를 사용한다.	문장
		(2) 이해하기 어려운 외계어를 사용한다.	문장
		(3) 이해하기 어려운 한자어를 사용한다.	문장
		(4) 이해하기 어려운 약어를 사용한다.	문장
		(5) 이해하기 어려운 전문용어를 사용한다.	문장
		(6) 주로 70 음절 이상의 장문으로 말한다.	문장
		(7) 주로 구조가 복잡한 복문으로 말한다.	문장

(2) 코딩

두 명 이상의 훈련된 코더가 녹화한 것을 음성 전사한다. 그들이 음성 전사한 녹취문을 각자 읽고 분석 단위별로 문제가 있는지를 검토한 뒤에 언어상의 문제가 있을 때에는 해당 평가 지수에 표시를 한다. 그리고 그 것을 상호 비교하여 상이한 것은 녹취문을 다시 보고 합의점을 찾아 정 확성을 기한다.

2) 통계 처리

코더가 코딩한 자료를 가지고 평가지수별 문제 언어 발생 빈도와 단순 합산 지수와 차별 합산 지수를 제시한다.

3. 맺는 말

이 연구에서는 지금까지 방송 장르별 언어의 특성, 방송 장르의 성격, 방송위원회의 '방송 심의에 관한 규정'과 방송사의 '방송 강령' 등을 고려하여 방송 장르별 방송 언어의 평가 지수를 체계화하여 제시하고, 평가 방법에 대해서 고찰하였다.

방송 언어의 평가 기준과 평가 지수는 방송 언어의 특성, 방송 장르의 성격, 방송위원회의 '방송 심의에 관한 규정'과 방송사의 '방송 강령' 등을 고려하여 개발할 필요가 있다.

방송 언어의 평가 기준은 보편적인 방송 언어의 속성에 근거하여 설정되어야 한다. 이 연구에서는 방송 언어의 특성으로 순정성(純正性)·공식성(公式性)·공손성(恭遜性)·공정성(公正性)·세련성(洗練性)·용이성(容易性) 등을 들고, 각 특성별로 구체적인 평가 요소를 제시하였다. 그리고 방송위원회의 심의 규정, KBS·MBC·EBS 등의 총강과 방송 강령 및 SBS의 '보도 윤리 강령'에서 방송 언어 평가 요소를 추출하였다. 그런데 방송위원회와 방송사에서는 다양한 프로그램의 성격을 고려하여 각 프로그램에 알맞은 방송 언어를 구사할 때 유의할 점을 상세하게 규정하고 있지 않다. 그리고 속도와 쉼, 텔레비전 자막에 쓰이는 언어 표기에 대한 심의 규정이나 강령이 없다. 그리하여 이 연구에서는 이러한 점을 평가 요소로 추가하였다.

방송 언어의 평가 지수는 방송 장르의 목적에 따라 달라야 한다. 그래서 이 연구에서는 앞에서 설정한 평가 요소 중에서 각 장르의 평가에 적절한 것을 선정하여 보도(報道)와 시사(時事) 장르, 교양 장르, 연예 오락 장르, 스포츠 장르 등의 평가 지수를 개발하여 제시하였다.

방송인의 방송 언어를 평가하는 방법으로는 자기 평가법, 상호 평가법, 수용자 평가법, 방송사 평가법 등이 있다. 방송 언어를 합리적으로 평가하려면 평가 대상에 따라 그 단위를 달리하여야 한다.

두 명 이상의 훈련된 코더가 동일한 녹화한 것을 음성 전사한다. 그들이 음성 전사한 동일한 녹취문을 각자 읽고 분석 단위별로 문제가 있는지를 검토한 뒤에 언어상의 문제가 있을 때에는 해당 평가 지수에 표시를 한다. 그리고 그것을 상호 비교하여 상이한 것은 녹취문을 다시 보고 합의점을 찾아 정확성을 기한다.

코더가 코딩한 자료를 가지고 평가지수별 문제 언어 발생 빈도와 단순 합산 지수와 차별 합산 지수를 제시한다.

▣ 참고 문헌

강길호·김현주(2001), 커뮤니케이션과 인간, 한나래.

강길호(2001), "시사·보도 프로그램의 언어 사용 실태 및 개선 방안 연구", 방송 프로그램 언어 분석 연구, 방송위원회 언어조사부.

김대행(2002), "방송 언어 문화의 현황과 대안", 방송 언어 사용 실태 및 개선 방안 연구, 방송위원회.

김창룡(2003), 매스컴과 미디어 비평, 글로세움.

김우룡(2000), 미디어 윤리, 나남출판.

김상준(1986), 방송과 우리말, 정음사.

김상준(1992), 방송 언어 연구, 홍원.

민현식(1999), "방송과 언어", 이주행 편(1999) 방송 화법, 역락출판사.

박갑수(1983), 국어의 표현과 순화론, 지학사.

박갑수(1985), 放送言語와 語彙, KBS 한국 표준 방송 언어, 한국방송공사, P.152.

박갑수(1989), "방송 언어의 오용 사례", 아나운서 방송 교본, 한국방송공사.

박갑수(1996), 한국 방송언어론, 집문당.

서재원(1991), 바로 쓰는 우리말 아름다운 우리말, 한길사.

서정섭(1999), 언론과 언어, 북스힐.

유만근(1995), "우리나라 방송언어 발음 문제", 새국어생활 5-1, 국립국어연구원.

이기현(2001), "쇼·오락 프로그램의 언어 사용 실태 및 개선 방안 연구", 방송 프로그램 언어 분석 연구, 방송위원회 언어조사부.

이응백(1979), "방송말과 국민의 언어 생활", 韓國放送倫理委員會 제10회 세미나 자료집.

이응백(1988), 放送과 言語, 일조각.

이주행(1986), "방송 화법의 문제점과 개선 방안", KBS한국어연구논문집 11호, KBS 한국어연구회.

이주행(1995), "방송 출연자의 언어 사용 양상", 국어교육 89호, 한국국어교육연구회.

이주행(1997), "광고 언어의 문제 및 개선 방안", 방송언어연구위원회 종합보고서, 방송위원회.

이주행 외2인(1998), 표준 한국어 발음 사전, 지구문화사.

이주행(1999), "텔레비전 자막에 쓰인 언어에 관한 연구", 화법연구 1집, 한국화법학회.

이주행(2003), "방송 언어의 문제와 개선 방안 연구", 방송·통신 언어 개선 방안, KBS.

이주행(2005), 한국어 사회 방언과 지역 방언의 이해, 한국문화사.

이주행(2005), 한국어 어문 규범의 이해, 보고사.

이주행·김상준(2005), 아름다운 한국어, 지구문화사.

임태섭(1995), 방송문화지표의 방법론 수립을 위한 제5차 예비조사 보고서―한국 방송 프로그램의 언어 문화지수 평가 기준 개발―, 방송위원회.

임태섭(2001), "방송언어의 사회적 의미와 영향", 방송 프로그램 언어 분석 연구, 방송위원회 언어조사부.

이희승(1956), "방송 용어의 특이성", 방송 11월호.

전영우(1987), 화법 개설, 역락출판사.

차인태(2002), "방송언어 관계자(제작자, 출연자, 작가 등)의 언어 자질 향상 방안 연구", 방송 언어 사용 실태 및 개선 방안 연구, 방송위원회.

Fraser, B.(1990), Perspectives on Politeness, Journal of Pragmatics, 14.

제 5 장

텔레비전 토론 프로그램에 관한 고찰

오 미 영

1. 들어가는 말

정보화 시대일수록 토론의 역할은 중요하다. 구슬이 서 말이라도 꿰어야 보배이듯, 인터넷에 담긴 숱한 정보도 비판적 사고를 통해 나름의 논리를 세우고 이견을 가진 사람들과 더불어 이야기하는 토론 과정을 거쳐야 실질적이고 유용한 정보가 될 수 있다. 토론이 각종 사회 문제의 만병통치약은 될 수 없지만, 토론을 통한 합의점 도출만큼 훌륭한 대안은 찾기 어렵다. 차분하고 능동적으로 토론에 참여하고 나와 남이 서로 다름을 인정하는 가운데 합의 결과를 따르게 하는 토론절차는 구성원 사이에 불필요하고 소모적인 다툼을 피하게 하면서도 목표를 이룰 수 있다는 점에서 매우 생산적인 행위이다. 이는 "어떤 문제나 서로 다른 의견을 내놓고 여러 사람이 각자 자신의 의견을 말하여 좋은 결론을 얻으려고 하는 논의"(국어국문학회, 2000)라는 '토론'의 사전적 정의에 잘 나타나 있다. 그러나 토론은 '토의(discussion)'와 구별된다. 토론은 엄격한 규칙과 규율을 전제로 하나, 토의는 자유로운 의사 개진과 대담으로 이뤄지기 때문이다. 토론은 의견 대립 상황을 전제하여 자신의 의견을 분명히 밝히고 타인을 설득하는 것이 목적이다. 이에 비해 토의는 집단적 협의 과정을 통해 해답을 구하는 것이다. 토론이 이성적이라면 토의는 감성적이다. 이러한 특성을 바탕으로 서구에서는 일찍이 토론을 학문(수사학)의 한 분야로 연구하여 왔다. 서구의 정치적·사회적 민주화, 나아가 문명 발달은 효과적인 정보 교환과 타인의 주장 및 견해 수용을 둘러싼 토론 연구에 힘입은 바 적지 않다.

우리나라에서도 최근 몇 년 사이 토론 문화가 많이 정착되었다. 각 기업들이 인재를 선발하는 데 있어 기존의 학벌 위주에서 탈피, 심층 면접과 지원자 간 토론에 비중을 두기 시작하면서 토론에 대한 관심이 급증하고 있다. 이와 동시에 각 대학들이 수시모집에서 구술 심층 면접을 통해 우수학생을 선발하고, 토론 관련 수업을 중요 교과 과정으로 채택하면서 바야흐로 토론 열풍이 불기 시작하고 있다. 그러나 이러한 현상 뒤에는 각 방송사들의 꾸준한 텔레비전 토론 프로그램 편성 노력이 숨어있었다는 점을 간과할 수 없다. 이에 본 연구는 우리나라 텔레비전 토론 프로그램의 특성을 발전 과정을 중심으로 살피고자 한다. 이에 앞서 토론의 개념과 요소를 바탕으로 텔레비전 토론의 기능과 유형을 파악하기로 한다.

2. 토론의 개념과 요소

토론은 곧 논쟁의 개념을 가진다. "논쟁(argument)은 적절한 판정자로 하여금 따르거나 따르지 않도록 하기 위해 주장을 발전시키고 지원하며 비판하고 수정하는 의사 소통 과정"이다.(R. Rieke & M. Sillas, 1993:33) 즉, 어느 한쪽이 주장 진술과 그것을 뒷받침하는 논거를 제시하여 논증하면 반대쪽이 주장에 대한 비판을 통해 반박하는 상호 작용의 과정이라는 뜻이다.

논쟁은 흔히 정서적인 소구보다는 합리적 소구를 중시하는 설득 커뮤니케이션으로 간주된다. 따라서 에토스와 파토스도 인정하지만 기본적으로는 로고스, 즉 합리적 소구를 강조하는 의사 소통 과정이다(J. Jensen, 1981:6). 이런 의미에서 논쟁은 강제력을 이용하는 위협은 물론, 에토스와 파토스를 주로 이용하는 '선전'과도 다른 것이다.

논쟁이나 토론은 인간의 삶과 사회 유지를 위해 필요한 합리적 결정에 도달하는 과정으로서 매우 중요하다. 실제로 사람들은 내적으로는 자기 자신과, 외적으로는 다른 사람과 논쟁(토론)을 벌이고 그 결과를 바탕으로 합리적인 결정을 내리게 된다. 사회적으로는 토론이라는 지적 경쟁을 통해 생산적인 탐구 활동이 고무된다. 맥베스(McBath)에서는 토론의 장점을 다음의 네 가지로 설명하고 있다.(J. Jensen, 1981:10~11)

첫째, 토론에 참여한 논쟁자들은 다른 사람에게 알려지지 않은 사실, 해석 또는 판단을 제공할 수 있다.

둘째, 정보를 동원하고 아이디어들이 경쟁하는 가운데 새로운 아이디어가 출현할 수 있다.

셋째, 논증들이 증거와 일관성의 엄격한 검증에 놓이게 되기 때문에 오류가 드러날 수 있다.

넷째, 논쟁자들이 상투적이고 비생산적인 분석 양식에서 벗어날 수 있다.

토론을 통해 참가자들은 말하는 능력이나 기술과 함께 사실, 자료, 정보, 의견 등을 분석·종합하려는 능력과 기술을 향상시킬 수 있고 지적·정서적 위험에 자신을 노출시키면서 용기를 키울 수 있다. 그러나 부정적인 영향도 있는데, 오직 두 가지 대안에만 초점을 맞춤으로써 참가자들로 하여금 선택 가능한 다수의 대안들에 대해 둔감하게 만들 수 있다. 토론은 이미 마련된, 고쳐되어야 할 명제에서 출발함으로써 최선의 해결책을 찾는데 불충분하다. 또한 반대측과 일치점을 강조하기보다는 다른 점을 분명히 드러내도록 강요함으로써 불일치를 강조하는 경향이 있다.

아우어(Auer)는 제대로 된 전통적인 토론에 대해서 ① 청중의 판결 ② 진술된 명제 ③ 대등한 경쟁자 ④ 동등하고 적절한 시간 ⑤ 대결의 다섯 가지 요소를 반드시 갖추어야 한다고 밝혔으며 제미슨과 버드셀(Jamieson & Birdsell)은 이에 덧붙여 규칙의 지배라는 요소를 추가하였다. 이를 자세히 살펴보면 다음과 같다(K. Jamieson & D. Birdsell, 1988:11~15).

① 대결

토론에서는 서로 반대 입장을 주장하는 사람들이 그들의 차이를 논박하기 위해 얼굴을 맞대고 대결한다. 이런 직접적인 대결을 통해 토론은 생기를 얻는다. 주장을 잘못 제시하면 즉각 반박을 받는데 준비가 안 된 토론자는 곤경에 빠지거나 청중에 의해 거부되는 위험에 처한다. 일방적인 연설과 달리 토론에서는 반대자에게 청중 앞에서 재해석한다든지 반박, 이의를 제기할 기회를 주기 때문에 왜곡하거나 속이거나 회피하면 오히려 궁지에 몰릴 위험이 따른다. 따라서 진실된 명제나 사실이나 논리에 더욱 소구할 수밖에 없다.

② 규칙 지배

토론은 특정한 절차, 시간 제한, 조직 등과 같이 어떤 규칙에 지배되는 활동이며 정도에 차이에 있지만 모든 토론은 구조화되어 있다고 볼 수 있다. 토론을 지배하는 규칙들은 사전에 협상되어 청중에게 확실하게 명시되고 토론자들에 의해 받아들여진다. 발언 교대의 전반적인 구조와 발언순서, 길이 등이 구체화되며 사회자 등 다른 참가자들의 역할도 명확하다. 토론은 암시적인 규칙에 의해서도 지배된다. 즉 토론에서는 이성이 감성보다 우위를 점한다든지, 논증이 주장보다 우월한 것으로 평가된다든지, 증거의 검증이 이루어진다든지 하는 것이 바로 그것이다. 이들 암시적인 규칙이 심판자들로 하여금 선동이나 주장을 거부하고 논리가 정연한 것을 택하게 한다.

③ 동등하고 적절한 시간

토론의 모든 당사자는 동등한 지위를 가지고 토론에 임하기 때문에 힘이 좀더 있는 측이나 그렇지 않은 측이나 마찬가지로 같은 규칙의 지배를 받는다. 동등한 시간 배분의 원칙은 그래서 매우 중요하다. 또한 발언 시간은 동등할 뿐만 아니라 적절하여야 한다. 이는 토론 참석자들에게 자신의 입장과 논지, 증거를 충분히 제시하고 설명할 수 있는 정도의 적절한 시간이 주어져야 함을 의미한다. 그렇지 않다면 토론이 합리적인 논의의 장이 되기보다는 구호성 주장을 늘어 놓는 자리가 되고 말 것이며 청중은 논리에 의해서가 아니라 구호에 의해서 토론의 우열을 판가름하게 된다.

④ 대등한 경쟁자

토론에 참가하는 경쟁자들은 서로 필적할 만한 대등한 수준에 있어야 한다. 그래야만 쟁점에 대해 제대로 검증할 수 있기 때문이다. 즉 토론은 쟁점을 판가름하기 위한 것이지, 어느 토론자가 더 나은가를 판가름하기 위한 것은 아니라는 것을 의미한다.

⑤ 진술된 명제

일반적으로 토론에서는 어떤 뚜렷한 한 가지 명제가 주어지고 이 명제에 대해서만 찬반의 주장을 개진하게 된다. 이렇게 동일한 명제를 가지고 토론을 해야 토론자들은 그들의 논의 교환에 초점을 맞출 수 있으며 그러기 위해서는 논지에 벗어나는 일은 극소화하고 의제를 바꾸는 일은 통제되어야 한다.

⑥ 청중의 판결

토론 참여자들은 그들의 논쟁 결과에 대해 청중들의 판결을 받는다. 토론 후에 청중은 어느 쪽이 더 뛰어난 논증을 하였는지 우열을 판가름하게 된다. 전통적인 토론에서는 대개 일단의 판정자들이 선정되어 토론을 지켜본 후 우열을 판가름한다. 정치 토론의 경우 유권자들이 판정자가 된다고 볼 수 있다.

토론은 논쟁의 한 모델이자 적용이기 때문에 기본적으로는 논쟁의 형식을 띠지만, 논쟁 당사자가 형식화된 구체적 절차에 따라 주장을 제시한다는 특징을 갖는다. 전통적인 토론에서는 토론자들끼리 서로 질문하고 답변하고 반박하는 등 토론자들이 직접 대결한다. 토론에서는 명제나 쟁점에 관한 사실, 가치, 정책 등의 주장에서 상호 배타적인 두 가지 대립적인 입장으로 구체화된다. 일반적으로 양측 토론자들은 자신의 요점을 제시하고 반대측 토론자의 반론에 응답하는 데 동일한 시간과 기회를 가지며, 심판 혹은 제3자는 양측 토론자들의 주장을 심판한다. 토론과정에서 중요한 것은 토론자들이 상대방의 견해를 바꾸고자 노력하지 않고 제3자의 의사 결정에 영향을 미치고자 노력하는데 있다. 토론자들은 제3자의 의사 결정이 구속력을 갖기 때문에 그것에 커다란 가치를 부여하고 있다(이동신·박기순, 1996:99).

법정에서든 의회에서든 공공토론장에서든 대학의 토론경연대회든 중요한 것은 토론 참여자들이 서로를 설득하려는 것이 아니라 제3자의 선택을 받으려는 것이다. 제3자는 양쪽의 주장을 듣고 의사 결정을 내려야 하며, 이 때 어느 한 쪽의 주장을 수용하거나 거부하게 된다.

3. 텔레비전 토론의 기능

현대 사회에서는 그 어느 언론보다 방송 매체가 공중토론을 위한 중요한 공간이 되고 있다. 텔레비전은 정치·경제·사회·문화 분야에 걸친 모든 이슈들을 공론의 장으로 끌어들여 의제를 설정하고 갈등을 표출함으로써 역설적이게도 사회 통합을 이루어 낸다. 특히 텔레비전 토론은 '말'의 문화를 정착시키는 데 기여하고 공론의 장으로서 우리 사회에 열린 공간을 제공한다는 의미를 가진다. 텔레비전 토론의 기능을 자세히 살피기로 한다.

3.1. 사회적·정치적 공론장

민주주의의 요체는 최종 선택이나 판단에 이르는 과정이 공개적이고 열린 토론이나 논쟁을 포함하는 것이다. 만약 아무런 외부의 간섭이나 영향이 없었다 하더라도 적절한 논의를 거치지 않았다면 민주적 선택의 결과라고 할 수 없다. 그 이상향은 모든 시민들이 정치에 참여한 고대 아테네 직접 민주주의이다. 그러나 오늘날과 같이 대의 민주주의가 발전한 사회에서는 당시의 아고라와 같은 물리적 공간을 대신할 무언가가 필요하다. 텔레비전 토론은 바로 이런 의미에서 현대의 아고라 광장, 즉 공론장이다.

‘공론장(public sphere)’ 개념은 하버마스(Habermas)가 제기한 것이다. 하버마스가 말하는 공론장은 개인이 아무런 제재 없이 공적 문제를 토론할 수 있는 공간, 즉 사회와 국가를 중재하는 공간이며 따라서 민주주의로 대변되는 정치적 이상과 밀접한 관계를 지닌다. 하버마스는 의사 소통의 합리성을 통한 인간 해방 추구에 관심을 기울이면서 시민들이 제약 없이 집회, 결사 및 언론의 자유를 보장받고 일반적 관심사에 대해 비정부적인 의견을 형성할 수 있는 영역으로서 공론장이 필요하다고 보았다. 그가 말하는 이상적인 공론장은 17, 18세기에 지식을 갖춘 이성적 공중 앞에서 국가 권위가 비판받고 그 정당성이 요구되는 포럼을 창출한 ‘부르주아 공론장’이다. 즉, 일치된 여론을 위한 비판적 합의를 형성하여 내며 권력에 대해 잠재적 영향력을 가지는 공간을 의미한다.

텔레비전 토론은 우선 토론자의 자유로운 의사 발현 및 시청자 참여1) 가 가능하다는 점에서 토론과 논쟁, 정보 확산을 위한 필수적 공간을 뜻하는 공론장 모델에 부합한다. 시청자가 함께 참여하는 텔레비전 토론은 사회적 공간의 일부이자 공개 토론의 장소, 즉 하나의 ‘포럼’이다. 텔레비전이 공개 토론을 위해 제도적으로 관리되는 대규모의 포럼을 제공하는 것이다. 포럼의 특성은 각 국가의 상이한 방송 규제에 따라 다양하며, 공공 서비스 윤리에 의해 방송이 규제되는 국가에서는 공개 포럼을 제공하

---

1) 이 때 시청자 참여는 공중의 접근권(Right of access)을 충족시키기 위한 방법의 하나이다. 그러나 대부분의 우리나라 텔레비전 토론은 열린 공간을 제공한다는 취지 아래 시청자 참여를 표방하면서도 시청자가 차지하는 실제 비중이 미미하다는 문제를 지닌다. 토론자에게 잠시 쉬는 기회를 주고 분위기를 바꾸는 역할에 불과한 경우가 적지 않기 때문이다. 접근권이란 일반 국민이 신문이나 텔레비전 방송, 라디오 방송 등 매스미디어에 자유롭게 접근해서 자신의 의견이나 아이디어를 발표하기 위해 그것을 이용하는 권리로서, 미디어에 의해 쉽게 소외되기 쉬운 일반 시민에게 미디어에 접근하고 그것을 이용할 수 있는 권리를 보장하여 주는 것이다. 반론권(Right of Reply), 의견 광고(Editorial Advertisement), 신문에 대한 투서(letters to editors), 시청자 참여 프로그램(Public access program), 매스미디어에 대한 비판, 항의, 요구 등이 이에 해당한다. 팽원순, 〈매스커뮤니케이션 법 제이론〉, 법문사, 1988, p. 136.

는 것이 방송업자들의 공식적인 의무의 하나가 될 수도 있다(김응숙, 2000:77).

텔레비전 토론은 사회적·정치적 현상이나 과정에 관해 여론을 조성하고 다양한 의견을 수렴함으로써 문제 해결 방안을 모색하는 기능을 하며, 의견을 제시하고 교환하는 과정에서 분석과 평가가 가능하다. 이로써 수용자가 합의점을 찾거나 의사를 결정하는 과정에 기여하고 나아가 여론 통합을 주도한다. 텔레비전 토론은 다양한 의견 표출과 함께 충분한 자료가 제공되어 양자 또는 다자간 동시 비교나 동시 판단을 가능하게 한다는 측면에서도 효과적이고 유익하다. 시청자를 정보로 무장시키고 참여를 유도함으로써 합리적 의사결정에 중요한 역할을 하고 결국 민주주의 발전에 기여한다고 볼 수 있다. 이는 곧 방송 언론의 긍정적 역할 수행과 직결되는 것이기도 하다.

비판 이론의 영향을 받은 하버마스는 그러나 미디어의 공론장 형성 기능에 매우 회의적이었다는 점을 기억할 필요가 있다. 미디어가 기득권에 대항 가능한 합리적이고 비판적인 의견을 형성하는 대신 사적이고 파편화된 개인 중심 사회를 만들어 낸다고 주장하였다. 미디어는 진정한 공개 토론이 아닌 단순한 홍보와 수동적 관객의 영역이 되었고, 일반인의 관심을 정치적 행위에서 멀어지게 하는 '의사 공론장(pseudo-public sphere)'을 제공할 뿐이라고 공격하기도 하였다. 매스미디어 발달 이후 표상과 외양이 합리적 논쟁보다 비중 있게 다뤄지고 있으며 합리적이고 비판적인 '공중'이 '대중'으로 전락하게 되어 공론장은 하나의 약속으로만 존재한다는 것이다. 단, 후기에 이르러서는 개인이 단순한 수동적 소비자가 아니며 미디어의 지속적인 틀짓기가 불가능하다는 점을 들어 공익 실현과 합리적 논쟁 공간으로서 공론장의 가능성을 열어 두었다(김응숙, 2000:41~51).

3.2. 미디어 선거 도구

미디어 발전은 선거 형태에 많은 영향을 미쳤다. 특히 텔레비전이 현대 정치에 미친 영향은 매우 크다. 면 대 면을 통한 유권자 접촉의 한계가 텔레비전 미디어의 도움으로 거의 무한대로 확대되었기 때문이다. 이로써 현대사회 정당의 영향력은 급속히 약화되었으며 후보자 선택에 미치는 텔레비전의 힘이 증가하였다. 유권자가 텔레비전을 통해 후보자 연설을 들을 때 정당보다 후보 개인을 놓고 평가하는 경향이 크다는 사실이 후보들에 대한 정당의 통제력을 약화시켰고, 텔레비전이 전하는 이미지가 실제 모습보다 큰 의미를 갖는 시대가 되었다. 이로써 유권자에게 접근하기 위한 정당조직은 텔레비전으로 대체되는 경향을 띠고 있으며 미디어 및 마케팅 전문가들이 정당 지도자들을 대신하고 있다.2) 최근 우리나라에서도 미디어 선거 영향으로 기존 정치 구조에서 정치 신인들에게 높은 벽이 되어 왔던 계보 정치가 크게 약화되는 현상을 보이고 있다.

텔레비전 토론의 특성은 올바른 민주정치 작동 체계와 관련이 깊다. 일찍이 알거(Alger)는 민주주의가 제대로 작동하기 위해 두 가지 요소가 필수적이라고 밝힌 바 있는데, 이것들은 곧 텔레비전 토론을 통해 가장 손쉽게 실현될 수 있는 것이기도 하다. 알거가 말하는 두 가지 요소는 선거에서 경쟁하는 두 명 이상의 대안적 후보들을 상호 비교하여 장단점을 공중에게 알리려는 노력('사상의 공개시장', 'marketplace of idea')과, 공중에게 정치적 선택에 필요한 정보(후보의 지도력과 자질, 후보의 일반적인 정치 성향이나 정치철학, 중요 이슈에 대한 입장, 선출되는 직위의 성격, 거론되는 중요 이

---

2) 미국에서는 이미 지난 1972년 민주당 경선에서 이러한 경향이 뚜렷이 드러났다. 당시 자유주의적이고 반전 의식이 강한 조지 맥거번이 미디어와 마케팅 전문가인 캐델의 조언을 받아들여 뉴햄프셔주의 보수적인 노동자 계층 유권자들의 소외감을 자극하는 전략을 구사함으로써 지지표를 얻어 내는 데 성공하였다.

슈에 대한 본질적이고 정확한 전달내용 등)를 제공하는 것이다(Alger, D., 1996:9). 선거에서 각 후보들이 벌이는 캠페인의 최종 목적 - 자신의 인지도를 높이고 좋은 이미지를 형성한다, 의제를 설정하고 이슈를 이용한다, 상대방의 지지를 떨어뜨리며 상대방 공격으로부터 자신을 보호한다 등 - 역시 텔레비전 토론을 통해 가장 잘 실현할 수 있다.

유권자 입장에서 볼 때에도 텔레비전 토론은 언론이나 선거 캠페인에 영향을 받지 않고 직접적이고 능동적으로 주요 경쟁 후보들을 비교 분석하며 선택을 결정짓게 하는 매우 유용한 도구이다. 때문에 선거운동 기간 중 유권자들이 후보자들을 제대로 비교하여 알 수 있는 가장 좋은 방법이자 중요한 정치적 행사로 평가받고 있다. 이것은 후보자가 유권자에게 책임감을 느끼고 자신의 발언에 대해 책임을 지게 만드는 민주적 핵심 장치로서도 기능한다. 평소 정치에 냉담한 유권자로 하여금 선거에 대한 관심을 불러일으키고 나아가 높은 투표 참여를 이끌어내기도 한다.

정치 후보자 간 토론의 역사는 1857년 미국 상원의원 선거 때로 거슬러 올라간다. 당시 링컨과 더글러스는 직면한 주요 이슈인 노예제도와 관련해 7회에 걸친 토론을 실시함으로써 더욱 정확하고 많은 정보를 원하는 대중들에게 도움을 주고자 하였다. 이 역사적인 토론은 링컨이 제안하고 더글러스가 수용해 이루어졌다. 두 사람이 동의한 일련의 기본 규칙은 매회 토론을 다른 지역에서 개최하며, 1회 토론 시간을 후보 1인당 1시간 30분씩 도합 3시간으로 제한하되 오프닝과 클로징 연설을 번갈아 할 수 있게 하는 것이었다(토론 횟수 7회 가운데 토론을 제안한 후보는 3번, 제안 받은 후보는 4번의 오프닝과 클로징 연설을 하는데 합의하였다.)

링컨과 더글러스의 정치 토론이 텔레비전 시대에 이르러 본격적으로 발전된 형태가 바로 선거 텔레비전 토론이다. 최초의 선거 텔레비전 토론은 1960년 미국 대통령 선거를 기해 실시돼 케네디가 닉슨을 이기는 데 결정적인 역할을 하였다. 이는 당연히 텔레비전 토론을 지켜보는 유권자의 숫자가 매우 많았다는 사실이 바탕이 되었다. 실제로 1960년 선거 당시 미국 국민의 80% 이상이 최소한 한번 이상 텔레비전 토론을 보았다고 답하였다. 현대 정치에서 텔레비전 토론은 선거 결과를 좌우한다는 것이 정설로 인식되고 있다. 특히 부동층의 의사 결정이 토론 시청 후로 미뤄지는 경향이 크다는 점은 매우 중요하다.

우리나라에서는 지난 1995년 서울시장 선거부터 텔레비전 토론에 대한 사회적·학문적 관심이 급격히 증대되었다. 이후 1997년 치러진 제15대 대통령 선거에서는 유권자의 절반 이상이 투표할 후보를 결정하는 데 가장 많은 영향을 미친 요인으로 텔레비전 토론을 꼽았다. 2002년 제16대 대통령 선거에서는 뉴미디어인 인터넷의 위력이 급부상하였으나 그 누구도 여전히 텔레비전 토론이 매우 중요한 미디어 선거 도구라는 점에 이견이 없다.

4. 텔레비전 토론의 프로그램별 유형과 특성

토론에 대한 기존 논의의 관점을 채택한다면 텔레비전 토론은 당연히 언어적 메시지가 중심이 되어야 하는 프로그램이다. 그러나 최근에 이르러서는 프로그램 형식과 내용전개 방법이 서로 혼합되거나 구분이 모호해지는 경향이 있다. 통상적으로는 교양과 보도의 이중적 유형 분류가 가능하며, FCC 분류3)에 따르면 뉴스 프로그램의 범주에 포함된다. 또

---

3) 대체로 프로그램 형태나 프로그램의 소스에 의한 분류 또는 스폰서 유·무에 의한 분류로서 첫째, 프로그램 형태에 따른 분류는 ①농사 프로그램 ②오락 프로그램 ③뉴스 프로그램 ④종교 프로그램 ⑤학습 프로그램 ⑥스포츠 프로그램 ⑦사설 ⑧정치 프로그램 ⑨교육기관 프로그램이며 둘째, 소스에 의한 분류는 방송 프로그램의 제작국 또는 공급원이 어디냐에 따른 분류방식으로 ①로컬 프로그램 ②네트워크 프로그램 ③신디케이트 형식 프로그램이 있다. Sydney W. Head, *Broadcasting in America*, 3rd ed, Houghton Mifflin Co,

한 토론 프로그램은 광의적으로 뉴스와 토론, 대담, 인터뷰, 교양강좌, 퀴즈 프로그램 등을 모두 포함할 수 있기 때문에 간혹 토크 프로그램과 혼용되어 사용되기도 한다.4) 외국의 경우 토크 프로그램과 토론 프로그램을 별도로 구분해서 쓰지는 않으며 실제로 토론 프로그램도 영자로 표기할 경우에는 토크(Talk) 프로그램이 된다. 하지만 우리나라 방송에서는 오락성이 주된 연성 프로그램은 토크 프로그램으로, 시사성이 강한 사회적 이슈나 쟁점을 다루는 프로그램은 토론 프로그램으로 구별하여 사용하고 있다. 우리나라 토론 프로그램의 효시인 KBS 텔레비전의 '생방송 심야토론'은 기획 의도를 통해 "시사 쟁점에 대한 전문가 토론과 시청자 참여를 통해 시청자 여론을 공론화하고 현실 진단과 대안 모색으로 우리 사회가 지향해야 할 올바른 가치관을 정립하고자 한다."고 밝히고 있다. 이를 통해 알 수 있듯이 토론 프로그램은 사회적 쟁점 사항을 토론이라는 형식을 통해 국민에게 전달하고 쟁점들을 분석, 평가해 수용자들이 사회현실을 제대로 인식하기 위한 판단 근거를 제공함으로써 올바른 사회·정치적 공론장을 구성한다는 데 그 목적을 두고 있다.

물론 토론 프로그램에 대한 여러 정의 가운데 공통적으로 해당되는 것은 '말'이 위주가 된다는 것이다. 이러한 토론 프로그램에서 다루는 주제는 정치, 경제, 사회, 문화 등 모든 분야를 총망라하며 사회적 이슈는 물론 국민의 관심사와 시청자가 궁금해하는 것 등 시청자에게 흥미와 관심을 유발하는 모든 것이 토론 프로그램의 영역에 포함된다고 볼 수 있다. 이를 시청자의 참가 형식, 다루는 주제, 참가자들의 토론 형식 등에 따라 구분하면 다음 〔표 1〕과 같다(박익찬, 2000:12~14).

Boston, 1976, pp.345~347. 손용, 〈현대 방송이론〉, 나남, 1989에서 재인용.
4) 방송위원회의 프로그램 유형분류에 따르면 토론 프로그램은 대담/토론 또는 토크쇼에 모두 해당된다.(방송위원회의 프로그램 유형분류 참조)

〔표 1〕 토론 프로그램의 특성별 분류

구분	유형		특징
시청자 참가 형태	일방적(one-way) 방식		전문 출연자 몇 사람이 방송에 참가하여 주로 출연자끼리 토론을 전개하거나 질의 응답하는 방식이며 일체의 직접적인 시청자 참여가 없는 프로그램.
	쌍방적(two-way) 방식	직접 참여 방식	시청자가 방청객으로 참여하여 직접적으로 질의, 응답하는 방식.
		간접 참여 방식	시청자가 전화, FAX, PC 통신 등을 이용하여 참여하는 방식.
프로그램 진행 형식	인터뷰 형식		출연자로부터 정보나 의문을 알아내기 위한 질의응답 방식. 유명인을 출연자로 진행하는 방식으로 주로 전문가로부터 전문적인 정보의 답변을 획득.
	토론 형식		인터뷰나 질의응답이 곤란할 때 주제별로 토론을 전개하는 방식. 특정한 인물을 선정하여 출연한 인물들을 위주로 집중적인 토론을 전개해나가는 방식.
	대담 형식		인터뷰가 출연자와의 일률적 대화를 말하는 것이라면 대담은 서로의 입장이 쌍방향적 상황의 대등한 관계를 유지하며 상호의견을 교류하는 방식.
프로그램 구성 형식	단순구성		일정한 시간에 한가지 주제로 일방적 구성하는 토론 프로그램.
	복합구성		일정한 시간에 한가지 이상의 주제를 다루며 시청자가 직·간접적으로 참여하여 생동감과 현실성을 가능케 하는 쌍방향 구성의 토론 프로그램.

 텔레비전 토론 프로그램은 다양한 의견 표출과 함께 충분한 자료가 제공되어 양자 또는 다자 간 동시 비교나 동시 판단을 가능하게 한다는 측면에서 효과적이고 유익하다. 시청자를 정보로 무장시키고 참여를 유도함으로써 합리적 의사 결정에 중요한 역할을 하고 결국 민주주의 발전에 기여한다고 볼 수 있다. 또한 미디어 입장에서는 방송 언론의 민주적 공

론장 역할을 수행함으로써 방송의 공익성 추구 의무를 수행하고 방송사 권위를 향상시켜 준다는 긍정적인 면을 기대할 수 있다.

그러나 토론 프로그램의 역기능도 예상된다. 정보를 충분히 제공하였는가 하는 측면에서 부족할 경우 오히려 부정적 영향을 미칠 수 있다. 주제 선정이나 진행에 있어 공정성이 결여되거나 토론자 선정의 형평성이 결여되는 경우도 마찬가지다. 쟁점을 중심으로 한 진정한 토론이 유발되지 않으면 시간 낭비이며, 내용보다 순발력과 말솜씨를 가늠하게 된다면 본질보다 이미지로 흐를 수 있다. 텔레비전의 특성상 시간에 제약을 받다보면 너무 축약된 형태로 진행될 수 있다는 측면도 간과할 수 없다.

토론 프로그램은 시청자들의 이성에 소구하는 지극히 내용 중심의 프로그램이지만 텔레비전이라는 매체의 특성상 다분히 감성에 소구하기 쉬운 함정을 지니고 있다. 즉 텔레비전의 신화는 곧 이미지의 신화로서, 그만큼 이미지 창조의 주요한 도구가 되고 있으며 현대 사회에서 텔레비전이 점차 내용이나 본질보다 의사 관념으로서의 이미지를 평가의 대상으로 삼고 있다(이상회, 1983:143). 텔레비전이 지니는 직접성과 투명성 때문에 시청자들은 있는 그대로의 모습을 파악하는 듯한 환상에 빠지기 쉽지만 실제와는 얼마든지 거리가 있을 수 있다. 또한 토론 프로그램에서는 리허설이 있을 수 없기 때문에 한 순간의 실수와 반응 샷(Reaction shot)에 나타난 표정들이 여과 없이 노출되면서 결정적인 이미지를 형성하고 한번 형성된 이미지는 좀처럼 바뀌지 않는다는 특성을 가진다.

텔레비전은 사실과 본질보다 외모나 스타일, 말솜씨 등 외양을 중시한다는 것이 정치토론에 관한 많은 연구에서 밝혀진 바 있다. 텔레비전에 의한 이미지 정치의 신화는 1960년 텔레비전으로 생중계된 케네디와 닉슨의 토론 이후 형성되기 시작하였다. 두 후보는 당시 우열을 가리기 힘든 접전을 벌이고 있었는데 텔레비전 토론이 당락에 결정적인 영향을 미쳤다는 것이다. 켈너(Kellner)는 텔레비전 뉴스가 직업적 능력보다는 개성에, 내용보다는 이미지에, 본질보다는 스타일에, 복잡성보다는 단순성에 중점을 두고 특히 현실을 이미지로 환원하고 그래서 이미지와 기호와 사이버네틱(cybernetic) 기제에 의해 완벽하게 결정되고 통제받는 1차원적 사회를 그린다고 비판하고 있다(이석종, 1997:12~13).

텔레비전 토론 프로그램의 내용은 기본적으로 정보가치 차원이 가장 중시돼야 하며 구성상 현장감과 긴박감을 유지하는 역동성을 갖추어야 한다. 그러나 토론이 중심이 되는 내용을 사전에 완벽한 대본 형식으로 준비하는 것은 불가능하다. 대개 원고에는 주제, 상황, 토론 안건 등이 구체적으로 제시되어 있을 뿐 구체적인 토론 내용은 토론이 이루어지는 바로 그 시각에 결정된다. 그러므로 토론회 진행 방식과 아울러 토론회 사회자의 역할이 중요하다. 사회자 질문이 심층적인 답변을 유도해 낼 수 있을 만큼 충실하여야 하기 때문이다. 그러나 아무리 질문이 좋아도 패널들이 의제를 벗어나거나 토론 규칙을 어기면서 불필요한 공방으로 끌고 가려고 하는 경우가 있으므로 이때 사회자의 제재와 문제 제기가 필요하다.

위에서 밝힌 텔레비전 토론의 특징은 다음 〔표 2〕와 같이 정리할 수 있다.

〔표 2〕 텔레비전 토론의 특징

특징	내　　용
정책 전달의 수단	이슈 소구(issue appeal), 영상 매체의 특성 이용, 타매체에 비해 강한 전달력
시각적 효과	이미지 소구(image appeal), 출연자들의 외모, 언어구사, 이미지 관리
민주주의의 기여	시청자들의 판단 인식 근거 제공, 여론 형성기능 수행

한편 텔레비전 토론프로그램은 선거 운동 기간 중 유권자들이 후보자

들을 제대로 비교하여 알 수 있는 가장 좋은 방법으로 각광받고 있으며 따라서 매우 중요한 정치적 행사의 하나로 꼽히고 있다. 정치 토론회 즉 선거 텔레비전 토론의 구성상 특징을 유형별로 분류하면 다음 〔표 3〕과 같다.

〔표 3〕 선거 텔레비전 토론의 유형

유형	사례명	내 용
아카데미식	대학식(Collegiate)	논란이 되는 명제를 제시하면 이것에 대한 토론 참여자 찬반 의견을 제시하는 형태. 한쪽 토론자가 한 의견을 제시하고 다른 쪽에서 반대되는 의견을 제시하는 것. 비록 양쪽이 상대방의 주장에 대해 반박할 기회는 있지만 쌍방간의 직접적 질문과 반박은 없음.
연설토론식 (오레곤 스타일)	링컨-더글라스식	오레곤주에서의 Tomas Dewey와 Harold Stassen이 취한 토론 양식. 한가지 주제에 대한 20분 연석과 이에 뒤따라서 81/2분간의 반박이 따르는 토론 양식. 흔히들 링컨-더글라스 토론 모델을 시간적으로 축약한 형태라고 함.
공동 기자회견식	미국대통령 후보자 텔레비전 토론	1960, 1976, 1980년의 미국 대통령 후보자 토론회 양식. 사회자와 패널이 전통적인 연단 뒤에 서 있는 후보자에게 준비해 온 질문을 하고 후보자가 응답하는 형식. 후보자들은 시작하거나 끝날 때에 준비하여 온 연설을 할 수 있다.
양자직접 토론방식	유럽식 텔레비전 토론	프랑스 대통령 후보자가 텔레비전 토론에서와 같이 질문자 패널이 없이 단독 사회자의 진행에 의해 양 후보자가 직접 대결, 토론하는 방식.
시민포럼식	공회당식	1992년 미국 대통령 선거 텔레비전 토론 시리즈 중 2번째 였던 Richmond Town Hall Meeting이 그 원형이 된 토론회로서, 언론인이나 전문인으로 구성된 전통적인 패널리스트가 아니라 다양한 시민들이 자유롭게 원하는 후보자에게 질문을 던지고 응답하는 형식.

5. 텔레비전 토론 프로그램의 내용과 형식

우리나라 방송에서 토론 프로그램은 시사성이 강한 사회적 이슈나 쟁점을 다루는 프로그램을 의미하며 오락 위주의 연성 프로그램인 토크와 구별된다. 방송위원회 프로그램 유형 분류에 따르면 토론 프로그램은 대담/토론 장르에 속하며 형식은 공개/비공개 대담/인터뷰, 내용은 정치·경제·사회·군사·문화·교육·종교·인물로 명시되어 있다. 일반적인 프로그램 분류에 적용하는 보도/교양/오락 차원에서 보자면 보도와 교양 영역을 포괄한다고 할 수 있다.

토론에 대한 일반적인 관점에서 본다면 텔레비전 토론 프로그램은 언어적 메시지가 중심이 되며 선거 토론에서 보듯 시간 제한과 규칙 적용이 엄격한 형식을 취하는 것이 가능하다. 그러나 우리나라 토론 프로그램들은 언어를 통해 서로의 주장을 공격·방어한다는 뜻으로 사용되는 '토론(debate)'보다 느슨한 형태를 의미하는 '토의(discussion)'에 가깝다. 현장감과 긴박감을 유지하며 역동성을 가지기 위해 찬반 토론 형식을 취하고 사회자 진행에 맞추어 공방을 펼치되, 교육적 목적을 위해 실시되는 아카데미식 토론처럼 구조의 형식성이 엄격하거나 시간과 논쟁 방식에 제한이 따르지 않는다.5) 우리나라 토론 프로그램들은 찬반 토론을 관습적으로 채택하여 뚜렷하게 이분화·양극화된 틀에 따라 토론이 진행되도록 하고 있으나 대개 쟁점에 대한 입장은 하나의 입장과 그에 대립되는 입장의 두 개로만 요약되며 대체로 양자의 대립이 첨예할수록 치열한 논쟁으로 선호된다. 이러한 구도는 시청자에게 흥미 있는 논쟁을

---

5) 1999년과 2000년 사이 KBS에서 방송되었던 '길종섭의 쟁점토론'만이 아카데미식 토론의 교차 조사(Cross Examination Debate Association) 방식에 근거, 입론과 교차 조사, 쟁점토론 같은 구성으로 진행함으로써 기존의 토론 프로그램과 차별되는 실험을 시도한 바 있다.

제공한다는 장점이 있지만 이분법적 사고를 강요하고 중립적인 입장을 평가 절하할 우려가 있는 것으로 평가된다(김훈순·김은정, 2000).

텔레비전 토론 프로그램의 내용은 기본적으로 정보가치 차원이 가장 중시된다. 다루는 주제에 따라 사실에 대한 토론, 정책에 대한 토론, 가치에 대한 토론으로 나눌 수 있다(Jensen, J. V., 1981). 우리나라 토론 프로그램의 주제는 이 가운데 주로 정책에 대한 토론에 집중되어 있으며 이로써 채널 간 비슷한 주제가 중복되는 경향이 높다(김훈순·김은정, 2000. 나미수, 2003:108~142). 토론의 중심이 되는 내용을 사전에 완벽한 대본 형식으로 준비하는 것은 불가능하다. 대개 원고에는 주제, 상황, 토론 안건 등이 제시되어 있을 뿐 구체적인 토론 내용은 토론이 이뤄지는 방송 중에 결정된다. 그렇기 때문에 쟁점에 대한 분석이 철저하지 못할 경우 논제를 둘러싼 논리와 논증의 대결이 되지 못하고 중언부언함으로써 토론의 생산성이 떨어지거나(허경호, 2001) 토론이라는 이름이 무색할 만큼 통제 불가능한 사태가 발생할 확률도 높다(유선영, 2001:115~133).

이러한 사태를 대비해 토론 프로그램은 대부분 사회자가 있는 형태로 진행된다. 패널들이 의제를 벗어나거나 토론 규칙을 어기면서 불필요한 공방으로 끌고 가려고 하는 경우 사회자의 제재와 문제 제기가 필요하기 때문이다. 실제 토론 프로그램에서 사회자의 역할은 매우 중요하게 인식된다. 사회자는 토론 과정에 적극 개입해 의도된 방향으로 토론을 이끌 수 있어서 토론의 공정한 진행을 위해 중요한 요소가 된다. 그러나 이 때 사회자가 사안에 대해 분명한 지식을 갖추지 못하거나 바람직한 결론의 방향을 미리 암시하며 미묘한 사안에 대해 섣부르게 결론을 내리는 것과 같은 문제가 발생할 수 있다(전규찬, 2001:37~41).

캠벨(Campbell)의 분류에 따르면 사회자의 유형은 토론 과정 자체만을 중재하는 '토론 진행형', 토론 과정에서 자신을 의견을 개진하지는 않으나 발언을 제지하거나 발언 순서 과정 등에 개입하는 '토론 진행 개입형', 토론자들의 토론 과정에서 자신의 의견을 개진하는 등 토론에 참여하는 '토론 개입형'으로 나눌 수 있다(송종길, 1992). 이에 나미수(2003)는 우리나라 토론 프로그램 사회자들의 역할을 '발언 기회 부여'와 '시간 조정', '주제와 무관한 발언 제지'와 같은 단순 진행 역할과 '문제 제기', '선행 발언 요약', '질문 및 확인, 보완 설명 요청' 같은 토론 개입 역할로 나누어 살피고 이들의 역할이 주로 소극적 중재에 머물러 있음을 확인하였다.

그러나 실제 텔레비전 토론 프로그램은 엄격한 형식성이 떨어지기 때문에 사회자의 더욱 적극적인 역할이 요구된다고 볼 수 있다. 이러한 맥락에서 강태완(2005:8~38)에서는 방송 3사 시사토론 프로그램의 형식상 특징이 사회자의 스타일이나 토론자의 성향에 따라 좌우되는 양상을 보이며, 토론자들 사이에 상호작용이 떨어질 때 사회자 역할 여하에 따라 논의의 역동성이 달라진다는 사실을 밝힌 바 있다.

리빙스턴과 런트(1994)에서는 텔레비전 토론 프로그램을 대중 참여 구조와 프로그램 진행 방식, 주제에 관한 영역, 구성 방식에 따라 세분하였는데, 사회적 쟁점에 따라 매번 달리 채택되는 주제를 제외한 세 영역은 다음의 〔표 4〕와 같이 설명할 수 있다.

〔표 4〕 텔레비전 토론 프로그램의 유형

구분	유형		특징
시청자 참여형태	일방적 방식 (참여 없음)		전문 출연자 몇 사람이 방송에 참가하여 주로 출연자끼리 토론을 전개하거나 질의 응답하는 방식이며 일체의 직접적인 시청자 참여가 없는 프로그램.
	쌍방적 방식	직접 참여 방식	시청자가 방청객으로 참여하여 직접적으로 질의, 응답하는 방식.
		간접 참여 방식	시청자가 전화, FAX, PC 통신 등을 이용하여 참여하는 방식.

프로그램 진행형식	인터뷰 형식	출연자로부터 정보나 의문을 알아내기 위한 질의 응답 방식. 유명인을 출연자로 진행하는 방식으로 주로 전문가로부터 전문적인 정보의 답변을 획득.
	토론 형식	주제별로 토론을 전개하는 방식. 특정한 인물을 출연자로 선정하여 그들 간에 집중적인 토론을 전개하여 나가는 방식.
	대담 형식	인터뷰가 출연자와의 일률적 대화를 말하는 것이라면 대담은 서로의 입장이 쌍방향적 상황의 대등한 관계를 유지하며 상호 의견을 교류하는 방식.
프로그램 구성형식	단순구성	일정한 시간에 한 가지 주제로 일방적 구성하는 토론 프로그램.
	복합구성	일정한 시간에 한 가지 이상의 주제를 다루며 시청자가 직·간접적으로 참여하여 생동감과 현실성을 가능하게 하는 쌍방향 구성의 토론 프로그램.

한편 우리나라 토론 프로그램은 그동안 거의 비슷한 형태를 취해 왔다. 먼저 프로그램 진행 방식을 보면 사회자의 주제 및 토론자 소개, 초청 토론자들의 토론, 방청객이나 시청자 의견 청취, 사회자의 마무리 멘트로 구성되는 경우가 많다. 또 프로그램에 따라 자료 화면이나 찬반 투표, 통신원 연결 등이 삽입되는 경우가 있고 시청자 전화 참여가 포함되지 않거나 인터넷 의견이 소개되는 등 세부적인 변화가 있으나, 일반적으로는 초청 토론자를 중심으로 전개하되 시청자와 방청객 의견을 제한적으로 포함시키는 형태를 보이기도 한다(나미수, 2003).

그러나 최근 들어서는 토론 프로그램의 내용 전개 방법이 혼합되거나 구분이 모호해지는 경향도 나타나고 있다. 시청자 100인이 배심원으로 참여한 KBS2의 "100인 토론 어떻게 생각하십니까"의 경우가 바로 기존 시사토론 프로그램에서 볼 수 없었던 교양물 제작 스타일을 도입한 대표적인 예이다.

6. 국내 텔레비전 토론 프로그램의 발전 과정

사실 우리나라 방송에서는 토론 프로그램이 오랫동안 정착되질 못해 왔다. 대부분의 방송학자나 방송 종사자들은 이에 대해, 권위주의적 정치 지배 체제의 통제로 방송 자율성이 위축되고 따라서 의견 교환 장인 토론 프로그램이 발전하지 못하였다는 견해를 피력하고 있다. 정치적 입장을 널리 알리고 국민지지를 획득하기 위한 도구로 방송이 이용되어 왔기 때문이다. 이러한 분위기 속에 한동안 비인기 프로그램으로 소외되어 왔던 토론 프로그램이 최근 우리 사회의 토론에 대한 관심 증가와 방송사 측의 적극적인 편성전략과 맞물려 크게 활성화되고 있다. 천편일률적이었던 프로그램 포맷의 다양화와 첨예한 쟁점을 부각시키는 주제 선정, 긴장감을 더하는 구성 방식 등이 최근 방영되고 있는 토론 프로그램을 돋보이게 하고 있다.

토론 프로그램으로서 가치를 인정받은 최초의 프로그램은 1967년 11월부터 방송된 TBC의 '동서남북'이다. 방영 초기에는 한 주간의 화제를 중심으로 한 45분짜리 사회교양 프로그램으로 만들어지다가 1970년에 시사 대담 프로그램으로 형태 바꾸어 그 해 10월 제5회 방송윤리위원회상을 받았다. 1971년에는 〈대화〉라는 프로그램이 신설되었으나 국가 비상사태가 선포된 후 1974년 10월을 기해 이 두 프로그램이 폐지되었다. 그 외 '회전목마', 'TBC 방담'과 MBC의 '정경 토론'이 있었으나 활성화되지 못하였고, 1980년대에 들어와서 '일요 토론', '일요 광장' 등의 대담 및 토론 프로그램이 산발적으로 제공되었으나 본격적인 토론 프로그램이 아닌 좌담이나 대담 프로그램에 그쳤다. 이후 6공화국에 들어서면서부터 방송에 대한 직접적인 통제가 완화되고 언론사 노조가 설립되면서 토론 프로그램이 활성화되기 시작하였으며 그 결과 1987년과 1988년 KBS 1텔레비전은 '금요 토론', '심야 토론', 'TV 회견', '제6 공개홀', '뉴스비전 동서남북', 'TV 심포지엄', '집중토론 여성' 등을, MBC는 '진단 87', '진단 88', '박경재의 시사토론' 등을 편성하였다(소현정, 1996:3).

이 가운데 오늘날 토론 프로그램의 효시가 되는 것은 1987년 10월 17일 첫방송을 시작한 KBS의 "생방송 심야 토론, 전화를 받습니다"이다. '심야 토론'은 이후 지금까지 16년째 중단 없이 방송되고 있다. 반면 MBC는 1,2년 단위로 잦은 개편을 단행하여 왔으며 SBS는 토론 프로그램 제작에 소극적인 자세를 유지하여 왔다.

우리나라에서 텔레비전 방송이 시작된 이래 여러 형태의 토론 프로그램이 존재하여 왔으나, 토론 프로그램이 본격화된 것은 1987년 6 · 29 선언 이후 방송의 기능 정상화를 위한 노력 과정의 일환으로 토론 프로그램이 정규 주간 프로그램으로서 저녁 시간대에 편성된 이후부터라 할 수 있다. 암울하였던 세태 속에서 6 · 29 선언으로 민주화가 불붙기 시작하면서 열린 토론의 장이 필요하였던 국민들의 욕구가 방송을 통해 최소한의 말문을 열도록 하였던 것이다.

그러나 유명인이 패널로 등장하여 정견발표 하듯 의견을 피력하는 '대담'식의 토론 내용과 천편일률적인 프로그램 형식 때문에 한동안 비인기 프로그램으로 소외되어왔던 텔레비전 토론이 활성화되기 시작한 것은 1998년 11월 EBS '난상 토론'이 신설되면서부터라 할 수 있다. EBS '난상 토론' 신설 이후 각 방송사 측의 적극적인 편성 전략으로 인해 토론 프로그램은 형식적인 측면에서도 더욱 다양화를 시도하게 되었으며, 첨예한 쟁점을 부각시키는 주제를 선정하고 프로그램의 긴장감을 더하는 구성방식 등이 제시되었다. 더불어 1997년 15대 대통령 선거라는 빅 이슈를 처음으로 텔레비전 토론의 쟁점으로 담았던 경험[6] 등을 바탕으

---

6) 제15대 대통령선거 당시에는 최초로 대통령후보자 텔레비전 토론이 이루어졌다. 1995년 지방선거와 1996년 국회의원 선거를 통해 나타난 텔레비전 토론에 대한 국민들의 높은 관심이 제15대 대통령 선거에 이어져 대통령후보자 합동텔레비전 토론을 성사시켜야 한다는 국민적 요구로 일어났다. 이를 바탕으로 여 · 야는 텔레비전 토론 개최의 법적 근거가 되는

로, 우리 사회 내에서 토론에 대한 관심이 점차 증가되면서 텔레비전 토론 프로그램의 활성화를 가져오게 된 것이다.

이런 측면에서 볼 때, 국내 텔레비전 토론 프로그램의 가장 큰 분기점은 1987년 6·29 선언과 1998년 EBS '난상토론' 신설로 볼 수 있다. 이를 바탕으로 우리나라 텔레비전 토론 프로그램의 역사를 6·29선언까지의 제1 시기, 6·29선언 이후부터 1998년까지의 제 2시기, 1999년부터 현재까지의 제 3시기로 나누어 살피기로 한다.

〔표 5〕 6·29 선언 이전 주요 신설 텔레비전 토론 프로그램

구분	KBS	TBC	MBC
1960년대	1962년 텔레비전 응접실 　　KBS 응접실 1965년 어떻게 생각하 　　십니까 1969년 오늘의 화제 　　주간 화제	1965년 이주일의 회견 1967년 동서남북 1969년 TBC 공개토론회	1969년 임택근 모닝쇼 　　젊은 대화
1970년대	1971년 총리와의 대화 1972년 정부와의 대화 　　정당 토론회 　　희망응접실	1971년 대화 1972년 만나고 싶었습 　　니다 1973년 대화(재개) 1975년 동서남북(재개)	1970년 시사 레이다 1971년 政經토론
1980년대	1980년 90분 토론 1981년 역사의 증인 　　8시에 만납시다 　　독점 여성들의 9시 1982년 시민법정 　　11시에 만납시다	－	텔레비전 독서토론 이야기 좀 합시다 일요토론 일요광장

공직선거 및 선거부정방지법을 개정(1997. 11. 14)했고, 대통령선거방송토론위원회가 주최한 후보자 합동텔레비전 토론회(12.1~12.14)를 통해 제도화되었다(송종길, 2002, p. 30).

〔표 6〕 6·29 선언 이후 ~ 1997년까지 주요 신설 텔레비전 토론 프로그램

구분	KBS	MBC	SBS
1980년대	1987년 금요토론 심야토론 1988년 텔레비전회견	1987년 진단 '87 1988년 진단 '88 1989년 박경재의 시사 토론 여론광장	-
1990년대	1993년 KBS 정책 진단 열린 사회 시민광장	1992년 MBC 시사토론 1994년 추성춘의 시사 진단 1995년 추성춘 포커스 1996년 안병찬의 일요 광장	1992년 시사진단 핵심 1993년 SBS 시사기획 SBS 일요포럼

〔표 7〕 1998년 이후 주요 신설 텔레비전 토론 프로그램

구분	KBS	MBC	SBS	EBS
1998년 - 1999년	1998년 길종섭의 쟁점토론 정범구의 세상읽기 1999년 정범구의 시사비평 일요진단	1998년 MBC 대토론회 1999년 정운영의 100분토론 배유정의 열린아침 - 터놓고 말해봅시다	1998년 갑론을박 동서남북 1999년 오늘과 내일	1998년 난상토론 1999년 미래토크 2000
2000년 이후	2001년 시사난타 세상보기 2002년100인 토론 어떻게 생각 하십니까 2005년 -(현재 '심 야토론' 방영중)	2000년 100분토론 2003년 생방송 이 슈&이슈 2005년-(현재 '100분토론' 방영중)	2000년 시사포럼 2001년 토론 공방 2003년 시사진단 2004년 SBS대토론 '이것이 여론이다' 2005년 '시시비비'	2003년 EBS 여론 광장 청소년 원 탁토론 2004년 생방송 교 육대토론 2005년 '토론카페'

7. 맺는 말

지금까지 토론의 개념을 바탕으로 텔레비전 토론 프로그램에 대해 살펴보았다. 우리나라 텔레비전 토론 프로그램은 6·29 선언 이후에 이르러서야 비교적 토론의 형식적 요소를 갖추기 시작하였으며, 자유로운 의사 개진을 위한 공론장에 대한 사회적 욕구를 반영하여 활발하게 편성되었다. 그러나 이 때 까지는 토론 프로그램에 대한 경험 부족으로 진행이 원활하게 이루어지지 못했고, 주제의 선택과 내용 등에 있어 공정성의 문제가 제기되는 등 비교적 초창기 수준을 넘어서지는 못하였다고 평가된다.

토론 프로그램들이 공영성 명분을 위한 구색 맞추기에서 벗어나 우리 사회가 지닌 민감한 사안들을 주제로 선정하고 문제점을 과감히 진단하는 등 내용과 형식에 있어 다양성을 추구하고 질적으로 많은 변화를 보이기 시작한 것은 실제로 근래의 일이다. 1998년 EBS가 편성한 '난상 토론'이 참신한 토론 문화를 선도하였다는 평가를 얻은데 이어 KBS의 '길종섭의 쟁점 토론'과 MBC의 '백분 토론'으로 인해 종래 시청률이 3~4%대에 머물던 토론 프로그램의 면모가 쇄신되었다.

현재 공중파 방송에서 방영되고 있는 본격적인 토론 프로그램은 시의성 있는 주제의 선정, 대립 의견을 지닌 전문집단 간 토론 대결, 방청객 시청자 그룹에게 부여되는 발언 기회 등 구성상 큰 줄기에 있어 유사한 모습을 보이고 있다. 생방송으로 진행되며 주제 선정-출연자 섭외-토론 내용 흐름에 관한 진행자와의 협의에 이르는 방송 과정도 동일하다.

출연하는 토론자들은 4~5명 정도이며 시청자 전화나 통신 매체를 통한 참여를 유도하고 있는 것도 공통점이다. 또한 이슈에 따른 패널의 입장 차이를 바탕으로 확실한 대결 구도를 설정하는 것이 보통이다. 주제 선정에 있어서는 그 동안 '백분 토론'과 '심야 토론', '공방'이 정치·사회적 거시적 사안을 주로 다루었으며 '시사난타', '난상 토론'은 비교적 일상 생활과 관련한 주제를 다루어 차별성을 띠었다.

이러한 시청자 토론 프로그램은 사회적 공간의 일부이고 공개 토론의 장소이며 하나의 '포럼'이기도 하다. 시청자 토론 프로그램을 포함한 다양한 프로그램 형식들을 통해 매스 미디어는 비공식적이고 비형식적이기는 하지만 공개 토론을 위해 제도적으로 관리되는 대규모의 포럼을 제공한다. 이러한 포럼의 특성은 각 국가의 상이한 방송 규제에 따라 다양하며, 공공 서비스 윤리에 의해 방송이 규제되는 국가에서는 공개 포럼을 제공하는 것이 방송업자들의 공식적인 의무의 하나가 될 수도 있다 (Curan, J., 1991:77).

하지만 텔레비전 토론이 과연 이성적 판단을 위한 이상적인 공공 영역이 되고 있는가에 대한 의문은 여전하다. 이미지 전달력이 무엇보다 강한 텔레비전 매체의 속성 때문이다. 텔레비전은 메시지 전달에 있어서 극히 효과적인 수단인 시각 이미지를 언어에 첨가하는데, 텔레비전이 우리가 현실을 인식하는 것과 매우 유사한 부호들을 사용한다는 것은 그것이 이데올로기적 도구로서 뛰어난 기능을 수행하게 되는 근본적인 이유가 된다(현대원, 1988:30). 따라서 텔레비전 토론 프로그램을 바라봄에 있어, 그것이 지니고 있는 이데올로기적 의미를 특정한 방향으로 이끌고자 특정한 방향으로 진행되는 서사물이라는 시각을 완전히 배제할 수는 없다. 피스크(J. Fiske)는 사실적 측면을 지닌 텔레비전 프로그램 유형인 토론 프로그램이 지배적 신화를 더 잘 보여 준다고 하였으며, 엘리스(Ellis)는 텔레비전 토론 프로그램의 주체 구성은 주로 수용자와 텔레비전 화면 속의 커뮤니케이터들(사회자, 토론자) 간의 '공모'의 구축을 통해 이루어진다고 하였다. 즉 텔레비전 토론 프로그램에서는 출연자와 시청자 간의 시선 접촉을 유지하는 것이 관행이 되고 있고, 시청자와의 대화 형식이나 직접적인 소구 형식으로 프로그램을 이끌어가게 되며 출연자들 사이 대화에서도 진행자가 항상 시청자를 대신하는 입장으로 스스로를 위치짓는다(J. Ellis, 1982:167)는 것이다.

또 한 가지 문제점은 시청자 참여 방식이다. 우리의 토론 프로그램은 열린 공간을 제공한다는 취지 아래 시청자 참여를 표방하고는 있으나 실제 토론에서 차지하는 비중이 미미할뿐더러 심지어 토론자에게 잠시 쉬는 기회를 주고 분위기를 바꾸는 역할에 불과한 경우도 적지 않다. 본디 텔레비전 토론은 사회적 현상이나 과정에 관해 여론을 조성하고 다양한 의견을 수렴함으로써 문제의 해결 방안을 모색하는 기능을 한다. 또한 의견을 제시하고 교환하는 과정에서 분석과 평가가 가능하며 수용자가 합의점을 찾거나 의사를 결정하는 과정에 기여하고 이를 통해 여론 통합을 주도한다. 그러나 이는 어디까지나 텔레비전 토론의 정기능을 말하는 것이며, 정기능만 수행할 경우 객관적 현실과 상징적 현실의 불일치를 가장 많이 좁힐 수 있는 이상적인 프로그램이 될 수 있다. 그러나 토론 주제나 진행에 있어 문제점을 지닌 상태에서 특정 사안에 대해 의도적인 정보 전달과 의견 교환을 행한다면 역기능이 초래되고 여론 형성에도 막대한 영향을 미치는 것이 당연하다. 텔레비전 토론이 미디어 정치 시대의 중요한 수단으로 인식되면서도 역기능에 대한 우려가 그치지 않는 것은 이 때문이다(유세경, 1996:187~207).

특히 텔레비전 토론 프로그램은 사람이 직접 나와서 충분한 설명이나 표현 방법, 설명요령, 감정의 표출까지 수반하여 자기 의견을 펼치기 때문에 다른 방송 형태보다 진실성의 면에서 덜 의심받고 의사 전달이 효과와 사회적 영향력이 더 강하다(호현찬, 1986:46). '진실에 대한 현실화' 과정으로서 텔레비전의 영상화 과정은 액면 동가(額面同價) 작업이며, 수용자는 자신이 송신자에 의해 조작당하고 있다는 사실을 인식하지 못한 채 영상 송신자가 전달하는 영상 메시지에 따라 현실구성을 하게 되는 것이다. 그러므로 텔레비전 영상은 현실과 유사하다는 조작력으로 대중적 합의를 이루게 하고 이 때 영상은 합의의 제조기(manufacturing of consensus)가 된다(이상희, 1976:14). 텔레비전 토론과 관련해 우리는 "텔레비전은 우리의 외부에 존재하는 현실(reality)을 있는 그대로 반영하기보다는 재생산하여 내며 따라서 텔레비전이 보여주는 '현실'은 우리가 머무는 '현실'과 구분된다. 오늘날의 우리는 현실의 텔레비전을 비롯한 영상 매체권 내에서 세상을 경험하고, 의미를 부여하며, 우리에게 의미 있는 현실을 구성한다."(J. Fiske, 1987:21)고 한 피스크(J. Fiske)의 지적을 늘 기억할 필요가 있는 것이다.

본 연구를 포함해 텔레비전 토론 관련 연구는 지금까지 언어 메시지를 중심으로 한 내용 분석 위주로 이루어져 왔다. 그러나 텔레비전이 제공하는 현실을 구성하는 요소, 즉 텔레비전 영상 언어와 관련해 이를 살펴보는 일도 매우 중요할 것이다. 그러므로 언어와 함께 비언어적 표현에 대한 더욱 세밀한 분석이 필요하다고 본다. 이것은 후속 연구가 관심을 가져야 할 분야라고 생각된다.

■ 참고 문헌

강태완(2002), "방송 3사 시사토론 프로그램의 형식, 구성 및 논증에 관한 연구", 한국방송학보 통권 16-1호, pp. 8~38.

국어국문학회 감수(2000), 밀레니엄 국어사전, 민중서관.

김훈순·김은정(2002), "사회적 공론장으로서 텔레비전 토론 프로그램: 장르 관습과 한계", 한국언론정보학보, 통권 18호.

나미수(2003), 공론장으로서 텔레비전 시사토론 프로그램에 대한 평가, 방송연구, 겨울호, pp. 108-142.

박익찬(2000), "텔레비전 토론 프로그램에서의 시청자 참여에 관한 연구", 연세대학교 언론홍보대학원 석사논문, pp. 12-14.

소현정(1996), "토론 프로그램의 제작과정에 대한 해석적 연구-KBS 1텔레비전 〈생방송 심야 토론: 전화를 받습니다〉 사례 연구", 이화여자대학교 대학원 석사논문, p. 3.

손 용(1989), 현대 방송이론, 나남.

소니아 리빙스턴, 피터 런트 지음, 김응숙 옮김(2000), 텔레비전과 공중, 커뮤니케이션북스, p. 77.

송종길(1992), "텔레비전 토론 프로그램의 현실 구성에 관한 연구", 중앙대학교 대학원 석사학위 논문.

유선영(2001), 말의 간섭: 텔레비전 토론 프로그램의 본원적 양가성. 프로그램/텍스트 제4호, pp. 115-130.

유세경(1996), 매스미디어와 현대정치, 나남, p. 187-207.

이동신·박기순 편저(1996), 정치 커뮤니케이션 원론, 법문사, p. 99.

이상회(1983), TV방송과 대중문화, 전예원, p. 143.

이상회(1976), 텔레비전 인간론, 배영사, p. 14.

이석종(1997), "선거 텔레비전 토론방송의 형식에 관한 연구-시민사회의 정치참여 확대도구로서의 기능을 중심으로", 동국대학교 정보산업대학원 석사논문, pp. 12-13.

이효성(1997), 대통령선거와 텔레비전 토론, 나남, p. 57.

전규찬(2001), "방송법, 방송위 출범 1년과 방송: 텔레비전 토론 프로그램", 신문과 방송 7월호, pp. 37-41.

팽원순(1998), 매스커뮤니케이션 법제이론, 법문사, p. 136.

허경호(2001), "'골치아픈 토론'에서 '재미있는 토론'으로", 관훈저널 봄호.

현대원(1998), "텔레비전 공익광고의 이데올로기적 성격연구", 서강대 신문방송학과 석사논문, p. 30.

호현찬(1986), "시청자 참여 프로그램의 개발", 방송위원회, 방송연구 가을호, p. 46.

Alger, D(1996)., *The media and politics, 2nd ed.*, NY:Wadsworth, p. 9.

Curan, J(1991)., "Rethinking the media as a public sphere". in Dahlgren, P. and Sparks, C. (eds.), *Communication and citizenship: Journalism and the public sphere in the new media age*, London: Routledge.

Ellis, J(1982)., *Visible Ficture: Cinema, Television, and Video*, London: Routledge & Kegan Paul, p. 167.

Fiske, J(1987)., *Television Culture*, London: Methuen, p. 21.

Jensen, J(1981)., *Argumentation: Reasoning in communication.* New York: D. Van. Nostrand. p. 6.

Jensen, J. V(1981)., *Argumentation: Reasoning in Communication.* Belmont, CA: Wadsworth Publishing Company.

Jamieson, K. & Birdsell, D(1988)., *Presidential debates: The challenge of creating an informed electorate*, New York : Oxford University Press, pp. 11-15.

Livingston. S. M. & Lunt, P. K. 1994, Talk on Television.

Rieke. R. & Sillas M(1993)., *Argumentation and critical decision making*, 3rd ed., New York: John Wiley & Sons., p. 33.

Sydney W. Head(1976), *Broadcasting in America*, 3rd ed, Houghton Mifflin Co, Boston, pp. 345-347.

제 6 장

방송인의 호흡과 발성

박 경 희

1. 들어가는 말

2002년 3월을 기해 디지털 위성 방송이 본격적으로 실시되면서 현재 '스카이 라이프'를 통해 150여 개의 채널이 송출되고 있고 여기에 인터넷 방송까지 가세하면서 다매체 다채널로 방송 환경은 급변하고 있다. 또한 디지털 미디어의 발달과 디지털 콘텐츠의 융합으로 DMB(digital multi-media broadcasting)는 새로운 방송의 영역으로 부상하고 있다.

2004년 3월 국회에서 방송법 개정안이 통과되고 이동 통신과 방송이 융합한 DMB 시대가 본격적으로 열리면서 이제 자동차는 물론 휴대 전화를 통해서도 방송을 시·청취할 수 있는 신개념의 방송 시대가 열렸고 이처럼 발달한 현대 영상 미디어 시스템은 맥루한(McLuhan)이 예견한 대로 시공을 초월하여 지구 전체를 하나의 촌락으로 묶고 있다.

마셜 맥루한(Marshall McLuhan)의 "미디어는 메시지이다."라는 명제가 어떤 의미를 지니는지 우리는 자세한 설명이 필요 없을 정도로 실감

하고 있는 것이다. "미디어는 메시지이다."라는 말이 의미하는 것은 곧 방송 매체는 이제 삶의 한 부분이자, 삶 속에서 계속 이어지는 이야기란 뜻일 것이다. 물과 공기처럼 제 2의 환경이 된 방송은 위의 예에서 보듯이 더욱 강화된 편재성(ubiquity)으로 매체의 영향력이 인쇄 매체의 그것을 능가하고 있다. 또한 디지털 영상미디어의 등장과 인쇄 미디어의 퇴조로 대표되는 현대 커뮤니케이션 미디어의 패러다임의 변화는 인쇄 메시지보다 구어적인 음성 영상 매체의 중요성을 부각시켰다. 이와 같은 미디어 패러다임의 변화와 궤를 같이하며 미디어의 전면에 나서서 송신자와 수신자를 메시지를 통해 연결시키는 방송 커뮤니케이터(음성 전달자)는 미디어 중심화 사회로 변모하는 이 시대 속에서 그 중요성이 증대하고 있는 것이다.

방송의 궁극적인 목표는 정확하고 명료한 메시지를 송출하여 그 내용에 대한 '수용자의 이해'를 목적으로 하고 수용자의 이해를 얻었을 때 비로소 그 메시지는 전달력을 획득하게 된다. 매스커뮤니케이션 과정에서 보이지 않는 대중에게 커뮤니케이터가 메시지를 전달할 때 '수용자의 이해'를 목적으로 한 '전달력'을 확보하는 데는 여러 제약이 따른다. 청각에만 의존해서 전달되는 방송 메시지 가운데 가장 대표격인 '라디오 뉴스'를 예로 들면 뉴스 캐스터는 항상 다음과 같은 조건을 고려하여야 한다.

① 방송 메시지의 전달은 기본적으로 음성 언어로 전달된다.

② 제한된 시간 안에 일회적으로 메시지 전달이 완수되어야 한다.

③ 되도록 많은 메시지를 전달해 수용자의 알 권리를 충족시켜야 한다.

④ 메시지 전달 과정에서 잡음의 발생을 최소화해서 효율적인 전달이 이루어져야 한다.

이상의 조건을 고려하면 메시지의 효율적인 전달은 메시지의 구성과 전달 방식에 크게 좌우되는데 그 중에서도 음성 언어로 전달되는 메시지 전달에서 방송 뉴스는 매체의 속성상 시간의 제약이라는 근본적인 취약

점을 가지고 있다. 이처럼 시간의 제약을 받는 음성 언어를 이용한 정보의 전달에서 일반인들과는 다른 화법을 구사하기 위해서 방송인의 호흡은 어떻게 하여야 더욱 효율적으로 내쉬는 숨을 활용할 수 있고 바로 그 발성 원리를 바탕으로 일반인과는 다른 더욱 자연스러우면서도 세련된 발성과 발화를 할 수 있는지 알아볼 필요가 있다.

2. 방송인의 호흡

자신의 목소리가 어떻게 발동되어 나오는지, 이후 성대를 거쳐 구강을 비롯한 조음 기관의 협업으로 소리가 만들어지고, 다음 단계로 구강 안쪽과 비강 인두강 등의 공명으로 소리가 완성되어 나오는 메커니즘에 대해 아는 방송인은 정작 드물다고 할 수 있다. 아나운서 하면 대개 선천적으로 좋은 목소리를 타고 난 사람이라고들 말하지만 대부분은 연습을 통해 효과적인 음성 기술을 익힌다. 아무리 표준어권에서 태어나 자란 사람이라 하더라도 나쁜 발음 습관 등 특유의 버릇을 가지고 있으므로 자신의 장단점을 파악하는 일이야말로 아나운서 입문의 첫 번째 단계일 것이다.

좋은 발성은 태어나는 것이 아니라 만들어지는 것이다. 예전에는 타고 난 미성의 소유자여야 아나운서를 할 수 있었으나 최근의 경향은 지나치게 깊고 울림이 좋은 목소리가 반드시 환영받지는 않는다. 부드럽고 울림이 적당하며 분명한 발음의 소유자, 즉 들어서 유쾌하다고 느낄 정도면 아나운서로서 손색이 없는 목소리를 가지고 있다고 해도 무방하다.

2.1. 뉴스 낭독 속도와 호흡의 관계

방송인의 호흡에 대해 설명하기에 앞서 먼저 일상 생활에서의 호흡의 개념과 방송에 임하는 경우 호흡의 개념이 다소 다르다는 점을 인식할 필요가 있다. 뉴스 낭독의 경우 일반인들이 일상 회화에서 구사하는 전달 속도보다 통상 2~3배 빠른 속도로 오독 없이 유창하게 억양을 살려 읽어야 하는 전문 작업이다. 그리고 정보 메시지 전달에서는 문장 내용이 논리적으로 귀결되지 않는 곳에서 숨을 쉬게 되면 정보가 왜곡될 소지가 있다. 바로 이와 같은 이유로 일반인의 호흡과 전문 방송인의 호흡은 차이가 있다. 현재 뉴스 전달 속도에 대한 연구는 극히 적은 수에 불과하나 아나운서실 한국어 연구부에서 발표한 논문31집(1991)은 1분당 라디오 뉴스의 평균 속도는 345 음절로 5% 내외의 개인 편차를 인정하고 있다. 한편 박경희(2004년)에서는 라디오 뉴스의 경우 현재 뉴스캐스터의 성별과 연령별 차이는 있지만 1분당 전달 속도가 평균 370 음절 내외라고 밝혔다. 이처럼 전달 속도가 빠르기 때문에 호흡에 대한 정확한 지식이 없이 방송에 임하는 것은 기초가 없이 건물을 짓는 것에 비유할 수 있을 것이다.

방송하는 데 있어 빠른 전달 속도는 흥분을 야기시켜 전달자는 호흡의 운위에 무리가 생기고 수용자에게 있어 공포나 약탈의 느낌으로도 표현될 수 있다. 반면에 속도가 너무 느리면 송신자 측에선 시간의 제약을 갖는 방송의 특성 상 제공되는 정보의 양이 적어지고 수용자 측에선 커뮤니케이터의 유창성이 떨어지면서 리듬과 운율 면에서 활기가 부족하다고 느끼게 되어 주의 집중이 분산된다. 한정된 시간 내에 전달하는 정보의 양과 전달력이라는 두 가지 조건을 두루 만족시키는 최접근점(optimal point)을 만족시키기 위해 방송 커뮤니케이터는 항상 다음 사항에 유념하여야 한다.

① 메시지를 정확히 전달할 것
② 1대1인 방식으로 수신자로 하여금 그가 읽는 것을 이해하고 믿게 하는 것

③ 메시지에 활력을 불어넣을 것

④ 메시지를 전달할 때 힘을 실어 낭독함으로써 수신자의 주의를 유지
　하는 것

　말은 음악과 같다. 특히 정보를 전달하는 방송 언어의 경우 일정한 속도와 소리의 세기와 높이, 길이 등 운율적인 특성이 나타나 말의 억양이 생기므로 자연스럽게 듣는 사람에게 리듬감이 느껴진다. 이처럼 언어와 음악이 유사점이 있기에 뉴스를 청취하는 것은 음악 감상에 비유될 수 있다. 이석원(1994:59)에서는 음악과 인간의 심리와의 상관 관계를 다음과 같이 밝히고 있다.

　첫째, 인간은 음악적 자극에 대해 생리적 심리적 반응을 나타낸다. 예를 들면 빠른 음악을 들으면 심장의 박동이 빨라지고 이에 따라 매사에 의욕이 생긴다는 것이다. 둘째, 음악을 듣는 수용자는 외관상 정태적이나, 머리 속으로는 쉴 새 없이 이해하고 저장하고 있으며 다가올 음악적 사건을 예측하고 있고 그들의 마음 또한 계속적으로 움직이고 느껴 가면서 음악적 상을 그려 간다는 것이다. 셋째, 감상 행위는 선천적 재능이나 후천적 경험의 질과 양에 따라 이해의 정도에 차이가 있다는 것이다.

　이를 뉴스를 듣는 수용자의 입장에 대입하면 뉴스 속도가 빠르면 생동감이 느껴지고 규칙적인 리듬감으로 수신자의 주의를 계속적으로 집중시킬 수 있는 반면 음가의 탈락과 생략으로 인해 정확한 발음이 훼손되어 메시지가 왜곡될 가능성이 많다. 그리고 지나치게 속도가 빠르면 심장의 박동이 빨라지면서 숨이 차 흥분 상태가 지속되면서 불안해진다.

　한편 속도가 너무 느리면 전달된 메시지의 이해도는 높으나, 단조롭고 지루한 느낌이 들어 매력이 없고 전달되는 정보의 양이 줄어들게 된다. 또한 뉴스 청취 역시 수신자의 지적 능력과 이해도 간에 깊은 상관 관계를 가지고 있고 수신자가 단순히 수동적인 입장이 아니라 쉴 새 없이 적극적으로 머리 속에서 정보를 분석하고 판단한다. 따라서 음악 감상자에

게 있어 속도가 중요하듯이 뉴스를 비롯한 정보의 전달에 있어 음성 표현 속도가 수신자에게 미치는 영향이 크고 특히 청각에만 의존하는 라디오 뉴스에서 전달 속도는 메시지의 효율적인 전달에 큰 변수로 작용한다.

2.2. 호흡 기관에 대한 이해

인간의 발성 구조는 대단히 놀라운 장치라고 할 수 있다. 동물들은 성대를 이용해서 단지 짖거나 돼지처럼 꿀꿀대는 소리만을 낼 수 있지만 인간은 성대를 이용해 노래를 할 수 있고 믿을 수 없을 만큼의 다양한 소리를 내며 말소리로 타인과 의사 소통한다. 발음 기관은 말소리 생성에 관여하는 신체 기관을 말한다. 주요 발음 기관으로는 폐, 기관(氣管), 후두(성대 포함), 인두(목구멍), 코, 턱, 그리고 입(연구개, 경구개, 이, 혀, 입술 등을 포함)이 있다.

여기서 폐는 발동에 주로 관여하는 발동 기관이고, 후두나 성대는 발성에 관여하는 발성 기관이며, 입과 턱 등은 조음 기관, 인두강과 구강 비강은 공명 기관에 해당한다.

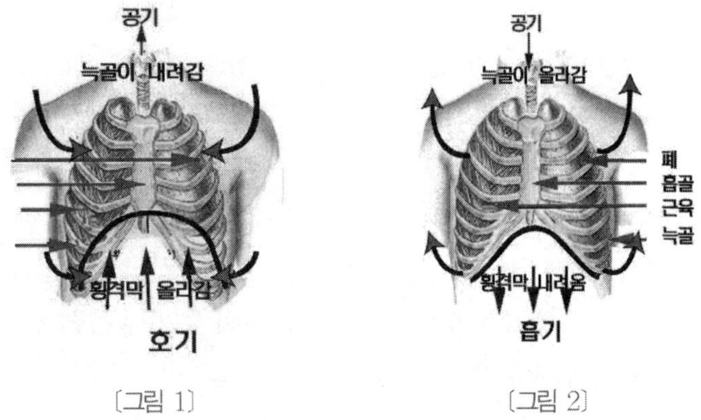

〔그림 1〕　　　　　〔그림 2〕

보통 호흡이라고 하면 들숨(吸氣)와 날숨(呼氣)를 말한다. 그 중에서 대개의 언어는 날숨 즉 내쉬는 숨결의 바탕에서 만들어진다. 물론 아프리카 일부 지역의 언어는 들숨에서도 발화되는 예가 있다고 하지만 거의 모든 언어는 날숨에서 나온다. 그러므로 모음 /ㅏ/를 발음하다가 숨을 멈추면 모음이 더 이상 발음되지 않으며, /ㅏ/를 발음하면서 손을 입에 대면 따뜻한 입김이 나오는 것을 느낄 수 있다. 폐에서 발동된 기류는 공기의 흐름에 불과할 뿐 말소리의 성격은 띠지 않는다. 또한 폐는 공기로부터 산소를 얻어내지만 스스로 공기를 빨아들이거나 배출하지 못하고 주로 가슴 아래 부분에 넓게 걸쳐 있는 근육인 횡격막에 의해 수행된다.

그림에서 보다시피 흡기(吸氣, 들숨) 때에 갈비뼈(늑골)는 올라가고 횡격막은 내려가면서 내장을 아래로 밀어내므로 가슴 밑에 복근이 불룩 앞으로 나오게 되는 반면에 호기(呼氣, 날숨) 때에는 갈비뼈는 내려가고 횡격막은 올라가면서 흉강에 있는 공기가 압축되어 기관을 통해 바깥으로 배출된다. 즉 자연스럽게 숨을 들이쉴 때는 배가 나오고, 내쉴 때는 배가 들어가게 된다. 그런데, 많은 사람들이 복식 호흡의 중요성을 강조하면서 복식 호흡에 대한 오해를 갖고 있는 부분이 있다. 성악가는 물론 방송인의 호흡은 '흉복식 호흡'이다. 가슴과 배가 따로 분리되어 있는 것이 아니므로 자연히 숨을 쉬면 같이 연동되어 움직이게 된다. 그러나 방송 특히 뉴스 낭독의 경우 한 호흡에 읽어야 할 글자 수가 일반 대화 때 보다 많기 때문에 들이쉰 숨을 한꺼번에 소진시키지 않고 천천히 비교적 일정한 속도로 내쉬면서 그 호흡에 실어 발화해야 하기 때문에 복식 호흡을 강조하는 것일 뿐이다. 앞부분에서 이미 제시했듯이 뉴스 낭독의 경우 1분당 평균 350~370 음절 내외를 읽어야 하고 그러려면 사람의 1분당 평균 호흡수가 대략 14~18회 정도이니까 한번 호흡에 20 음절 정도 읽어야 한다. 거기에 일상 대화의 경우는 숨차면 아무 때나 숨을 쉬어도 별 문제가 되지 않지만 뉴스 낭독의 경우 문장 내용이 논리적으로 끝나지 않은 곳에서 아나운서 마음대로 쉬어 읽으면 일종의 방송 사고라고 인식되기 싶다. 그러기에 여타의 방송 분야 가운데서도 뉴스 낭독이 힘들다고 하는 것이다.

이와 같은 이유로 흉복식 호흡을 통해 많은 숨을 확보하고 되도록 효율적으로 일정한 속도로 내쉬면서 발화하는 것이 요령이다. 너무 빨리 숨을 내쉬어 명치 부분이 급격히 가라앉는 경우와 숨을 내쉴 때 어깨가 급격하게 밑으로 처진다든지 배 앞 부분이 꺼지면서 허리가 구부러지는 경우 등은 특히 주의해야할 점이다. 아래 사진은 바람직한 복식 호흡의 모습이다(2003년 KBS의 김희수 아나운서를 모델로 촬영함.).

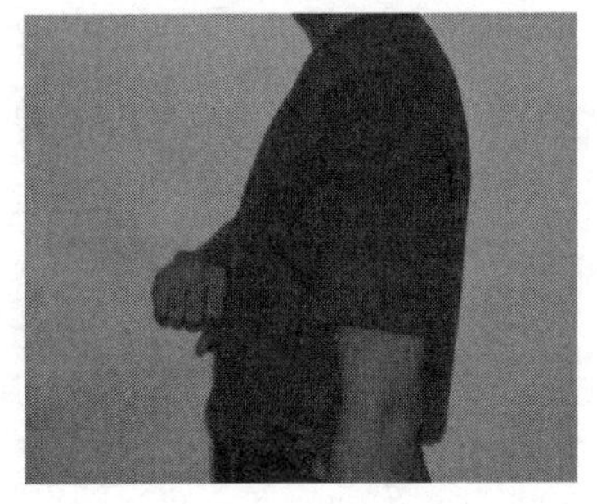

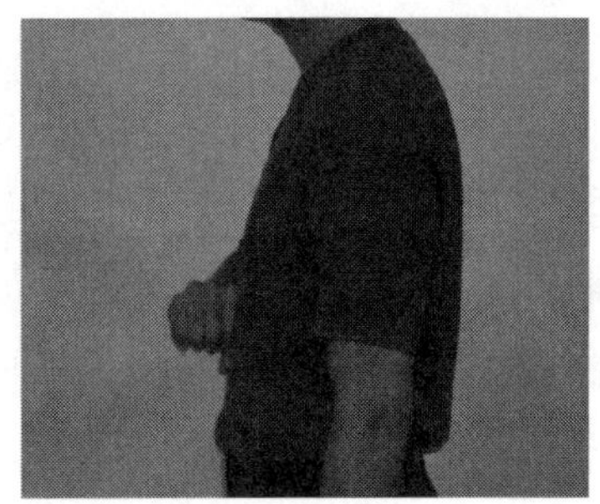

〔그림 3〕 숨을 들여 마실 때 윗배의 모습 　　〔그림 4〕 숨을 내쉴 때 윗배의 모습

2.3. 자세와 호흡법

작가이면서 미국의 케네디 대통령과 존슨 대통령, 유명한 영화배우 알 파치노 등을 지도했던 발성 치료가인 데이빗 블레어 맥클로스키(David Blair McClosky)는 '자세는 목소리를 좌우하는 가장 중요한 요소'라며 바른 자세의 중요성을 강조했다. 맥클로스키는 두 발을 편안히 벌리고 무게 중심을 엄지발가락 쪽으로 둔 상태에서 등을 편안하게 펴서 등과 엉덩이가 벽에 대었을 때 일직선으로 닿는다는 느낌으로 서 보라고 추천하

였다. 이 때 엉덩이에 힘을 넣지 말고 등은 곧게, 엉덩이는 힘을 빼고 발의 무게 중심은 앞부분에 둔 상태로 선다. 몸에 긴장이 과도하게 들어가면 안 된다. 이 때 어깨가 편안하고 목에 힘이 들어가지 않으면 좋은 자세이다. 아래 사진과 자신의 자세를 비교하여 보자.

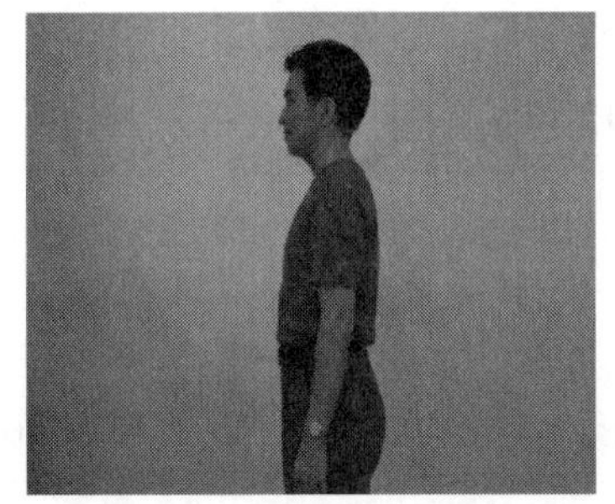

〔그림 5〕 측면에서 본 선 자세

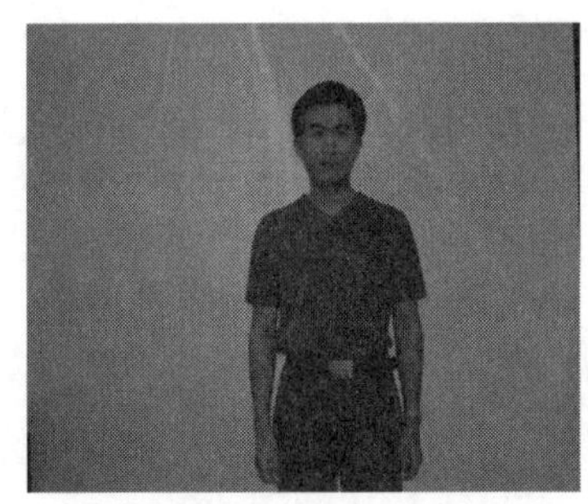

〔그림 6〕 정면에서 본 선 자세

이것을 다시 순서대로 정리하여 보면 다음과 같다.

① 텔레비전에 비친 나의 모습을 생각하여 보자. 네모난 브라운관에서 어깨선이 비뚤어진다면 보기 싫을 것이다. 어깨를 반듯하게 그렇다고 너무 힘이 들어가 올라가지 않도록 한다.

② 목에 긴장을 빼서 목에서 어깨로 흐르는 선이 유연하게 살아나도록 한다. 즉 머리가 앞으로 쏠리거나 뒤로 젖혀져서도 곤란하다.

③ 가슴을 너무 앞으로 내밀지 않는다. 또한 엉덩이에 너무 힘을 주어 등이 휘는 일이 없도록 한다. 몸 전체에 과도한 긴장은 금물이다.

④ 얼굴 표정은 눈으로 웃는 듯한 표정을 지어 본다. 사람이 긴장을 하면 어금니를 꽉 다무는 경우가 많은데, 이렇게 하면 무표정하면서 딱딱한 표정이 연출되므로 시청자가 볼 적엔 방송하는 사람이 화가 났다고 생각하기 쉽다. 입술을 꾹 다무는 표정이 아니라 상냥

하면서 숨을 살짝 들이마신다는 느낌으로 입술 사이에서 숨이 드나들도록 가볍게 다문다.

⑤ 양쪽 발은 너무 가까이 붙이지 말고 무게 중심은 발끝 엄지발가락 쪽에 둔다. 중심을 뒤꿈치에 두시면 엉덩이에 과도한 힘이 들어가 몸 전체가 경직되기 쉬워 자칫 뒤로 넘어지려고 할 것이다. 가슴이 아니라 배에 힘을 주어 무게 중심이 되도록 밑으로 가게 한다. 오뚝이가 넘어지지 않는 이치를 기억하면 이해가 쉬울 것이다.

이와 같은 자세에서 이제 숨을 쉬어 보자. 보통 초등학교 시절이나 남자들은 군대에서 가슴을 내밀어 숨을 쉬라고 교육받았지만 이것은 올바른 호흡법이 아니다. 올바르게 숨을 쉬어 보자. 흉식 호흡만도 아니고 복식 호흡만도 아닌 흉복식 호흡임을 명심한다.

갈비뼈에 손을 옆으로 짚고 숨을 들이쉰다. 이때 어깨가 올라가지 않아야 한다. 어깨의 위치는 올라가지 않고 갈비뼈가 마치 아코디언처럼 옆으로 퍼지면서 배가 앞으로 나와야 한다. 2초에서 3초 동안 정지해 있다가 숨을 내쉬는데 이때도 역시 어깨가 급격하게 내려가면 안 되고 숨을 고르게 내쉬면서 복부가 수축하는 것이 느껴져야 한다. 횡격막을 움직여서 복식 호흡을 하는지 알아보기 위해서 벽에 기대어 선 다음 다른 동료에게 본인의 복부에 주먹을 대보게 하면 숨을 들이 쉴 때 앞 복부가 나오고 내쉴 때 복부가 들어가는 것을 눈으로 확인할 수 있다. 물론 이 자세는 앉은 자세에서도 똑같은 효과를 발휘한다. 등을 곧게 펴고 배에 힘을 주는데 이 때 엉덩이가 바깥으로 나오면 안 된다. 즉 등에서 엉덩이에 이르는 선이 일직선이 되어야 한다. 예부터 위기 상황에서도 늘 침착하게 대처하는 사람을 일러 '뱃심이 두둑하다'는 표현을 쓰곤 했는데 뱃심이 두둑해야 발성도 안정되게 나오는 법이다.

3. 방송인의 발성

3.1. 발성 기관에 대한 이해

소리가 만들어지는 발성 기관은 대표적으로 후두와 성대를 들 수 있다. 후두는 성대를 직접 둘러싸고 있는 기관으로, 연골로 된 통 모양을 하고 있다. 여러 개의 연골 덩어리 구조로서, 연골의 하나인 갑상연골이 목 앞부분에 돌출되어 있기 때문에 쉽게 찾을 수 있다. 이 돌출 부위는 '아담의 사과(Adam's apple)'라 불리고, 남성에게서 더 돌출되어 보인다. 음식물을 삼키는 동안 후두는 갑상연골의 뒤쪽 윗부분에 있는 후두개를 자동적으로 아래로 움직여, 음식물이 기관(氣管)과 폐로 가는 것을 막는다. 폐에서부터 후두를 통과한 기류는 말소리의 기본 성격을 띠기는 하지만 특정 음가를 가진 말소리로는 바뀌지 않는다. 아래의 그림을 보면 발성과 관련된 각 기관들을 일목요연하게 파악할 수 있을 것이다.

성대는 후두의 한 부분으로서, 후두의 중심부에서 갑상연골과 피열연골을 연결하는 한 쌍의 길쭉한 근육이라고 할 수 있으며, 폐에서 나오는 공기의 흐름을 조절하는 장벽이 된다. 성대의 작동은 발성할 때 폐로부터 나온 기류가 성대의 아랫면에 충돌하면서 이루어지는데 그 압력에 의해 닫혀 있던 성문이 열려 압축되어 있던 기류가 탈출하고, 그런 다음 다시 성문은 닫히게 된다. 이러한 열림과 닫힘이 주기적으로 일어나는 과정을 통해 성대가 진동하게 되는 것이다.

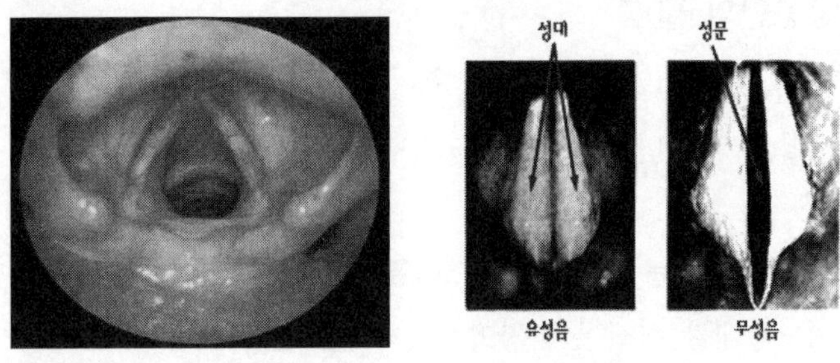

[그림 7] 깊은 호흡을 할 때 성대의 모습   [그림 8] 성대와 성문의 모양

그림을 보면서 설명을 하면 좀 더 이해가 빠를 것이다. 앞에 왼쪽 그림에서 보다시피 발성하지 않고 깊게 숨을 쉬는 상태에서 성대는 열려 있다. 성대는 영어로 vocal chords라고 하지만 사실상 끈이라기보다는 늘어났다 오므라들었다 하는 주름 벽이라고 할 수 있다. 발성을 하는 동안 두 주름 벽은 서로 부딪치면서 공기의 흐름을 방해한다. 공기는 100분의 1초나 1000분의 1초 정도의 대단히 짧은 시간 내에 파열을 일으키며 두 주름 벽(성대) 사이를 빠져 나오는데 이 순간의 파열이 공기의 진동을 만들어 내고 이렇게 성대에 가해지는 긴장과 기압이 다양한 소리의 높이와 크기를 만들어 내는 것이다. 보통 남성 목소리의 진동수는 1초당 100~150 회 정도이고 여성의 경우는 두 배 가량 많은 200~300 회 정도라고 알려져 있다. 그래서 여성의 목소리가 남자에 비해 목소리의 톤이 높은 이유가 바로 이 진동수가 많기 때문이다.

3.2. 발성의 실제

유능한 아나운서의 목소리는 타고난 부분을 아주 무시할 수는 없지만 대부분 후천적으로 만들어지는 것이다. 그러므로 발성기관에서 나온 소리를 어떻게 운용하여 둥글고 부드러운 듣기 좋은 울림을 낼 수 있는지 공명강에 대한 지식이 필요하다. 우리 몸의 공명기관은 어디이고 그 공명강을 어떻게 하면 잘 활용해 아름답고 풍부한 음성을 얻을 수 있는가, 발음과 공명기관의 상관관계는 어떻게 되는 것인지를 알아본다.

먼저 공명의 정의를 보면 하나의 발음체가 내고 있는 세력을 다른 발음체가 흡수해서 울림이 증폭된다는 것을 의미한다. 원래 성대의 진동으로 생긴 소리는 작고 음색이 거의 없다. 이 소리가 공명강을 지나면서 울림이 커지고 성대에서 생긴 진동이 전달되어 배음이 첨가됨으로써 음이 더욱 아름답고 크게 되는 것이다. 만약 금관악기에서 마우스피스를 떼어내고 분다면 단지 작고 높은 삑삑대는 소리만이 나올 것이다. 그러나 마우스피스를 붙이면 관속의 공기를 진동시켜 풍부한 공명음을 얻어 소리 전체가 보다 울림이 깊어지고 힘차게 느껴지게 된다. 현악기에서도 마찬가지이다. 좋은 바이올린의 비밀은 공명판에 있다고 하지 않는가? 그런데 이와 비슷한 효과가 사람의 목소리에서도 생긴다. 악기의 공명판 역할을 하는 인체구조가 바로 구강과 인두강, 비강이라고 할 수 있다. 물론 넓은 의미에서 본다면 우리 몸 전체가 공명강이라고 할 수 있으나 직접적으로 목소리의 특성을 좌우하는 가장 기본적인 공명기관은 바로 앞에서 지적한 세 가지가 중요하다. 그리고 그 중에서도 소리의 질을 직접적으로 좌우하는 공명강은 바로 인두강과 구강이다.

3.2.1. 인두강

인두강은 성대의 바로 위에서 시작하여 구강과 비강으로 연결되는 기관이다. 즉 알기 쉽게 말하면 목구멍이다. 그리고 인두강은 앞쪽에는 후두, 뒤쪽에는 식도로 연결되는 공통로이기도 하다. 공기는 인두강을 지나 양 갈래 길에 도달하게 되는데, 한쪽은 구강으로 들어가는 길이며, 또 하나는 비강으로 들어가는 길입니다.

인두의 구조를 보다 자세히 알아보면 코의 뒷부분에서 성대의 윗부분으로 이어지는 긴 튜브처럼 생긴 공간이다. 인두는 3부분으로 나뉘어 지는데 상인두, 중인두, 하인두로 상인두(Naso Pharynx)는 코의 뒷부분에 위치하고, 중인두(Oro Pharynx)는 구강 뒤에 위치하며, 하인두(Laryngo Pharynx)는 중인두 밑에서 성대 위까지를 말한다. 성대의 진동에서 생긴 음파는 인두를 제일 먼저 통과하면서 음의 색깔이 생기고 소리가 커지게 된다. 특히 상인두는 두개골의 밑 부분에서부터 연구개까지 연결되어 있는데 바로 이 연구개와 상인두가 소리의 질을 좌우한다고 할 수 있다. 연구개는 무른 입천장으로 음식물을 삼킬 때 코로 들어가는 것을 막는 마개 역할을 하는 곳으로 끝 중앙에 목젖이 있다. 우리가 흔히 방송하는 사람이 콧소리가 나면 안 된다고 하는데 콧소리는 연구개가 비강과 상인두를 닫지 못하고 아래로 처지면 구강의 많은 부분이 막히게 되어 소리가 코 속으로 빠지면서 나는 소리를 말한다. 혹시 콧소리가 난다는 지적을 받는다면 본인의 발성 습관이 잘못된 것은 아닌가 한번 돌아 볼 필요가 있을 것이다. 즉 지나치게 어리광 부리는 듯한 소리를 내지는 않는지, 코 끝에 힘이 들어가거나 연구개를 너무 내려 말하는 습관이 있는지 살펴보아야 한다.

인두강(목구멍)과 구강이 효과적인 공명강 구실을 하기 위해서는 혀의 위치가 중요하다. 혀의 위치에 따라 이들 두 공명강의 크기가 변화하기 때문이다. 또한 턱의 위치나 입을 벌리는 정도, 연구개의 위치, 입술과 치아, 혀가 입천장이나 치아에 닿는 위치(조음점) 등에 따라 모음의 발음이 달라지고 자음의 발성에도 미묘한 변화를 주게 되는 요인이 된다. 자세에 대해서 설명할 때 미소 띤 표정에 대해서 언급하였는데 입을 다물고 윗니와 아랫니가 닿지 않게 입안이 열려 있다는 느낌을 갖고 미소를 지면 목구멍 안이 열리는 느낌을 받을 것이다. 즉 입천장이 둥글게 되고

눈 밑에 근육이 생기 있게 올라가는 느낌으로 소리가 울릴 수 있는 공간이 훨씬 많이 확보되는 효과를 볼 수 있다. 정리해 보면 소리의 질을 결정하는데 있어 목구멍을 충분히 열고 턱을 내려 입을 위아래로 벌리고 발성하면 입안과 목안에서 공명되는 공간이 충분히 확보되므로 음질이 더욱 풍부하게 된다.

3.2.2. 구강

구강은 단순한 공명강의 구실뿐만 아니라 자음과 모음 같은 말소리의 분화를 일으키는 중요한 기관으로 구강의 크기와 모양은 혀의 위치에 의해 결정된다.

구강은 위치가 고정되어 있는 수동부와 자유롭게 움직일 수 있는 능동부로 나눌 수 있다.

① 능동부: 아랫니, 혀 등 주로 아래턱 위에 있는 부위
② 수동부: 윗니, 잇몸, 입천장 등 주로 구강의 윗부분에 있는 부위

발음을 지도하는 분들이 흔히 정확한 발음을 하기 위해서는 입을 크게 벌리라는 주문을 하는데 위에서 보다시피 실상은 아래턱을 움직이라는 뜻이다. 턱의 위치와 움직임은 소리에 큰 영향을 미친다. 후두와 혀, 턱에서 두골까지 이어지는 근육들은 모두 턱에 직접적으로 관련이 있고 턱의 움직임에 따라서 단어의 형태나 발음 그리고 소리의 울림까지도 달라진다. 예를 들어 '드라마' 라는 3음절을 주걱턱과 같은 입 모양을 하고 (아래턱을 다소 내밀고 입을 덜 벌려) 발음하여 보고 제대로 입을 정확히 벌려 발음해 보면 소리의 질이 달라짐을 확연하게 느낄 수 있을 것이다.

턱이 긴장하면 후두 근육도 긴장되고 구강에서의 공명 공간이 수축돼

부드럽고 둥근 소리가 나지 못한다. 물론 턱의 긴장은 자세와도 밀접한 관계가 있어 어깨가 편안하게 내려가고 배에 힘이 들어가 자세가 바르게 되면 자연 턱도 편안해지게 된다. 이제 거울을 보면서 평소 본인이 발음할 때 얼마나 아래턱을 움직여 발음하는지 아니면 단지 입술만을 움직여 답답한 소리가 나는지 확인하여 보자.

성악가들의 경우 고음을 낼 때 턱을 들지 않는다. 턱을 들면 불필요한 힘이 들어가고 오히려 입을 제대로 열지 못하게 하므로 우렁찬 소리가 나오지 못하기 때문이다. 방송인들도 마찬가지이다. 뉴스를 낭독할 때도 턱을 들고 방송하는 초보자들이 많지만 턱은 낮추고 입을 보다 크게 벌리면 성대의 긴장이 풀리고 목구멍 안쪽이 넓어져 (공명강이 넓어져) 훨씬 음색이 아름답고 풍부한 질 좋은 목소리를 낼 수 있다. 그런데 어떤 경우 이렇게 얘기하면 너무 턱을 안으로 끌어당겨 발화하는 경우가 있는데 턱을 너무 몸 쪽으로 끌어당겨 발성하면 깊은 목소리가 나오는 대신 듣기에 따라 걸걸한 역겨운 소리가 나올 수 있으니 조심하여야 한다.

구강은 실제로 발음이 만들어지는 조음 기관으로 혀와 치아의 만남, 혀와 잇몸의 만남, 혀와 입천장의 만남의 위치에 따라 발음의 정확도가 결정된다. 대개 발음을 불분명하게 하는 사람들을 보면 혀의 위치가 정확하지 않은 경우가 많다. 요즘 젊은 사람들 중에 의외로 혀 짧은 소리를 하는 경우가 많은데 실제로 혀가 짧은 경우는 거의 없다. 다만 혀를 충분히 내어 발음하지 않는 나쁜 습관 때문이라고 할 수 있지요. 예를 들어 치음(齒音)인 '시옷'을 발음할 때 혀가 윗니나 윗잇몸에 닿을 정도로 혀가 나와야 하는데 게을러 입천장 정도에 붙으면 혀 짧은 소리가 나게 된다. 요즘 젊은 여성들에게서 특히 이와 같은 유형의 발음을 하는 것을 종종 발견할 수 있는데 올바른 발음을 하기 위해서는 혀의 부지런한 움직임과 정확한 조음점을 알아야 한다.

3.2.3. 비강

비강은 구강에 비해 소리를 공명시키기에 불리하다. 왜냐하면 호흡이 빨리 유입되기 어렵고 공간이 크지 않고 복잡하기 때문에 음을 증폭시키기가 어렵기 때문이다. 또한 방송하는 사람에게 콧소리는 경계하여야 할 소리이기 때문에 사실상 비강 공명은 조심스러울 수밖에 없다. 그렇기 때문에 비음인 ㄴ, ㅁ, ㅇ 의 경우를 제외하곤 발성할 때 소리가 코로 빠지지 않도록 주의하여야 한다. 그러기 위해서 입을 좀 더 위아래로 벌리고 목구멍을 둥글게 하여 구강과 인두에서 공명이 되도록 하는 것이 좋다. 코는 폐를 손상하지 않기 위해 유입되는 공기를 걸러 주고 따뜻하게 하는 역할을 한다. 코로 유입되는 들숨의 상태에 따라 콧물의 양이 조절되므로 방송인은 온도의 변화에 유의하여야 한다. 특히 먼지나 담배 연기 등 오염된 공기는 코와 성대를 자극하므로 피하여야 한다.

3.2.4. 모음의 발성

모음은 소리가 날숨에 실려 나올 때 입안에서 통로의 막힘이 없이 나오는 발음이다. 대표적인 발음을 보면 '아', '에', '이', '오', '우'로 모두 유성음이다.

각각의 모음은 제각기 다른 입 모양과 발음의 위치에 따라 달라진다.

① 입술 모양에 따라
  - 평순모음(입술의 가장자리가 양 옆으로 늘어남.)
  - 원순모음(입술이 둥글어짐.)

② 발음할 때 혀의 조정되는 위치에 따라
  - 전설모음(혀가 앞쪽으로 조정됨.)

- 후설모음(혀가 뒤쪽으로 조정됨.)

③ 혀의 높낮이에 따라 고모음, 중모음, 저모음으로 구분한다.

대표적인 전설 평순모음은 '이' 이고 입을 벌려 발음하는 '아'는 개모음이면서 후설모음의 대표 격이라고 할 수 있다. 이처럼 혀의 높낮이와 앞뒤의 위치, 입을 벌리는 정도에 따라 모음의 발음이 달라지는 정도를 그림으로 표현한 것이 모음 사각도 이다. 발음 기호는 국제 음성 기호(IPA: International Phonetic Alphabet)로 표기한다.

거울을 꺼내어 '아' '에' '이' '오' '우' 라고 입 모양을 정확히 벌려 보자. 그리고 평상시 본인의 발음 습관을 떠올리면서 비교해 보자. 쑥스럽게 새삼 무슨 거울이냐고 할지 모르겠으나 단점을 알아야 고칠 수 있다. 거울을 보면 특히 힘든 발음이 '우' 발음이다. 대부분의 젊은 사람들의 경우 '우리'라고 발음하지 않고 '으리' 라고 발음하는 것을 볼 수 있다. 입을 좀 더 오므리고 앞으로 내밀어야 정확한 '우리'가 된다. 방송은 제한된 시간에 빠르게 정보를 전달하는 극히 숙련되고 전문적인 작업이다. 일상 회화와는 다르게 기계적인 장치를 거쳐 on-air 되기에 방송인이 오독하거나 음가가 탈락 또는 생략돼 잘못 입력되면 정보가 왜곡되기 쉽다. 방송하는 사람은 항상 듣는 시청취자의 입장에서 내가 전하는 말을 상대방이 잘 알아들을 수 있는가 입장을 바꿔 생각하여 보아야 하므로 모음의 발성에 정성을 기울여야 한다. 다음 사진은 대표적인 모음 발음 〔아〕, 〔애〕, 〔에〕를 발음할 때 입 모양과 개구도(開口度)의 정도를 알기 쉽게 엄지손가락을 이용해 변별하는 방법을 보여 주고 있다.

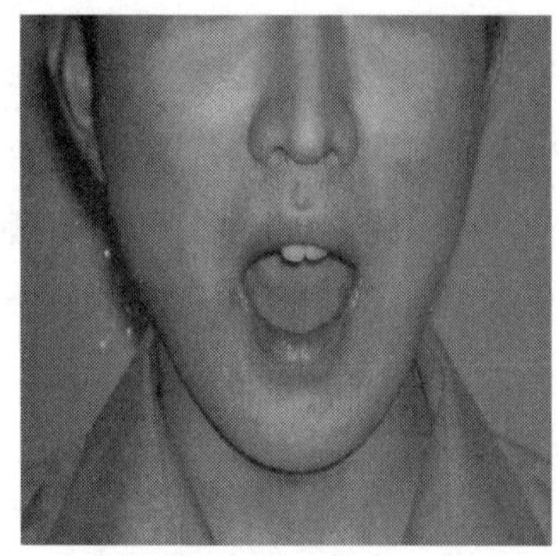 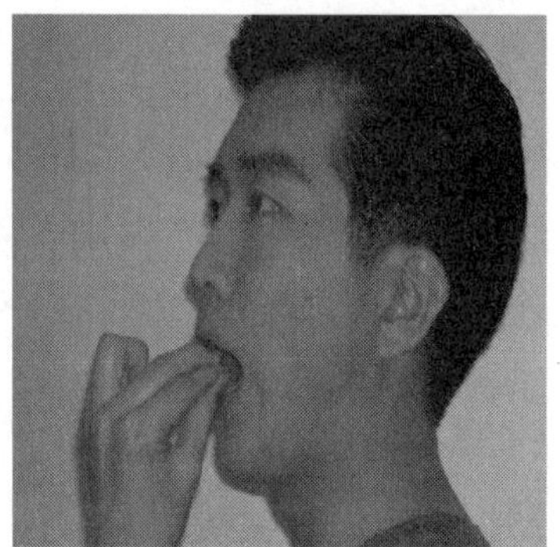

〔그림 9〕 모음 〔아〕의 입모양 - 엄지와 검지를 마주 댄 위에 중지를 얹어 입에 살짝
물고 발화한다.

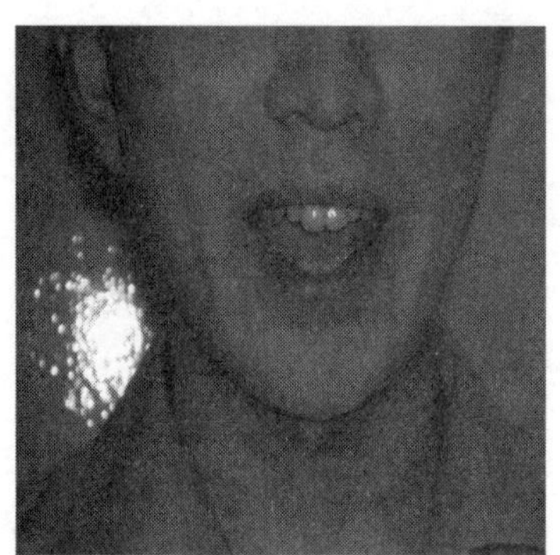 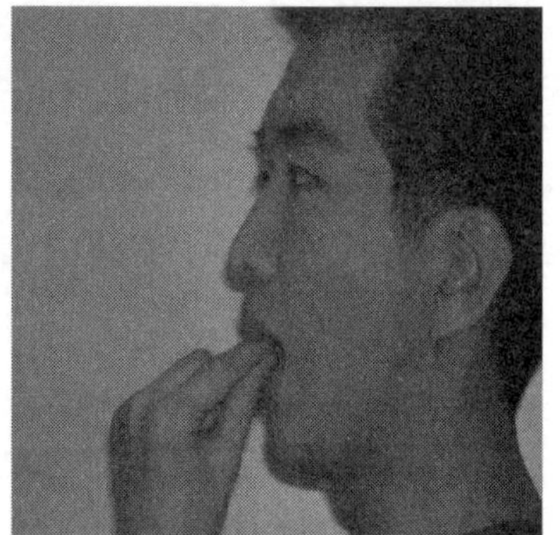

〔그림 10〕 모음 〔애〕의 입 모양 – 엄비와 검지를 대고 입에 살짝 물고 발화한다.

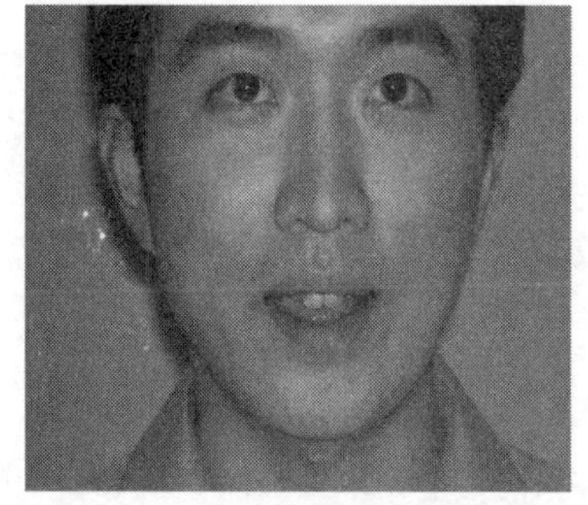 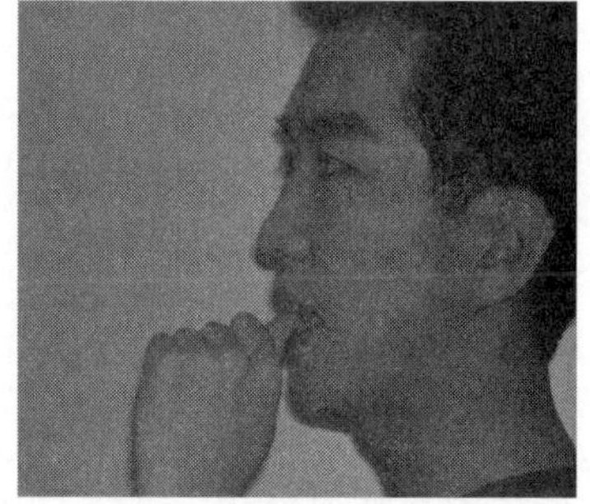

〔그림 11〕 모음 〔에〕의 입 모양 - 엄지 하나만을 입에 넣고 살짝 물고 발화한다.

3.2.5. 자음의 발성

자음은 발성할 때 날숨의 흐름이 입안에서 막히거나 좁아졌을 때 생기는 성질이 복잡하고 지속 시간이 극히 짧은 소음이라고 할 수 있다. 즉, 목, 입, 혀 따위의 발음기관에 의하여 장애를 받으면서 나는 소리로 자음은 조음 위치와 조음 방법에 따라 다음과 같이 분류할 수 있다.

① 조음 위치에 따라

　　양순음 (ㅁ,ㅂ,ㅃ,ㅍ)
　　치조음 (ㄷ, ㄸ, ㅌ, ㅅ ,ㅆ ,ㄴ ,ㄹ)
　　경구개음 (ㅈ, ㅉ, ㅊ),
　　연구개음 (ㄱ, ㄲ, ㅋ, ㅇ)
　　성문음 (ㅎ) 이 있으며

② 조음 방법에 따라

　　파열음(ㅂ,ㅃ,ㅍ,ㄷ,ㄸ,ㅌ,ㄱ,ㄲ,ㅋ)
　　파찰음(ㅈ,ㅉ,ㅊ),
　　마찰음 (ㅅ,ㅆ,ㅎ)
　　유음(ㄹ)
　　비음 (ㄴ,ㅁ,ㅇ) 등이 있습니다.

③ 대표적인 자음 : ㄱ,ㄴ,ㅁ,ㅅ,ㅇ

자음 발음에 있어서는 특히 혀의 위치가 중요하다. 치음인 '시옷'의 발음을 혀의 움직임이 게을러 입천장에 닿게 발음하면 혀 짧은 소리가 나오게 된다. 〔이제〕를 발음하면서 〔이줴〕라고 발음하는 등 우리말 음가에 없는 영어식으로 발음하는 것을 경계하여야 한다. 또한 〔사랑〕이라고 순한 예사소리로 해야 할 발음을 〔싸랑〕으로 〔소주〕를 〔쏘주〕 등 된소리로 잘못 발음하는 경우를 볼 수 있다. 또 한 가지 지적하고 싶은 점은 성문음인 'ㅎ'의 발음인데 힘이 실리지 않고 발음하면 바람이 빠지는 듯한 소리가 난다. 즉 예를 들면 드라마 등에서 애교를 떨면서 어리광 부리는 듯한 발성이나 앓는 소리를 내는 것과 같은 발성을 떠올리면 이해가 쉬울 것이다. 미국에서는 대표적인 성문음 (기식음)으로 마릴린 몬로의 목소리를 예로 든다. 보다 분명한 입 모양과 적절한 호흡의 기본을 바탕으로 지나치게 힘이 들어가지도 빠지지도 않게 힘을 안배하는 테크닉이 필요하다.

4. 방송인의 목 관리

건강하여야 좋은 목소리를 유지한다는 것은 불변의 진리이다. 장시간 방송하면서 오는 발성기관의 피로는 물론 자주 목이 쉬고 심해지면 염증까지 유발해 급기야는 성대 결절에 이를 수 있다. 그러므로 지나치게 혹사하는 것은 몸이나 목소리나 반드시 피하여야 할 사항이다. 올림픽에 출전한 기계체조 선수들이 단 10 여 초의 완벽한 동작을 구사하기 위해 4 년의 노력을 기울이듯이 아나운서 역시도 비록 단 몇 초의 방송 일망정 평상시 최상의 컨디션을 유지해서 언제 어디서 방송을 해도 최상의 품질이 나올 수 있도록 항시 대기하고 있어야 한다. 다음은 평상시 목 관리를 위해서 유의하여야 할 부분이다.

① 충분히 쉬어야 한다.

몸이 피곤하면 목소리에 그대로 나타난다. 목이 지치면 소리의 톤이 올라가고 힘이 없게 된다. 늘 지친 목소리로 일을 하게 되는 아나운서는 결국 아나운서를 그만두게 되거나 전직할 수도 있다. '맑은' 소리를 유지하기 위해서 자주 소금물 등으로 목을 씻어 주면 좋다. 소리의 톤을 지나치게 낮게 잡아 성대를 긴장시키기보다는 무조건 쉬는 것이 유일한 치료법이라고 할 수 있다. 먼저 충분히 수면을 취하고 목소리를 많이 쓰는 일을 하기 전에는 충분히 쉴 수 있는 시간을 확보하도록 한다.

② 운동을 보약 먹듯이 한다.

운동은 심장과 폐를 강화시키고 지구력과 전체적인 힘을 길러준다. 말을 들으면 그 사람이 충분히 휴식을 취했는지 아니면 피곤한 상태인지 알 수 있다. 운동을 하면 보다 생기 있게 말을 할 수 있고 방송하는 데 힘을 준다. 또한 방송을 하는 것도 일종의 운동이니까 예비 운동을 하면 훨씬 더 잘 될 것이다. 먼저 목 부분을 검지와 중지 손가락을 이용해 부드럽게 마사지 해준다. 편도선 위치 부근의 턱 밑을 말한다. 다음 엄지와 검지를 이용해 턱을 잡고 입을 열었다 닫았다 반복하면서 턱 운동을 하여 준다. 이와 같은 동작은 방송을 하다가도 목이 아프다고 느낄 때 반복하면 목의 긴장이 일시적으로 감소되는데 도움을 준다. 그러나 제일 좋은 것은 쉬는 것이다.

③ 영양학적으로 균형 잡힌 식사를 하는가 돌아보자.

지방은 많고 영양가는 낮은 음식을 섭취하면 신체적으로 피로해지기 쉽고 병에 걸리기도 쉽다. 곡물류와 과일의 탄수화물은 단백질과 함께 에너지를 공급하고 건강을 유지하는데 도움을 준다. 지방을 많이 섭취하지 말고 영양학적으로 균형 잡힌 식사를 하는 가 돌아본다. 그리고 보면 방송인들이 시간에 쫓겨 흔히 햄버거 등 패스트푸드로 대충 한 끼를 때우는 경우가 많은데 귀찮더라도 제대로 된 식사를 하는 편이 훨씬 좋다. 만일 과체중이라면 체중 감량 프로그램을 실시하여야 하지만 살을 빼기 위한 일시적인 다이어트는 효과도 없고 건강을 해칠 수 있다.

④ 금연은 필수이다.

과도한 흡연으로 인한 자극은 발성 기관에 해를 주고 목소리를 크게 손상시킬 수 있을 뿐 만 아니라 건강에도 위험하다. 지속적인 흡연은 성대와 후두를 자극함으로써 가래를 생성하게 하여 기침을 유발한다. 흡연을 오래 하게 되면 성대의 주름 벽에 영구적인 손상을 초래할 수도 있다. 더 나아가 폐가 손상돼 호흡이 흐트러지게 되고 발성에 힘이 줄어들게 된다.

⑤ 적당한 습도를 유지한다.

성대 조직이 습기를 잃게 되면 손상되기 쉽다. 물을 수시로 마실 것. 그리고 실내에서도 겨울철에는 가습기를 가동하면 좋다.

⑥ 가능하다면 목소리를 높이는 대신 마이크를 활용하자.

보통 방송은 대화체로 진행된다. 물론 시청자는 불특정 다수로 수백만 이 될 수도 있겠지만 보통 한 가정에서 텔레비전을 시청하는 가족의 구성원이 4~5명 정도 되므로 방송도 역시 너 댓 명이 대상이다. 따라서 방송을 하는 사람이 웅변하듯 화법을 구사하면 이상하다. 마이크를 활용하고 소리는 지르지 말자.

⑦ 감기에 걸렸을 때는 가급적 방송을 하지 않는 것이 좋다.

감기에 걸렸을 때 무리하게 목소리를 사용하는 것은 성대에 더욱 염증을 일으키게 하기 쉽다. 또한, 가래를 뱉기 위해 습관적으로 잔기침을 하는 것은 성대를 지속적으로 자극하는 일이므로 피하여야 한다.

⑧ 우리의 몸 전체를 긴장의 신호로 파악한다.

몸의 어느 한 부분이 스트레스를 받으면 이 역시도 목소리에 영향을 준다. 몸 전체의 자세가 편안하여야 발성 역시 편안하게 나올 수 있기 때문이다. 지나치게 하체에 힘을 주거나 앞가슴이 과도하게 앞으로 나오는 자세는 피한다.

5. 유사언어

유사언어(paralanguage)는 언어 자체는 아니지만 언어에 준한다는 의미에서 준언어라고도 한다. 언어적 내용과 분리된 음성적 요소로서 발음과 목소리의 음조, 강세, 전달 속도, 목소리의 크기, 억양 등을 포함한다. 사람들은 제각기 다 다른 성문(聲紋, voice print)을 가지고 있기 때문에 누구라도 그 목소리만 듣고서 그 사람이 누구인지를 구분해 낼 수 있다. 동시에 사람의 목소리는 음조(tone), 강세, 전달 속도, 목소리의 크기, 억양 등에 의해서 얼마든지 그 메시지에 변화를 줄 수 있다는 특성을 지닌다. 예를 들어 똑같은 "싫어"라는 말이라도 고함을 지르듯 큰 소리로 말할 때의 의미와 가볍고 명랑한 목소리로 말할 때의 의미는 서로 다르다.

대개 사람의 목소리에는 그 사람의 감정 상태가 반영되어 있다. 평소보다 큰 목소리는 화가 났음을 알리는 신호이고 평소보다 작은 목소리는 기운이 없거나 의욕이 없음을 나타낸다.

이러한 맥락에서 본다면 발화된 모든 언어적 메시지는 결코 중립적일 수 없다. 항상 유사 언어적인 요소에 의해 영향을 받기 때문이다. 똑같은 발화라도 그 의미는 목소리의 음색, 억양, 각 단어들에 주어진 강세 등에 의해 결정된다. 또 발화된 언어적 문장이 함축하고 있는 내용 역시 목소리의 음색, 억양, 각 단어들에 주어진 강세에 의해 결정된다. 이중에서도 매스 커뮤니케이션 과정에서 효율적인 메시지 전달과 밀접한 관련이 있는 유사 언어의 유형을 살펴보면 다음과 같다.

5.1. 발음

한국어의 발음 음가는 모음 음가가 21개, 자음 음가가 19개로 총 40개의 음가를 갖고 있다. 그 중에서도 정확한 발음을 좌우하는 것은 모음의 음가에 달려 있다. 시간의 제약을 받는 방송 언어는 공급자 측면에선 유창성이 있어 더욱 많은 정보를 전달하여야 하고 수용자 측면에선 보다 잘 이해될 수 있어야 하는 전달력을 동시에 담보하여야 한다.

입말과 글말이 다른 근본적인 차이는 문자가 아무리 자세하게 음성을 옮겨 적어도 말을 할 때에 수반되는 소리의 세기나 높낮이, 길이의 길고 짧음과 같은 운율적 자질은 제대로 표현할 수 없다는 것이다.

'발음'이라고 하면 말의 높이와 세기, 길이의 개념 모두를 아우르는 운율적 자질의 총체적 개념이 담겨 있다. 운율적 자질은 개개인이 말을 구사하는 방식이 다르다고 인식하게 하는 중요한 변인이면서 전달력을 좌우하는 주요 요인이기도 하다. 경상 방언과 호남 방언이 서울말과 다른 이유 중에는 사용하는 어휘가 다르고 발음도 다르지만, 소리의 높낮이를 다르게 구사하고 음절의 길이를 다르게 구사해서 악센트의 위치가 바뀌고 억양이 바뀌게 되는 데 주로 기인한다. 특히 이중모음의 음가를 정확히 발음하기 위해서는 충분한 시간이 필요하다. 장음을 모음 지속 시간이 충분하도록 발음하면 첫째는 의미의 변별력이 뚜렷해지고 둘째는 말에 품위가 더해진다. 특히 뉴스 방송처럼 빠른 속도로 불특정 다수의 사람들에게 메시지를 전달하는데 장단음을 구별하여 발음하는 기법은 훌륭한 도구이다. 〔발:〕과 〔발〕, 〔광:주〕와 〔광주〕, 〔영:동〕과 〔영동〕 등에서 볼 수 있듯이 똑같은 표기로 같은 높낮이와 같은 길이로 발화하면 그 뜻의 변별이 힘들지만 첫 번째 음절 오른편에 세로로 점 둘을 찍어 길고 높게 발음하면 두 단어의 뜻은 확연히 다르게 살아난다. 즉 '발'의 경우 전자는 햇빛을 가리는 차양막의 역할을 하는 것이고 후자는 신체의 일부 즉 足을 의미한다. 또한 '광주' 역시 전자는 경기도에 있는 廣州를 후자는 전라도 光州를 뜻한다. '영동' 역시도 전자가 충청북도에 위치한 永同이라면 후자는 강원도 嶺東 지방을 뜻하게 된다. 모음 발음의 차이는 의미의 변별뿐만 아니라 우리말의 억양까지도 좌우한다. 즉 장단음의 차이가 리듬의 차이까지도 초래한다. 긴 음절은 주로 그 안에 들어 있는 긴 모음 때문에 길게 나는 것이므로 긴 모음이 들어 있는 낱말은 그 긴 모음이 나타나는 음절을 중심으로 한 특유의 리듬을 형성하는 것이다. 또한 단지 길게만 발음하는 것이 아닌 높낮이의 차이도 있는데 대개 우리말에서 긴 모음은 길고 높게 발음된다. '어:른' 과 '어린이'라는 단어를 비교해 보면 첫음절의 문자는 똑같이 '어'로 동일하게 표시되지만 운율적인 면에서는 〔ㅓ:〕 의 음가는 〔ㅓ〕와 확연히 다르다. 조음점이 다르기에 긴 〔ㅓ:〕 는 보다 높게 발음되면서 길게 발음된다.

그러면 긴 홀소리와 짧은 홀소리의 길이의 비율은 어느 정도 일까? 보통 1.5:1 내지 2.5:1 의 비율로 나타나나 일반적으로1.8:1에서 2:1 정도로 실현하면 무리가 없는 것으로 간주한다(박경희, 2003). 그런데 최근 들어 점점 이 길이가 짧아지는 경향을 보이고 있다.

5.2. 쉼

낭독에 있어 문장이 길어서 한 호흡으로 다 읽을 수 없거나, 의미, 발음의 문제로 인해 중간에 잠시 쉼(pause)을 두는 것을 '끊어 읽기'라고 한다. 방송에서 끊어읽기는 의미 전달의 효율성, 발음의 정확성, 흐름의 자연스러움, 운율 등에 깊은 영향을 미치는 요소로 끊어 읽기를 잘못하면 문장 내용이 엉뚱한 의미로 변질된다. 쉼은 다음 세 가지로 변별한다.

① 문법적 쉼 간격: 마침표나 쉼표 등의 문장 부호에 의해 문법적으로 끊어 읽기를 하게 되는 쉼 간격

② 논리적 쉼 간격: 논리적 모순이 없는 범위 내에서 문장을 더 세분해 끊어 읽는 논리적인 쉼 간격

③ 심리적 쉼 간격: 매끄러운 낭독을 위해 감성적으로 청자(聽者)를 이해시키기 위한 심리적 쉼 간격

끊어 읽기 역시 호흡과 밀접한 관계가 있다. 아래는 같은 내용의 문장에서 pause 위치에 따라 메시지 내용이 전혀 달라지는 예이다.

*오늘 / 아이가 / 아프다   오늘 아픈 것은 (아이).
*오늘 / 아 / 이가/ 아프다   오늘 아픈 것은 (이).
*오 / 늘 /아이가 / 아프다   (아이)가 늘 아픈 것이 유감임.

5.3. 말의 빠르기

대개 사람들의 말하는 속도는 일 분에 120~180개 단어 정도이다. 그러나 이 말하는 속도는 말하는 상황, 메시지의 난이도, 청자의 이해 수준, 화자의 정서 상태나 감정 상태에 따라 얼마든지 달라질 수 있다. 말하기 속도는 보통 발음의 길이(duration), 쉼(pause), 간투사(interjection) 등의 사용 여부에 의해 결정된다.

말의 빠르기는 감정과 태도를 반영한다. 빨리 말하는 사람은 흥분을 전달하며 표현이 풍부하고 설득적이다. 하지만 너무 빨리 말하는 것은 듣는 사람을 긴장하게 만들고 불안감을 준다. 반면 느리게 머뭇거리면서 말하는 사람은 뭔가 둔하고 열의가 없다는 인상을 준다.

말의 속도는 종종 출신 지역을 반영하기도 한다. 일반적으로 대도시에서 성장한 사람들은 지방에서 성장한 사람들보다 빠른 속도로 이야기하는 경향이 있다. 그런가 하면 말의 속도는 사회 계층적인 특성을 드러내 주기도 한다. 대개 신분이 높고 힘을 가진 사람일수록 낮은 음성으로 천천히 이야기하는 경향이 있다.

5.4. 음조

성대를 조이면 목소리의 높이가 올라가게 된다. 기쁨이나 두려움, 분노 등의 긴장된 감정은 목소리를 높아지게 한다. 우울하거나 피곤할 때, 침착할 때 성대는 이완하게 되고, 음조(tone)는 낮아지게 된다. 음조는 일상적인 대화에서도 변화하지만 긴장된 감정을 표현할 때 극단적으로 변화하게 된다. 대개 낮으면서도 강력한 음조는 듣는 이로 하여금 힘을 느끼게 한다.

같은 내용의 말이라도 음조를 달리하여 전달하면 각기 다른 의미로 해석된다. 이때 목소리의 음조는 상대방에게 여러 가지 가능한 해석들 가운데서 어떤 것을 선택해야 할 것인가에 대한 단서로 기능한다.

5.5. 강세

강세(stress)는 음절이나 단어 도는 어절에 얹히는 고저(pitch)에 의해 실현되며 뜻을 이해하고 운율을 결정짓는 중요한 역할을 한다. 지역에 따라 말이 다르다고 느끼는 가장 큰 요인이며 외국인이 우리말을 할 때 이상하게 느껴지는 가장 중요한 요인이기도 하다. 주로 강조나 대조를 위해 사용된다. 강세에는 단어 내에서의 강세와 문장에서의 강세가 있다. 즉 한 단어 중 어느 한 음절의 고저, 세기로 표현되는 단어 안에서의 강세의 예를 들면 민주주의라는 단어에서는 첫 음절에 강세를 두어야 표준어 억양이 된다. 또한 문장 안에서의 강세는 핵심어의 위치에 강세를 두는 경우이다. 만일 '준영이가 학교에 오지 않았어요' 라는 문장이 발화될 경우, 화자가 어떤 단어에 강세를 주느냐에 따라 매우 다양한 의미를 나타낼 수 있다. '준영이가'에 강세를 주게 되면 '학교에 오지 않은 사람은 영희나 민수가 아닌 준영이에요'라는 의미로 해석되지만 '학교에'의 부분에 강세가 주어지면 '준영이는 학교가 아닌 다른 어떤 곳에 갔어요' 라는 의미로 해석된다.

5.6. 목소리 크기

말의 할 때 우리는 일정 크기의 목소리를 유지하며 상황에 따라서 그 크기를 조정한다. 특정 내용을 강조하는 경우, 자신의 의사를 분명히 표현하는 경우, 화가 난 감정 등을 표현하는 경우에는 목소리가 자연히 커진다. 그렇지만 별다른 강조점이 없거나 실망하거나 지친 경우에 목소리는 자연히 작아진다. 대개 큰 목소리는 열정적이고 확신에 찬 이미지를 나타내는 반면 공격성이나 과장된 자아 등을 드러내 준다. 이에 비해 작은 목소리는 무기력과 나약함, 열등감 등의 이미지를 나타낸다. 어떤 경우에 크게 말하고 작게 말할 것인가, 또 어느 정도로 크거나 작게 말할 것인가 하는 판단의 문제는 개인에 따라 다르다.

5.7. 억양

억양이란 소리의 높낮이의 이어짐에 의해 이루어지는 일정한 유형(pattern)이라 할 수 있다. 이 억양에는 대개 발화의 의미와 태도가 드러나 있기 때문에 이를 잘 이해해야 정확한 의미를 전달할 수 있다. 통상 사람들은 어느 언어의 한 문장을 듣게 될 때 초기에는 단어들로 분리해 내지 못하며 아이들이 말을 배울 때도 역시 마찬가지로 단어에 도달하기 전에 먼저 친숙해지는 것은 모국어의 가락이다. 어느 나라 언어도 높낮이의 변화 없이 발음되지 않는다. 전혀 모르는 언어를 들을 때 우리가 감지하는 것은 오직 계속해서 변화하는 높낮이 뿐이다. 이와 같이 계속 변화하는 말소리에 수반되는 높낮이를 '억양'(intonation)이라고 하는데 한 특정 언어의 억양은 다음의 특성을 갖고 있다.

① **억양은 의미를 가진다** : 동일한 문장이라도 억양의 변화에 따라 다른 의미를 갖는다.

② **억양은 체계를 가지고 있다** : 문장의 의미에 차이를 갖게 하는 억양의 종류는 한정되어 있고 억양의 유형은 각기 독특한 기능과 관련을 맺고 있다. 억양에는 평서문 억양과 의문문, 명령형, 청유형의 억양이 각각 다르다.

③ **각 언어의 억양은 각기 고유의 특성을 가지고 있다** : 각 언어는 그 언어

고유한 유형과 그에 따른 고유 기능을 가지고 있어 외국인이 현지 언어
를 배울 때 모국어의 억양에 실어 발음하므로 외국인임을 느끼게 하는
주 요인이 된다. 동일한 문장이라도 억양을 상승조로 하느냐 하강조로
하느냐에 따라 의문문도 되고 평서문도 된다. 이 경우 억양은 문자의 유
형을 결정하는 문법적 기능을 담당하고 있다. 또 억양은 이러한 문법적
의미 외에 화자의 태도를 드러내기도 한다. 하강 억양은 완결의 의미를
나타내고 상승 억양은 미완의 뜻을 나타낸다.

▣ 참고 문헌

강신항(2003), 훈민정음 연구, 성균관대학교 출판부.

김방한(2001), 언어학의 이해, 민음사.

김상준(1997), 방송 언어 연구, 커뮤니케이션 북스.

김선철(1994), "국어 악센트 연구의 방향", 언어학 16, 한국 언어 학회.

김영훈(1998), 우리말 한자어의 장단음, '전파를 타고 40년' 중앙 인민 방송국 조선어부 編 민
    족출판사.

김차균(1998), 음운학 강의, 태학사.

김혜정(2001), 발성법 강의 노트, 도서출판 작은 우리.

리상벽(1964), 화술 통론, 조선 문학 예술 총동맹 출판사.

리상벽, 김수희, 신덕홍(1988), 방송원 화술, 예술 교육 출판사.

문영일(1996), 호흡과 발성, 청우.

민현식(1999), "방송과 언어", 이주행 편 방송 화법, 역락출판사.

박갑수(1983), "방송언어 연구의 문제점과 개선 방안 연구", '방송 조사 연구보고서' 2월호.

_____(1987), "방송 언어 변천사", KBS 아나운서실(한국 방송 사업단).

_____(1996), 한국 방송 언어론, 집문당.

Daniel.Steinberg(1993), 박경자 역, 심리 언어학 입문, 한신문화사.

박경희(2003) "방송언어의 운율적 자질에 대한 고찰-고저 장단의 상대값 비교를 중심으로-", 한
    국어 연구 논문 54집, KBS 한국어 연구.

_____ (2004) "유사언어가 방송 메시지 전달에 미치는 영향에 관한 연구", 성균관 대학교 언론
    정보 대학원 석사 논문.

박성창(2000), 수사학, 문학과 지성사.

서재원(1986), "복합어 및 파생어에 있어서 발음 문제".

_____(1991), "뉴스문장의 이해와 음성표현", '아나운서교본'(KBS).

성철재(1996), "방송언어 어휘에 대한 언어학적 고찰", '한국어 연구 논문 45집', KBS 한국어
    연구회.

손덕호 역(1995), 엔리코 카루소와 테트라찌니의 발성법, 청우.

손종섭(1999), 우리말의 고저장단, 정신세계사.

안수길(1986), "음성 합성기술의 발달", '한국어연구회 논문집 15'(KBS).

유재원(1987), "방송언어의 음성학적 특성", 방송언어 변천사, KBS 아나운서실.

이규항(2000), "한국어의 고저 장단", 'KBS 한국어연구회 編, 21세기 아나운서 방송인 되기,
    한국 방송 출판.

이주행(1986), "방송화법의 문제점과 개선 방안", KBS 한국어 연구회 논문 11집.

_____(1995), "방송 출연자의 언어 사용 양상", '국어교육 89호', 한국 국어교육 연구회.

이주행, 이규항, 김상준(1998), 표준 한국어 발음 사전, 지구문화사.

이창덕 외(2000), 삶과 화법, 도서 출판 박이정.

이철수(1985), "방송 언어와 표준 발음", 방송 언어 변천사, KBS 아나운서실.

이현복(1973), "현대 한국어의 악센트", 서울대 문리대 학보, 19권 합병호(통권 28호).

_____(1983), "한국어 표준 발음의 현황과 음성 교육의 중요성", 한국어 연구 논문 3집, KBS 아나운서실.

_____(1986), "말소리의 합성과 인식을 위한 음성 언어학적 고찰", '한국어 연구 논문 3집', KBS 아나운서실.

이호영(1991), "한국어의 리듬", '한국어 연구 논문 28집', KBS 아나운서실.

전영우(1976), "방송어의 현황과 문제점", 한국 아카데미 총서 5.

_____(1986), "방송언어의 순화 방안에 대한 연구", 방송조사 연구 보고서 10.

지민제(1993), "방송언어의 억양에 관한 실험 음성학적 연구", 한국어 연구 논문 35집, KBS 아나운서실

_____(1996), "한국어 말소리의 길이' 한국어 연구논문 45집, KBS 아나운서실 한국어연구회.

KBS 한국어 연구회 연구 논문 31집(1991), "방송 언어의 속도에 대한 연구", KBS 아나운서실.

한국 방송 70년사(1997), 한국 방송 협회.

황희영(1979), 한국어 음운론, 二友 출판사.

Carl Hausman, Lewis O'Donell, Phlip Benoit(2000), "Announcing-broadcast communicating today"4th edn, Wadsworth Thomson Learning.

Craig R. Smith(1998), "Rhetoric and Human Consciousness", Waveland Press, Inc.

제 7 장

인터뷰

유 애 리

1. 인터뷰란 무엇인가

인터뷰는 기자의 취재 과정과 실제 보도의 인용에서, 시사 다큐멘터리와 매거진 타입 프로그램의 제작 과정에서 정보를 얻기 위한 인서트용 인터뷰로, 인터뷰로만 이루어지는 독립 프로그램, 토론 프로그램, 전화 인터뷰 등으로 흔하게 볼 수 있다. 이처럼 인터뷰는 대다수 프로그램에서 필수적인 구성 요소이면서 프로그램의 성패를 좌우한다.

인터뷰와 비슷한 '대담'은 목적하는 큰 틀에서 흐름을 타고 이야기하는 여유로운 분위기이지만 '인터뷰'는 계획적인 접근과 파고드는 적극적인 질문 공세로 목적한 것을 이끌어내는 언어적 압박 수단이라고 할 수 있다. 대담은 그 자체로서 기승전결이 되고 완성품이 되지만 인터뷰는 서로 미리 알고 있는 분명한 목적이 있고, 나아가야 할 방향이 명확하게 설정되어 커뮤니케이션의 양적인 측면에서 인터뷰는 3:7 정도로 답변자의 분량이 많다(박소웅, 2005).

인쇄 매체와 마찬가지로 방송에서도 인터뷰는 매우 까다롭다. 취재, 구성, 독립된 프로그램에 이르기까지 질문을 통해 핵심을 추린 답변을 얻어내 재미와 정보를 주어야 하기 때문이다. 주제에 따라서는 방송으로 소화하기에 부담스러운 인터뷰가 될 수 있고, 무책임한 답변이나 분명치 않은 답변, 지루한 내용으로 흐를 수 있다. 어떤 질문을 해 어떤 답변을 얻을 것인지가 쉽지 않은 문제이지만 방송 인터뷰가 큰 호소력을 갖는 것은 수용자가 당사자로부터 사실을 직접 들을 수 있기 때문이다. 출연 당사자의 말은 기사에 난 인용보다 더 큰 권위를 준다. 또한 인터뷰는 증언의 기능을 한다(배종대, 2003). 가장 확실하게 사태 파악에 도움이 된다.

인터뷰 진행자는 자신의 능력을 최대한 발휘하여 자신의 이익이나 관점, 선입견을 버려야 한다. 수용자를 위한 파수꾼으로서 보통 사람과 전문가 사이를 잇는 다리의 역할을 하여야 한다.

생생하고 유익한 정보를 끌어내는 인터뷰를 하기 위해서는 인터뷰 형태에 따라 어떻게 접근해야할지, 출연자에 대한 정보를 바탕으로 주제를 좁혀가며 그에 적당한 질문을 준비하고, 내용 흐름이 논리적으로 전개될 수 있도록 하고 함정을 피해가야 한다. 영국의 BBC는 직원 수습 때부터 기본적으로 3가지 인터뷰 유형을 가르치고 있다고 한다.

1. 하나의 주제를 탐색하는 탐색형 인터뷰
2. 수용자에게 사실을 알려주는 정보형 인터뷰
3. 인터뷰 응답자의 감정을 드러내는 감정형 인터뷰

위의 이 3가지 유형을 기본으로 하여 인터뷰 기술 전반에 다양하게 활용한다(이경자·이인희, 1997).

방송 인터뷰가 신문, 잡지 인터뷰와 구분되는 점은 커뮤니케이션 수단이 다르다는 것이다. 인쇄 매체 인터뷰는 문자를 매개로 한다. 주의 깊게 듣는 능력과 정확하고 적정한 어휘로 상대방의 말과 생각, 분위기를 전달하는 기술이 중요하다. 반면 텔레비전 인터뷰는 영상과 소리, 현장음, 효과음 등 다양한 전달 수단이 동원되어 정보의 현장성과 입체성을 높이는 형태로 진행된다. 라디오 인터뷰는 영상이 배제된 상태에서 순수하게 소리에만 의존하는 형태로 진행된다.

이러한 방송의 매체적 특성을 살리는 것이 방송 인터뷰를 성공으로 이끄는 길이다. 얼굴 표정, 몸짓, 옷차림 등 모든 상황이 전달하는 메시지를 통합한 다차원적 커뮤니케이션이 방송 인터뷰이다. 그래서 방송 인터뷰는 생방송이건 녹화이건 진행자는 출연자가 카메라, 조명, 시간 고지, 무대 공포 등을 잊고 생생한 대화 속에서 최선을 다해 말할 수 있는 분위기를 조성하여야 한다(박성희, 2003).

또한 인터뷰는 사람과 사람이 만나 인생살이를 대화로 풀어 가는 가장 인간적인 방송 형식이지만 제작진의 능력을 모아 만드는 결과물이라서 과정은 작위적이고, 논리적이며, 형식은 인공적이다. 가장 자연스럽기 위해 이런 부자연스러운 노력도 필요한 것이다(배기완, 2003).

세계의 저명한 정치인과의 인터뷰로 명성 높았던 오리아나 팔라치(Oriana Falllaci : 이탈리아의 저널리스트)는 "인터뷰는 매우 불확실한 것이다. 일종의 함정이다. 정직을 가장하기 위해 온갖 노력을 기울이지만 가장 정직하지 못한 것으로 전락할 수 있기 때문이다."라고 하였다. 한 인간과 어떤 상황을 파악하는 데 필요한 정도의 지능과 이해력, 상상력, 곤란한 질문을 던지는 용기를 지녔다 해도 인터뷰는 전후 맥락 속에 한 구절만 인용할 수 있는 함정에 빠질 수 있다는 것을 경계해야 한다고 강조했다. 대중에게 진실을 전달하는 인터뷰의 어려움을 간파한 대목이라 하겠다.

좋은 인터뷰란 설득하여 진실을 말하도록 하는 것이다.

테드 코펠(Ted Koppel:미 ABC방송의 앵커)은 적절한 질문을 빠짐없이 하는 앵커로 이 시대의 중요한 이야기를 잘 요리해 내는 감독이라는 명성을 얻었다. 그는 "인터뷰는 시청자를 납득시킬 수 있어야 한다. 지식의 편차가 심한 시청자들이 내용을 몰라 채널을 돌리는 일이 없도록 해야 한다. 주제에 대하여 진행자가 자신의 전문 지식을 함부로 과시해서는 안 된다."라고 하였다.

박영선(MBC 전 앵커)은 "인터뷰는 취재의 시작이자 끝이며, 인터뷰는 결국 농익은 와인의 향을 맡는 것과 같은 것"이라고 비유하기도 하였다.

인터뷰는 말만 주고받는 단순한 커뮤니케이션 행위가 아니라 인터뷰어의 전 인격을 드러내는 표현이다. 이런 의미에서 인터뷰는 가장 겸허하고 즉각적으로 신뢰와 정보를 얻어낼 수 있는 과학이라고 할 수 있다.

인터뷰 프로그램을 통해 결국은 출연자의 참모습이 수용자에게 전달되어야 하는데 프로그램의 시간적 제약이나 까다로운 출연자, 프로그램을 이용해 자신을 알리려는 출연자 등의 여러 가지 요인으로 성공적인 인터뷰를 하기가 쉽지 않다. 비록 아마추어 출연자라 하여도 스스로 감동하여 자신의 삶을 진솔하게 털어놓을 수 있는 열린 마음을 갖도록 하는 것이 중요한데 이런 상황은 제작진은 물론 진행자가 만들어 가는 것이다.

인터뷰는 진행 방법과 스타일에 따라서 유형이 정해지는데 어떤 형태의 인터뷰는 심각한 주제를 깊이 있게 분석하는 것으로 인터뷰의 재미를 보여줄 수 있다. 그러나 심각한 주제를 너무 평범하게 이끌어 가는 인터뷰는 아주 재미없게 된다. 인터뷰는 토론과 분석이 어우러지는 가운데 의미가 있어야 한다. 재미있고, 독특하며, 연관성이 있고 자극적인 답변까지도 얻어내는 인터뷰를 하기 위해서는 철저한 사전 준비가 필요하다.

2. 인터뷰 준비

방송 전에 자료를 얼마나 많이 수집했는가가 프로그램의 성패를 가른다.

방송 전 준비가 부족하면 방송 역시 서툴 수밖에 없고 시청자들로부터 외면당하게 된다. 사전 조사를 통해 많은 정보를 가지고 있게 되면 보다 지적인 인터뷰를 진행할 수 있다. 또 검증되지 않은 터무니없는 멘트나 실수를 피할 수 있다. 특히 출연자가 특정 상품이나 특정 단체와 이해관계를 갖고 방송을 이용해 자신에게 유리한 정보를 전하고자 하는 것이라든가 불완전한 정보로 왜곡 보도가 되는 것을 막을 수 있다. 자만심으로 준비 없이 인터뷰를 하여서는 안 된다.

다시 말하면 인터뷰는 항상 상대가 있고 대화로써 사전 계획된 질문을 통해 정보를 빼내야 한다. 일반적으로 "신문기자가 1시간의 인터뷰에서 40%만 질문을 적중하면 기사 작성을 흥미있게 하여 낼 수 있지만, 생방송이나 녹음, 녹화의 경우는 75%까지 적중한다 하여도 그 인터뷰는 아마 실패할 것이다"라고 한 비유가 있는 것을 보아도 방송 인터뷰가 어렵다는 것을 알 수 있다(문화방송국, 1991). 그러나 지나치게 짜여진 듯한 인터뷰는 평이한 방송이 되고 만다.

인터뷰 전에 두 번 세 번 반복된 질문을 받은 출연자가 방송에서 제대로 못하기도 한다. 출연자가 답하고 싶지 않은 질문을 피해 가는 기회를 주는 결과이기 때문이다. 카메라나 마이크가 켜지기 전 상태에서 인터뷰에 도움이 되는 내용이 나올 수 있다. 정보 수집 단계에서 얻은 내용보다 방송을 준비하는 동안 출연자에게 말을 건네면서 인터뷰할 내용을 정리하는 동안 새로운 정보를 건질 수 있기 때문에 방송 직전까지 인터뷰를 위한 준비는 계속되어야 한다.

2.1. 자료 준비

인터뷰 준비는 주제와 관계되는 자료를 찾는 것에서 시작되는데 기사나 인터넷 검색을 통해 구할 수 있다. 또한 주변 인물에게 물어보는 것으로 기본적인 정보를 얻기도 하는데 일상적인 대화에서 얻어낸 정보가 유용한 자료가 되기도 한다. 인터뷰 출연자의 감정과 태도, 사고방식, 호·불호, 편견을 알아두는 것도 중요하다.

2.2. 인터뷰 주제와 출연자 파악

인터뷰의 성공은 출연자 선정과 주제를 다루는 방식에 달려 있다. 방송 전에 출연자를 만나봄으로써 출연자가 지나치게 긴장하거나 자기주장만을 펴는 것을 방지할 수 있다. 방송 전에 인터뷰 내용에 대해 알려고 조바심을 내는 사람은 막상 방송이 시작되면 긴장해 말을 잘못하기도 한다. 이런 출연자에게는 지나친 관심을 주지 않는 편이 좋다. 방송 전에는 다변이고 수다스러웠던 사람도 막상 방송에 들어가면 돌변하여 거의 입을 떼어놓지 못하는 경우가 있다. 이럴 경우 친절하게 예행연습을 시키는 것은 바람직하지 않다. 방송 전에 출연자가 긴장감을 풀게 되겠지만 결과적으로 방송 중에 집중이 안 되어 출연자 본인이 불만족스러워할 수 있다. 반면에 아무런 사심 없고 어눌해 보이던 사람도 방송에서는 자기가 할 말을 조리 있게 다하는 경우도 있다. 이처럼 방송이라는 특수한 상황은 평소에 잘 드러나지 않던 그 사람의 성격의 또 다른 일면을 투사시키는 제2의 거울인 것이다.

그러므로 방송이 진행되는 동안 출연자가 방송을 의식하지 않고 이야기를 자연스럽게 털어놓게 되면 인터뷰 결과가 좋게 된다.

진행자는 출연자를 편안하게 대하여 주는 것은 물론, 출연자가 자신의 지식을 주제에 맞게 방송에 임하여 준 것에 고맙다는 표현을 하는 것이 좋다. 과묵한 출연자에게는 자신감을 가지도록 각별히 노력하여야 한다.

2.3. 워밍업

 방송 10분 전 정도에 출연자의 긴장을 풀어 주는 정도의 잡담을 해 워밍업을 하면서 감정 이입을 해 가는 순서가 필요하다. 감정 이입이 될수록 인터뷰에 성공하기 때문이다. 인터뷰를 하면서 일어나는 상황에 대해 상세하게 미리 말해두어 출연자를 편안하게 해준다. 방송국 스튜디오의 낯선 환경에 대한 설명을 하여 준다. 세트장 내의 소음이나, FD나 AD의 움직임에 동요하지 않을 것과 카메라의 움직임에도 놀라지 않도록 미리 주의를 주는 것이 필요하다. 간단히 제작팀을 소개하는 것도 출연자의 긴장을 풀어주는데 도움이 된다. 모든 것을 출연자의 입장에서 생각한다. 생소한 환경에 주눅들지 않도록 출연자를 배려하여 주는 것이 중요하다. 모니터 화면을 쳐다보지 않도록 카메라 동선을 일러주는 것도 진행자가 해야 할 일의 하나다.

 라디오 방송도 마찬가지이다. 음악이나 코드 음악이 나가는 동안은 마이크가 꺼진다는 점이라든가 방송 진행 과정을 미리 설명하여 두면 방송 중 아무 때나 말하는 것을 방지할 수 있다. 방송이 진행되는 과정에 대한 이해가 부족하면 출연자들은 어색해하고 자신의 기량을 충분히 발휘하기 어렵다.

2.4. 방송 전 대화의 범위

 방송 진행 전에 출연자와의 대화는 프로그램 주제를 구체화하는데 초점을 맞춘다. 준비된 질문을 모두 출연자에게 가르쳐 주는 것은 바람직하지 못하다. 출연자가 답변을 연습하는 결과가 되면 진행자가 갑자기 연출하는 질문에 적절한 답변을 못할 가능성이 높다. 그러나 인터뷰에 들어가기 전에 출연자와 주제의 범위를 정해 두는 정도는 필요하다. 인터뷰에서 중요한 점을 잊어서는 안 된다. 방송 목적이 무엇이며 무엇을 전달하고자 하는가를 알아야 한다. 이를 바탕으로 구체적인 질문을 하고 구체적인 답변을 얻도록 한다. 핵심은 질문의 초점과 방향이 있어야 한다는 것이다. 그러므로 미리 준비해 두어야 한다.

3. 인터뷰 진행

인터뷰라는 상황 자체는 결국 연출되는 것이다. 단순하고 쉽게 보이는 능숙한 인터뷰는 바로 철저한 준비와 경험, 진행자가 가지고 있는 '끼'로 설명될 수 있다.

토크쇼의 여왕이라고 불리 우는 오프라 윈프리는 토크쇼를 통해 진지한 관심과 동정심으로 다른 사람의 이야기를 듣는 독특한 스타일을 개발했다. 일반적으로 방송 인터뷰하는 사람들은 질문을 한 후 답변을 잘 듣지 않는 것이 보통이다. 어떤 다른 일로 주의가 흐트러지거나 아니면 새로운 질문을 할 것을 생각하느라고 그렇다. 그러나 윈프리는 초대 손님 이야기를 자세히 듣고 그 대답을 활용해 주제를 더 깊게 파고 들어간다. 이것이 지금까지의 그녀의 스타일이었고 이 스타일로 큰 호응을 얻었다. 진행자가 시청자와 초대 손님의 삶에 일어나는 일에 대해 관심이 깊다는 사실을 느끼게 하여 주기 때문이다. 바바라 월터즈(미국 20/20 진행자)의 차갑고 주제에 대해 날카롭게 파고드는 스타일과는 매우 달랐다. 모든 여성의 친구로서 알고 싶어 하고 이해하며 호기심 많은 이웃으로서 시청자의 마음을 사로잡았다.

월터즈가 미국의 명사, 부호, 권력층의 내면을 들여다보게 하여 준 반면, 윈프리는 열심히 일하는 보통 사람들, 고통 속에 사는 미국의 중산층, 하류층에 큰 관심을 쏟았다. 시청자들이 알고 싶어하는 속 깊은 비밀을 드러내는 질문을 하고 그녀 자신이 마치 관중의 한사람인양 분위기를 잡아서 긴밀한 공감대를 불러일으킨 점이 그녀 쇼의 인기를 끈 요인이다 (송제훈, 1999).

성공적인 인터뷰는 출연자로부터 원하는 답변을 이끌어내고, 인터뷰의 주제가 의도된 바나 프로그램 구성에 적합하고 시·청취자들의 흥미를 이끌 수 있는 것이어야 하는데 인터뷰 시작부터 마무리까지 인터뷰 상황에 맞는 진행 기법을 살펴보자.

3.1. 오프닝

우선 오프닝과 클로징에서 진행자는 자신의 애드립 능력을 너무 과신해서는 안 된다. 시작부터 실수를 하게 되면 진행자의 신뢰감이 떨어져 프로그램을 망칠 수 있다. 주제가 무엇인지, 출연자가 누구인지, 출연자가 인터뷰에 나오게 된 이유와 주제에 대한 것을 인터뷰 오프닝에서 담아야 한다. 즉흥 대사를 의미하는 애드립은 애들 입처럼 나불거리는 것이 아니라는 방송계의 불문율이 있다. 오직 계산된 애드립만 존재한다. 순간적으로 말하면 단어 선택이 신중치 못할 수 있으므로 사전에 실수를 줄이려면 방송 전이나 방송 도중 메모를 하며 적절한 멘트로 프로그램의 주제를 명확하게 드러나게 하여야 한다.

3.2. 간결한 질문

인터뷰 질문은 장황하기보다 간결하게 한다. 질문은 충분히 준비하되, 절대 그것에 매달려서는 안 된다. 질문에만 의존하게 되면 피상적인 답변, 피상적인 모습만 이끌어 내는 맥빠진 인터뷰가 될 수 있다. 질문을 준비하는 것은 진행자가 인터뷰의 신뢰를 높이기 위해 집중하는 데 긴요하다. 출연자가 답변을 못하거나 이야기 흐름을 놓쳤을 때 질문을 적어 놓은 메모가 도움이 된다. 준비된 질문이 쓰임새가 있지만 인터뷰의 전부는 아니다. 질문 순서에 얽매일 필요도 없다. 이야기의 순서가 예상을 빗나가는 경우도 많다. 대화 도중 뜻밖의 중요한 사안이 도출될 수 있는데 프로그램 주제에 어긋나지 않는다면 놓치지 않아야 한다.

바바라 월터즈는 질문 내용에 엄청난 노력을 기울인다고 했다. 200개 정도의 질문을 준비할 때도 있었다고 하는데 많은 질문을 추려 정리를 한 후 질문 순서에는 신경을 쓰지 않고 활용하였다고 한다. 출연자의 흉금을 털어놓게 하는 방법으로 어린 시절 질문을 첫머리에 하는 것이 대체로 요긴하였다고 한다.

3.3. 이야기 흐름

진행자는 항상 이야기의 흐름이 어떻게 오갈 것인지를 사전에 감지하고 있어야 한다. 어떤 이야기가 진행되는 동안 다음 이야기가 어디로 흘러갈 것인가를 예측하고 길목을 지키고 있어야 한다. 이 때쯤 준비된 질문지를 다시 훑어보고 전체 프로그램 방향을 점검하거나 애드립이 필요할 것을 예상하고 메모를 하여 두는 것도 좋다.

인터뷰는 주제가 있다 해도 출연자에 따라 상대적이라서 가변성이 크다. 그러므로 불필요한 화제가 끼어 들 여지가 생기기도 하는데 이럴 때는 질문을 주제에 맞게 던져 필요 없는 옆가지를 쳐버려 엉뚱한 결론을 내지 않도록 하여야 한다.

인터뷰 진행에 있어 꼭 알아두어 할 점들을 요약하면 다음과 같다.

(1) 불필요한 간투사 습관을 버린다.

시청자를 사로잡기 위해서는 불필요한 소리, 간투사 '어'를 줄인다. 일상 대화에서는 보통 '어'소리를 자주 하는데 방송에서는 바보처럼 보이게 만든다. 대신 '그래요', '옳습니다', '네', '말씀하신 것처럼' 등으로 대체하도록 한다.

(2) 주제를 벗어나지 않는다.

훌륭한 인터뷰인지 여부는 프로그램 의도와 주제를 벗어나지 않는데 있다. 질문에 대한 출연자들의 답변이 시청자들이 이해하기 쉽도록 하여야 한다. 출연자의 말이 전혀 논리적이지 않을 때가 있는데 이는 출연자가 제대로 표현을 하지 못한 경우도 있지만, 출연자가 분명하게 자신의 의사를 표현하고 싶지 않기 때문일 수도 있다. 이럴 땐 진행자가 부연 설명을 통해 주제를 살리도록 한다. 그렇다고 출연자와 관련되지 않은 돌출 질문을 하는 것은 바람직하지 않다. 되도록 주제를 좁혀 유익하고 재미있는 인터뷰를 이끌어낸다. 동문서답이 나올 때에는 일단 시작한 말을 중단시키지 않는다. 출연자의 자존심에 상처를 입힐 수 있고 이로 인해 입을 다무는 경우도 있다. 미리 답변 방향이 달라지면 중간에 중단할 수 있다고 사전에 알린다. 조심스럽게 접근할 일이다. 또한 인터뷰를 논리적으로 진행하기 위해서는 질문 하나하나가 앞의 질문과 이어져야 한다. 앞서 말한 논점을 다시 언급할 필요가 있을 때는 주장을 발전시킬 수 있는 새로운 질문을 해서 산뜻하게 처리하여야 한다.

(3) 친절한 질문

시청자와 관련이 있는 질문을 한다. 전문가와 이야기를 할 때 전문 용어나 추상적인 용어가 나올 수 있지만 염두에 둘 것은 항상 시청자와 관련 있는 내용이 나와야 한다는 것이다. 일상의 현실과 관련지은 질문을 해야 한다. 어려운 내용 일 경우에는 질문과 설명을 병행하기도 한다. 질문에 들어가기 전에 배경에 대한 정보를 알려 줄 필요가 있다. 명확성을 위해 질문과 정보는 서로 구별되어야 하므로 설명을 간단히 하고, 덧붙이는 질문도 간결하게 하여야 한다. 아울러 유도 질문을 피한다. 유도 질문은 인터뷰 응답자를 구석으로 몰고 가려는 의도로 고안된 것이다. 자칫 불공정 시비에 휘말릴 수 있다.

(4) 시간 배분

모든 프로그램은 시간과의 싸움이다. 출연자의 말을 중간에 끊지 않고 마무리를 할 수 있도록 몸짓이나 손짓 정도로 출연자와 자연스럽게 의사소통을 할 수 있는 방법을 알려준다. 진행자가 말로 재촉하며 끊지 않아도 되는 방법을 쓰면 적절한 시간 분배에 도움이 된다. 한정된 시간의 인터뷰는 자체로 완결성을 지녀야 한다.

(5) 출연자가 주인공이다.

진행자가 자신의 방송 능력을 드러내려고 출연자가 할 말을 먼저 해버릴 경우 프로그램의 빛이 죽는다. 진행자가 떠벌이며 자신의 명석함을 과시하려 들면 인터뷰는 형편없어지고 역효과를 낳는다. 시청자들은 진행자의 모습이 아닌 출연자의 이야기와 그들의 모습을 보고 싶어함을 잊어서는 안 된다. 진행자는 출연자가 주인공임을 인식하고 자제하여야 한다. 출연자의 말을 가로막지 않도록 한다. 진행자가 범하는 흔한 실책인데, 이는 답변에 관심이 없다는 것을 드러낼 뿐이다. 인터뷰 속도를 무너뜨림으로써 출연자를 불안하게 만들 수 있다.

(6) 답변 유도

진행자가 피하여야 할 질문은 막다른 질문이다. 이를 피하기 위해서는 '예, 아니오' 란 답변이 나올 수 있는 질문이나 뻔한 질문, 모호한 질문을 해서는 안 된다. 말을 잘 못하는 응답자가 '예, 아니오'로 답변을 할 수도 있지만 의도적으로 답변을 피하는 경우도 이런 결과가 나와 인터뷰의 본래 흐름을 벗어나게 된다. 진행자는 항상 주도권을 잡으려고 노력하여야 한다.

완벽한 답변을 끌어내는 것은 진행자의 책임이다. 정중한 태도를 견지하며 인터뷰 내용에 정통한 진행자라야 한다. 때로 말이 많지 않은 출연자가 나올 경우는 시간을 두고 말없이 출연자를 바라보아 출연자 자신이 더 많은 내용이 필요하다는 것을 스스로 느낄 수 있게 한다. 원하는 답변을 얻지 못한 경우라면 답변을 얻지 못하였다는 점을 알리고 다시 질문하는 것도 한 방법이다. 때로는 출연자를 강하게 압박하는 태도가 인터뷰에 도움이 될 때도 있는데 인터뷰 방법은 역시 경험으로 만들어지는 것이다. 다이언 소여는 인터뷰 진행자에게는 대화의 리듬을 정확하게 파악하는 재능이 필요하다고 강조하였다. 상대를 밀어붙일 듯 질문 공세를 하다 위로 물러나 공세를 늦춘 후 다시 전보다 강하게 밀어붙이는 강약과 완급을 조절하는 식의 리듬을 타는 인터뷰가 되려면 강약의 시기를 포착하는 것이 중요하다고 강조하였다. 진행자 스스로 이러한 다양한 방법을 연마하고 경험해야 한다. 또한 이중 질문을 피한다. 한번에 한가지만 질문해야 한다. 그렇지 않으면 눈치 빠른 응답자는 어떤 질문에는 답하고 어떤 질문을 무시할 것인지 선택할 수 있다. 답변을 하다 질문의 절반을 잊어버릴 수도 있다.

(7) 공정한 진행

진행자는 언론과 언중을 대표하는 사람이라는 책임감을 가져야 한다. 잘못된 의견이나 불평등한 내용의 말에 휩쓸리지 않도록 균형 있는 주제의식, 논리적인 자세를 견지해야 한다. 특히 토론프로그램의 진행자는 격렬한 찬반 의견 한 가운데 양쪽 어느 쪽도 주장이 미진하다는 느낌이 안 들도록 냉정한 심판관이 되어야 한다. 그러나 인터뷰 출연자를 너무 호되게, 프로그램 시작부터 일찍이 몰아세우면 진행자에게 시청자가 느끼는 일체감을 잃을 수 있다. 출연자의 지위고하에 관계없이 두려워하지 않으면서 인격을 존중하는 진행자라야 한다. 한편 상대가 대통령이라든가 총리 등 고위직이라서 진행자가 불안감을 느끼고 위축될 수도 있다. 그러나 이런 경우에도 방송인으로서 원칙을 고수하여야 한다. 상황을 너무 의식하고 어렵고 힘든 질문을 피해 가는 것은 위험하다. 정치적 논란이 되는 인터뷰에서 신뢰감 잃을 수 있다. 공정성과 편견이 없음을 시청자에게 확신시켜야 한다.

(8) 애드리브

때로는 가볍고 자극적인 어휘 구사로 시청자의 환심을 살 수 있다. 그러나 지식과 경험이 일천할 때 빠질 수 있는 유혹, 자기가 알고 있는 것을 자신만이 아는 아주 중요한 것으로 알고 바로 모든 사람에게 알리고 싶어하는 충동에 빠지는 순간 자신의 지식을 과시하거나 시청자를 계도하고자 하게 되면 시청자에게는 지루한 수사가 되고 만다. 절제의 미학을 겸비한 의표를 찌르는 단 한마디의 말을 할 수 있을 정도의 애드리브이어야 한다.

(9) 듣기

듣는 기술이 훌륭한 인터뷰의 조건이다. 꼬리에 꼬리를 무는 질문은 결국 잘 들어야 가능하다. 미리 준비한 써 놓은 질문 목록대로 인터뷰하는 것은 도움이 되지 않는다. 눈맞춤이 되지 않고 진행자가 질문에 집중하느라 응답자의 말에 귀를 기울이지 못한다. 고정된 질문으로 인해 유연하지 못한 인터뷰가 되고 만다. 간단한 노트나 중요한 내용의 제목만 적은 것을 이용하는 것이 바람직하다. 집중력을 흩뜨리지 않고 기억을 일깨울 수 있다.

진행자가 답변을 듣기보다 인터뷰 도중 질문서를 자주 보게 되면 즉흥성을 잃게 된다. 질문을 머리 속에 잘 기억하여 두고 이를 활용한다. 빠진 중요한 질문을 없는지를 확인하는 정도에서 질문서를 보도록 한다. 답변을 듣는데 충실하기보다 자신의 질문에만 신경을 쓰게 되면 어설픈 방송이 되고 만다. 충분한 답변이 나오지 않았는데도 준비된 다음 질문으로 넘어가는 모습은 답답한 인상을 준다. 정해진 질문을 큰 틀로 잡고 그 안에서 자유롭고 즐거운 대화가 되도록 한다. 준비한 질문을 꼭 소화하겠다는 강박관념이 인터뷰를 망친다. 상대와 대화하는 것 자체가 즐겁고 상대의 이야기를 잘 들어주어 상대가 흥미롭게 느끼게 하면 상대에게서 알찬 정보를 얻는다. 서로 상호 작용하는 것이 느껴질 때 풍부한 내용을 담을 수 있다.

(10) 쉽고 분명한 질문

질문은 철학적이어서는 안 된다. 분명하고 쉬워야 한다. 질문은 명확하게 한가지 요점에 맞추어야 한다. 범위가 너무 좁으면 이야기가 자주 끊길 것이고 너무 넓으면 진행자가 통제할 수 없게 된다. 짧고 한가지 생각을 담은 질문이 좋다. 사실을 수집하는 것이 아니라 극적인 이야기를 끌어내야 한다. 그러므로 구체적일수록 좋다. 처음에 단도직입적으로 질문해 좀 더 복잡하고 감정적인 질문으로 넘어가는 것이 좋다. 수용자와 인터뷰 응답자에게 모두 이해되기 위해서는 간단하고 단도직입적으로, 열려있는 질문으로 특정 답변에 치우치지 않게 한다.

(11) 깔때기형와 역깔때기형 질문

깔때기형 질문은 일반적인 주제로 대화를 시작해 특정 분야나 구체적인 사안으로 접근하는 방식을 말한다. 상대방에게 말을 많이 하게 하는 만큼 진행자의 편견이 개입될 여지를 줄일 수 있지만 자칫 일방적으로 흐를 가능성이 있어 검증이 필요하다. 역깔때기형은 처음부터 구체적이고 세밀한 질문을 하여 점진적으로 전체 윤곽을 그려나가는 질문 형식이다. 그러므로 출연자가 자기 표현에 서툴거나 횡성수설 하는 경우 효과적이다. 즉 어휘력의 한계가 있는 어린이 인터뷰나 거짓말을 하려는 사람들에게 활용하면 효과적이다.

(12) 침묵이 금이다.

함부로 끼어들지 않는다. 말을 도중에 자르게 되면 상대가 이야기하려고 연상하였던 부분을 놓치기 쉽다. 웬만큼 시간에 쫓기지 않는 한 말을 중단시키거나 방해해서는 안 된다. 때로는 침묵도 인터뷰에서 이야기를 끌어내는 데 훌륭한 도구가 된다는 점을 활용한다.

(13) 유머나 위트

팽팽한 긴장감이 지속되는 인터뷰로는 소기의 성과를 얻기 어렵다. 프로그램의 재미를 위한 방편이기도 하지만 재치있는 유머나 위트로 분위기를 반전시킬 수 있다. 수용자에게도 편안함을 주는 간결하면서도 상황에 적합한 유머 구사는 진행자의 경험, 기량에 달렸다. 연예인이 주로 등장하는 오락 토크쇼의 경우, 스타에 대한 호기심만으로도 인기를 얻는 장르다. 출연자끼리 웃고 떠들며 신변잡기로 흐르고, 선정성이 높다거나, 스타의 홍보 수단으로 전락하기도 해 간접 광고로 비난받기도 하는데, 결국 재미와 유익 두 가지 토끼를 잡기가 방송 인터뷰의 또 하나의 과제라고 하겠다.

(14) 마무리

지금까지 말한 내용 가운데 빠진 것은 없는지 다룬 내용을 점검한다.

인터뷰에 응해준 출연자에게 감사의 표시를 하고 우호적인 관계를 확인하는 말과 행동을 취하면서 예의를 갖춘다.

인터뷰 기술은 전혀 모르는 사람을 지적인 대화에 참여하도록 끌어들이는 능력이다. 결국 좋은 질문에서 좋은 대답이 나온다. 질문 전에 상대방이 내놓을 답변을 미리 생각해 보는 것도 그 비결이다.

4. 인터뷰 방송의 윤리

방송은 사람을 다룬다. 인터뷰 방송의 원칙은 보다 큰 목적을 위해 사람을 이용하는 것이다. 공공성을 위해 사람들의 생활을 파헤치고 프라이버시를 침해하고 영혼을 노출시킨다. 우리의 삶을 위해 타인의 삶을 이용하기도 한다. 그래서 인터뷰 내용이 신선하고 감각적일수록 더 흥미롭고 시청률을 올릴 수는 있다. 그러나 방송에서 하는 도를 지나친 말이 시청자의 삶에 영향을 미칠 수 있다는 점을 간과해서는 안 된다(안정임, 1997).

바바라 월터즈는 "인터뷰 대상자의 에고에 살짝 침을 발라주라. 너무 주 동맥 깊숙이 주사바늘로 찌르지 마라. 이는 단지 적개심만 불러일으킬 뿐이다. 현명하지 못하다"고 하였다. 또한 "인터뷰어는 충실한 반대자가 아니다. 회의적인 관찰자일 뿐이다. 그의 목적은 유명인사를 노엽게 하는 것이 아니라 한 현상이나 사건의 숨은 의미를 캐내는 것이다. 어렵고 곤란한 질문을 못하는 인터뷰는 실패한다."고 하였다. 인터뷰의 목적을 잃어서는 안 된다는 점을 강조하고 있다. 그래서 그녀는 인터뷰를 많이 당해 본 빤질빤질한 상대에게 던질 수 있는 확실한 질문 5가지를 활용한다고 하였다.

1. 만약 당신이 병원에서 회복 중일 때 친인척을 제외하고 누구를 가장 곁
   에 가까이 하고 싶은가?
2. 첫 번째 직업이 무엇이었나?
3. 마지막으로 울어 본 적이 언제인가?
4. 진실로 사랑해 본 첫 번째 상대가 누구였나?
5. 지난해에 당신에게 가장 큰 기쁨을 준 것은 무엇이었나?

출연자의 답변을 진솔하게 이끌어내려면 공익을 우선하는 윤리적 원
칙을 견지하여야 하고, 수용자의 알 권리를 감안해 프로그램을 진행할
수 있는 상황 판단력이 진행자에게 무엇보다 중요하다. 사실을 전하기보
다 사실 이면에 담긴 의미를 강조하려는 충동에 빠지면 사실 전달과 의
견의 경계가 허물어지기 쉽다. 방송 프로그램이 어떤 의견을 강조함으로
써 수용자가 조정당하고 있다는 느낌이 들게 한다면 위험하다. 전후 상
황을 정확히 전달해 그 속에 담긴 의미를 수용자 스스로가 판단할 수 있
도록 한다는 자세가 중요하다.

우리 사회가 공통적으로 존중하고 지켜가야 한다고 합의한 사회적 가
치를 적극 수호해야 함을 잊어서는 안 된다.

좋은 인터뷰는 뛰어난 다큐멘터리라고 하였다. 실제로 어떤 이들은 인
터뷰를 고품위의 영화예술로 분류한다. 영국에서 최고의 인터뷰로 유명
한 감독 알란 위커가 제작한 프로그램 "위커의 세계"는 중요한 작품으로
인정받아왔다. 위커 감독은 즉흥적인 유대감을 만드는 재주가 있어 쉽게
상대방을 무장 해제시키고 히피와 섹스, 마약부터 백만장자의 요트에 이
르는 모든 종류의 이야기를 아주 친밀하고 솔직한 방식으로 털어놓게 만
들었다.

유럽이나 미국의 방송을 한국과 비교하면 문화나 가치관이 다르지만
인터뷰의 기본 원칙은 같다. 인터뷰의 명수라는 사람들 모두 이런 원칙
에 충실한 사람들이다. 인쇄와 방송 매체에서 각기 명성을 쌓은 성공한

인터뷰어들은 당당하지만 건방지지 않은 자세, 웃고 간혹 농담도 오가지만 잡담으로 흐르지 않고 인터뷰 주제에 충실한 대화, 굽실거리는 저자세가 아니면서 우호적이며 친절한 자세로 인터뷰를 이끌었다. 즉, 시청자가 무엇을 원하는가를 알고 주도면밀하면서도 자연스럽게 인터뷰를 할 수 있다면 인터뷰에서 성공할 수 있다.

특히 '단절'과 '개인주의'로 대변되는 디지털 세대가 최근 의사 소통에 관심이 높아지고 있다. 일방적으로 자신의 주장만 하고 사라질 수 있다고 생각되던 인터넷 공간의 댓글, 나아가 개인 블로글 활성화로 오히려 더 많은 사람과 접하는 결과를 낳게 되어 더욱 설득력 있는 대인 커뮤니케이션이 주목받고 있다.

과거의 달변가(達辯家)들이 일방적이고 호소적인 '설득형'이었다면 요즘은 상대방의 아야기를 듣고 반론을 펴며 유머러스한 '대화형'이다. 조리 있는 설명, 재치 있는 표현, 간결하고 명확한 말하기가 온 오프라인 모두에서 인기라는 점은 방송 인터뷰에서 진행자가 참고할 대목이다.

▣ 참고 문헌

김창룡(1994), 인터뷰, 그 기술과 즐거움, 김영사.
남시욱(2001), 인터넷 시대의 취재와 보도, 나남출판.
문화방송라디오국 편 (1991), 라디오방송제작론, 나남출판.
박성희(2003), 미디어 인터뷰, 나남출판.
박소웅(2005), 신라디오 방송제작론, 한울아카데미.
박영선(2002), 사람향기, 나무와 숲.
배기완(2003), "리포팅과 인터뷰", 아나운서 길라잡이, 글로세움.
배종대(2003), 다채널 방송시대 기획과 제작, 박문각.
백연숙(1994), 리포터가 되려면, 현민시스템.
부길만, 조미숙 공저(2000), 취재 기자가 되려면, 도서출판 양지.
빌 애들러 역음, 송제훈 옮김(1999), 토크쇼의 여왕 오프라 윈프리의 특별한 지혜, 집사재.
손석희(1993), 풀종다리의 노래, 역사비평사.
ALANA. ARMER 저, 김광호, 김영룡 역(1995), 텔레비전 연출론, 나남.
ALAN ROSENTHAL 저, 안정임 역(1997), 다큐멘터리 기획에서 제작까지, 한국방송개발원.
앤드류 보이드 저, 이경자, 이인희 옮김(1997), 방송보도실무, 한울아카데미.
KBS 아나운서실 한국어연구회편(1995), 아나운서 교본, KBS문화사업단.
KBS 아나운서실 한국어연구회(2002), 21세기 아나운서, 방송인되기, 한국방송출판.
SBS아나운서팀(2003), 아나운서 길라잡이, 글로세움.
한국방송개발원(1998), 토크쇼, 그 힘과 영향.
홍경수와 39인 PD(2005), PD, WHO & HOW, 커뮤니케이션북스.

제 8 장

방송인을 위한 표준 발음

이 호 영

1. 들어가는 말

아름답고 품위 있는 방송을 하기 위해서는 반드시 표준 발음을 정확하게 구사할 수 있는 능력을 갖추어야 한다. 방송 진행자가 강한 사투리로 방송을 진행하면 시청자나 청취자들로부터 항의를 받을 수도 있고, 외면을 받을 수도 있는 반면 표준 발음을 정확하게 구사하면 시청자나 청취자들로부터 신뢰를 받을 수 있기 때문이다.

표준발음을 제대로 구사하기 위해서는 자음의 발음, 모음의 발음, 음운 규칙, 강세와 리듬, 억양 등에 관해 체계적으로 학습하여야 한다. 음운 규칙에 관해서는 정부에서 1989년에 공포한 표준 발음법 규정에 자세히 나와 있으므로 이 장에서는 표준발음법 규정에서 제대로 규정되지 않은 자음의 발음, 모음의 발음, 강세와 리듬, 억양 등에 관해 자세히 논의하도록 하겠다.

2. 자음의 발음

2.1. 파열음의 발음

두 조음기관을 접촉시켜 기류의 흐름을 막았다가 터뜨리면서 발음하는 소리를 파열음이라고 하는데, 한국어에는 양순음 /ㅂ, ㅍ, ㅃ/, 치조음 /ㄷ, ㅌ, ㄸ/, 연구개음 /ㄱ, ㅋ, ㄲ/ 등 9개의 파열음이 존재한다. 파열음들 중에서 /ㅂ, ㄷ, ㄱ/은 조음기관의 긴장을 풀고 부드럽게 발음하는 연음이고, /ㅃ, ㄸ, ㄲ/는 조음기관에 긴장을 주고 강하게 발음하는 경음, 그리고 /ㅍ, ㅌ, ㅋ/는 개방 후 /ㅎ/과 비슷한 마찰 소음인 기(aspiration)를 수반하는 유기음이다.

[표 1] 한국어의 파열음

발성특성＼조음자리	양순음	치조음	연구개음
연 음	ㅂ	ㄷ	ㄱ
유기음	ㅍ	ㅌ	ㅋ
경 음	ㅃ	ㄸ	ㄲ

파열음은 방언이나 개인에 따른 음성적 차이가 뚜렷하지 않다. 그러나 일부 화자들은 받침으로 나오는 연구개음 /ㄱ/을 치조음에 가깝게 발음해서 '박'과 '밭'을 모두 [받]처럼 발음한다. /ㄱ/은 연구개음이므로 후설을 연구개에 대고 발음하여야 한다.

표준말에서 음절 말 장애음에 뒤이어 나오는 연음 /ㅂ, ㄷ, ㄱ, ㅅ, ㅈ/은 경음화 되어 경음 /ㅃ, ㄸ, ㄲ, ㅆ, ㅉ/으로 실현된다(표준발음법 제23항). 그러나 경상도 방언에서는 음절 말 장애음 뒤에서 일어나는 경음화

가 제대로 일어나지 않는다(예: 국보〔국보〕). 경상도 방언 사용자들은 장
애음 뒤에 나오는 연음을 경음으로 발음하는 훈련을 하여야 한다.

2.2. 마찰음의 발음

한국어에는 치조 마찰음 /ㅅ, ㅆ/과 성문 마찰음 /ㅎ/ 등 세 개의 마
찰음이 있다. /ㅅ, ㅎ/은 /ㅂ, ㄷ, ㄱ/에 대응하는 연음이고 /ㅆ/은 /ㅃ,
ㄸ, ㄲ/에 대응하는 경음이다.

〔표 2〕 한국어의 마찰음

	치조음	성문음
연　음	ㅅ	ㅎ
경　음	ㅆ	

/ㅅ, ㅆ/은 화자에 따라 치조음으로 발음되기도 하고, 치음으로 발음
되기도 한다. /ㅅ, ㅆ/을 치조음으로 발음할 때 혀끝은 아랫니 뒤쪽에 대
고 혓날은 윗잇몸에 바짝 접근시킨다. 혀끝을 윗잇몸에 접근시켜 치조음
/ㅅ, ㅆ/을 발음하기도 한다. /ㅅ, ㅆ/을 치음으로 발음할 때는 혀끝을
윗니 뒤쪽에 바짝 접근시키거나 이 사이에 넣는다. /ㅅ, ㅆ/을 치음으로
발음하면 시청자나 청취자들에게 좋지 않은 인상을 줄 수 있기 때문에 /
ㅅ, ㅆ/을 치조음으로 발음할 수 있도록 훈련하여야 한다.

/ㅅ, ㅆ/은 모음 /ㅣ/나 반모음 /j/ 앞에서 구개음화되어 〔ɕ, ɕ=〕로
발음된다(예: 시〔ɕi〕, 씨〔ɕ=i〕). 그런데 일부 화자들은 모음 /ㅣ/나 반모음
/j/ 앞에 나오는 /ㅅ, ㅆ/을 치조음으로 발음한다(예: 시〔si〕, 씨〔s=i〕). 이
들은 '시, 씨'의 /ㅅ, ㅆ/을 발음할 때 혀끝을 아랫니 뒤에 대고 전설을 경
구개에 접근시켜 경구개 마찰음 〔ɕ, ɕ=〕로 발음하는 훈련을 하여야 한다.

경남 방언 사용자들 중에는 모음 /ㅔ/ 앞에서도 /ㅅ, ㅆ/을 경구개 마찰음으로 발음하는 사람들이 있다(예: 세상〔셰상〕, 학생〔학솅〕). 모음 /ㅔ/ 앞에 나오는 /ㅅ, ㅆ/은 치조음으로 발음하도록 훈련하여야 한다.

성문 마찰음 /ㅎ/은 유성음 사이에서 유성음 〔ɦ〕로 약화되어 발음되기도 하고, 아예 탈락하기도 한다. 그러나 /ㅎ/을 탈락시켜 발음하면 '영양'과 '영향'이 구별되지 않기 때문에 /ㅎ/을 유성음 〔ɦ〕로 약화시켜 발음하는 것이 바람직하다.

일부 경상도 방언 사용자들은 유성음 사이에 나오는 /ㅎ/을 약화시키지 않고 무성음 〔h〕로 강하게 발음하는데(예: 문화〔문화〕), 이는 어색하게 들리므로 유성음 〔ɦ〕로 약화시켜 발음하는 훈련을 해야 한다. 경상도 방언 사용자들 중에는 '결혼'과 '은행'을 각각 〔겔론〕, 〔언냉〕으로 발음하는 사람들이 있는데, 이와 같은 발음도 교정하여야 한다.

표준발음법 제12항에 의하면 /ㅎ/으로 끝나는 용언 어간에 모음으로 시작하는 어미나 접미사가 이어 나오면 /ㅎ/을 완전히 탈락시키는 것으로 되어 있다(예: 좋은〔조 : 은〕). 그러나 일부 화자들은 동일한 환경에서 /ㅎ/을 강하게 발음한다(예: 좋은〔조 : 흔〕). 이와 같은 발음은 비표준 발음이므로 교정하여야 한다.

2.3. 파찰음의 발음

한국어에는 세 개의 파찰음 /ㅈ, ㅊ, ㅉ/이 있으며, 모두 경구개에서 조음된다. /ㅈ/은 /ㅂ, ㄷ, ㄱ/에 대응하는 연음이고, /ㅊ/은 /ㅍ, ㅌ, ㅋ/에 대응하는 유기음이며, /ㅉ/은 /ㅃ, ㄸ, ㄲ/에 대응하는 경음이다.

〔표 3〕 한국어의 파찰음

연 음	유기음	경 음
ㅈ	ㅊ	ㅉ

/ㅈ, ㅊ, ㅉ/은 전설을 경구개에 대고 막음을 형성했다가 조금만 개방해 마찰 소음을 낸 다음 완전히 개방해서 내는 경구개음이다. 그러나 일부 화자들은 혓날을 치조나 후치조에 대고 치조음에 가깝게 발음한다. 이들은 혀끝은 아랫니 뒤에 대고 전설은 경구개에 대고 발음하는 훈련을 하여야 한다.

연음인 /ㅈ/은 유성음 사이에서 유성음화되더라도 유성 파찰음으로 발음되는데, 경상도 방언 사용자들 중에는 유성 마찰음 /z/로 발음하는 사람이 있다(예: 아줌마〔azumma〕). 이 발음은 표준발음으로 인정하기 어려우므로 파찰음으로 발음하는 훈련을 하여야 한다.

2.4. 유음의 발음

한국어에는 유음이 /ㄹ/ 하나밖에 없는데, /ㄹ/은 환경에 따라 탄설음 〔ɾ〕로 발음되기도 하고 설측음 〔l〕로 발음되기도 한다.

탄설음 〔ɾ〕는 혀끝으로 윗잇몸을 살짝 튀겨서 조음하며, 모음과 모음 사이, 모음과 반모음 사이, 그리고 모음과 /ㅎ/ 사이에 나타난다(예: 나라〔naɾa〕, 우뢰〔uːɾwe〕, 실현〔ɕiɾɦjʌn〕). /ㄹ/은 고유어의 어두에는 나타나지 않으나 외래어의 어두에 나타나며, 외래어 어두의 /ㄹ/은 개인의 발음 습관에 따라 탄설음으로 발음되기도 하고 설측음으로 발음되기도 한다 (예: 라디오〔radio〕/〔ladio〕).

설측음 〔l〕은 연구개를 상승시켜 비강 통로를 차단한 채 혀끝으로 구강의 가운데 부분을 막고 혀의 양 옆을 내려 폐로부터 나오는 기류를 혀의 양 옆으로 탈출시키면서 조음한다. 설측음 [l]은 탄설음 [r]가 나타나지 않는 환경, 즉 어말이나 자음 앞에, 설측음 다음에 나타난다(예: 살[sal], 살코기[salkhogi] 살림[sallim]).

/ㄹ/과 /ㅎ/이 이어 나올 경우 /ㅎ/을 약화시켜 [ɦ]로 발음해야 한다. 따라서 '실현'은 [ɕiɾɦjʌn]으로 발음해야 한다. 일부 화자들, 특히 경상도 방언 사용자들은 /ㄹ/ 뒤에 오는 /ㅎ/을 유성음화시키지 않고 무성음으로 강하게 발음하는데(예: 실현[ɕilhjʌn]), 이는 교정하여야 한다.

2.5. 비음의 발음

한국어에는 세 개의 비음 /ㅁ, ㄴ, ㅇ/이 있다. /ㅁ/은 양순음이고 /ㄴ/은 치조음, 그리고 /ㅇ/은 연구개음이다. 비음은 구강의 한 부분을 막고 연구개를 내려 폐로부터 나오는 기류를 비강을 통해 내보내면서 조음한다.

〔표 4〕 한국어의 비음

양순음	치조음	연구개음
ㅁ	ㄴ	ㅇ

일부 화자들은 연구개 비음 /ㅇ/을 치조음에 가깝게 발음해서 '강'과 '간'이 모두 〔간〕처럼 들린다. /ㅇ/을 발음할 때는 후설을 연구개에 대고 발음하는 훈련을 하여야 한다.

2.6. 반모음의 발음

한국어에는 세 개의 반모음 음소 /j, w, ɯ/가 있다. 반모음은 이중모음의 첫소리로 사용된다. /j/는 이중모음 /ㅑ, ㅕ, ㅛ, ㅠ, ㅖ, ㅒ/의 첫소리로 사용되고, /w/는 이중모음 /ㅘ, ㅝ, ㅞ, ㅟ, ㅙ/의 첫소리로 사용되며, /ɯ/는 이중모음 /ㅢ/의 첫소리로 사용된다. /j/는 경구개 반모음, /w/는 양순 연구개 반모음, 그리고 /ɯ/는 연구개 반모음이다. 반모음 /j, w, ɯ/는 고모음 /ㅣ, ㅜ, ㅡ/의 음가를 가지고 있으나 훨씬 짧게 발음되며, 반드시 모음과 함께 나타나는 특성이 있다.

〔표 5〕 한국어의 반모음

	경구개음	양순·연구개음	연구개음
반 모 음	j	w	ɯ
대응하는 모음	ㅣ	ㅜ	ㅡ

많은 화자들이 이중모음을 발음할 때 종종 반모음을 탈락시키고 모음만 발음하는데, 반모음이 탈락해도 되는 일부 예외적인 경우를 제외하고는 반모음도 제대로 발음하는 훈련을 하여야 한다(3.2.절 참조).

3. 모음의 발음

3.1. 단순모음의 발음

단순모음은 처음부터 끝까지 동일한 음가가 지속되는 모음을 말한다.

한국어에는 /ㅣ, ㅔ, ㅐ, ㅜ, ㅡ, ㅗ, ㅓ, ㅏ/ 등 여덟 개의 단순모음이 있다. 표준 발음법 제4항에는 /ㅚ, ㅟ/도 단순모음으로 규정하고 이중모음으로 발음하는 것도 허용하는 것으로 되어 있다. 그러나 /ㅚ, ㅟ/를 단순모음으로 발음하는 서울 토박이들은 매우 드물기 때문에 이 장에서는 /ㅚ, ㅟ/를 이중모음으로 분류하기로 한다.

/ㅣ, ㅔ, ㅐ/는 혀를 구강의 앞쪽으로 전진시켜 발음하는 전설모음이고, /ㅜ, ㅡ, ㅗ, ㅓ, ㅏ/는 혀를 구강의 뒤쪽으로 빼고 발음하는 후설모음이다. /ㅣ, ㅜ, ㅡ/는 혀를 입천장에 가까이 접근시켜 발음하는 고모음이고, /ㅔ, ㅗ/는 고모음보다 혀를 약간 아래로 내리고 발음하는 중고모음이며, /ㅐ, ㅓ/는 혀를 조금 더 내리고 발음하는 중저모음이다. 그리고 /ㅏ/는 입을 많이 벌리고 혀를 최대한 아래로 내려 발음하는 저모음이다. /ㅜ, ㅗ/는 입술을 둥글이고 발음하는 원순 모음이고 /ㅣ, ㅔ, ㅐ, ㅡ, ㅓ, ㅏ/는 입술 둥글임을 수반하지 않는 비원순 모음이다.

〔표 6〕 한국어의 단순모음

혀의 위치 〳 혀의 높이	전설모음	중설모음	후설모음	
	비원순	비원순	비원순	원순
고모음	ㅣ[i]		ㅡ[ɯ]	ㅜ[u]
중고모음	ㅔ[e]			ㅗ[o]
중저모음	ㅐ[ɛ]		ㅓ[ʌ]	
저모음		ㅏ[a]		

한국어의 단순모음들 중에서 /ㅔ/와 /ㅐ/는 젊은 세대의 서울말에서 거의 구별되지 않고 있다. 표준 발음법에서는 /ㅔ/와 /ㅐ/를 서로 다른 모음으로 규정해 놓고 있으므로 이 두 모음을 구별해서 발음하여야 한다

(예: '게'와 '개'). /ㅔ/는 아랫니와 윗니 사이에 새끼손가락이 들어갈 정도로 입을 닫고 발음하여야 하고, /ㅐ/는 이 사이에 손가락이 두 개 들어갈 정도로 입을 열고 발음해야 한다.

표준 발음법 제4항에 대한 해설에는 /ㅓ/가 장모음으로 발음될 경우 혀를 높여 /ㅡ/의 음가와 가까운 모음으로 발음하는 것이 원칙이라고 규정되어 있다 [예: '벌 : (곤충)'과 '벌(罰)'] . 젊은 세대의 말에서는 모음의 장단이 사라져 가면서 긴 /ㅓ/의 발음이 사라졌으나 표준 발음을 제대로 구사하려면 긴 /ㅓ/의 발음을 제대로 내야 한다. 긴 /ㅓ/는 모음 /ㅡ/를 발음할 때보다 혀를 조금만 더 내려 발음하면 된다.

일부 경상도 방언 사용자들은 /ㅡ/와 /ㅓ/를 표준 발음의 긴 /ㅓ/와 비슷한 음가로 발음한다. /ㅡ/를 발음할 때는 혀를 조금 더 올려 발음하면 되고, /ㅓ/를 발음할 때는 입을 /ㅏ/처럼 많이 벌리되 입술을 약간 둥글게 하고 혀를 뒤로 약간 당겨 발음하면 된다(예: '글'과 '굴').

평안도 방언 사용자들은 /ㅡ/와 /ㅜ/를 구별하지 못한다. /ㅡ/를 제대로 발음하려면 /ㅜ/를 길게 발음하면서 혀는 고정시킨 채 입술을 옆으로 펴면 된다. 평안도 방언 사용자들은 또한 /ㅗ/와 /ㅓ/를 구별하지 못한다. /ㅗ/는 평소 발음보다 혀를 더 올려 발음하는 훈련을 하면 되고, /ㅓ/는 평소 발음보다 입술 둥글임을 약화시켜 발음하면 된다.

3.2. 이중모음의 발음

3.2.1. /ㅑ, ㅕ, ㅛ, ㅠ, ㅖ, ㅒ/

/ㅑ, ㅕ, ㅛ, ㅠ, ㅖ, ㅒ/는 반모음 /j/로 시작해서 /ㅏ, ㅓ, ㅗ, ㅜ, ㅔ, ㅐ/로 끝나는 이중모음들이다. /ㅔ/와 /ㅐ/를 구별하지 못하는 화자들은 /ㅖ/와 /ㅒ/를 구별하지 못한다. 이들은 먼저 /ㅖ/와 /ㅒ/를 구별

해서 발음하는 훈련을 한 다음 /ㅖ/와 /ㅒ/를 구별해서 발음하는 훈련을
해야 한다. /ㅖ/와 /ㅒ/를 발음할 때는 /ㅣ/와 /ㅔ/, /ㅣ/와 /ㅐ/를 연이
어 발음하되 /ㅣ/를 매우 짧게 발음해야 한다.

　/ㅑ, ㅕ, ㅛ, ㅠ, ㅖ, ㅒ/는 앞에 자음이 오든 안 오든 이중모음으로
발음해야 한다. 그러나 표준 발음법 제5항에서는 용언의 활용형에 나타
나는 '져, 쪄, 쳐'는 〔저, 쩌, 처〕로 발음하도록 규정하고 있으며(예: 가지
어 → 가져〔가저〕, 찌어 → 쪄〔쩌〕, 다치어 → 다쳐〔다처〕), /ㅖ/는 /ㄹ/ 이외의 자음
이 앞설 때 단순모음 /ㅔ/로 발음하는 것도 표준발음으로 인정하고 있다(예: 계집〔계
：집/게：집〕, 개폐〔개폐/개페〕, 혜택〔혜：택/헤：택〕).

　경상도 방언 사용자들은 /ㅑ, ㅕ, ㅛ, ㅠ, ㅖ/ 앞에 자음이 오면 단순
모음으로 발음하는 경향이 있다(예: 면도〔멘도〕, 벼〔베〕, 묘〔모〕, 규칙〔구칙〕,
시계〔시게〕). 이들은 /ㅑ, ㅕ, ㅛ, ㅠ, ㅖ/를 이중모음으로 발음하는 연습
을 해야 하며 /ㅖ/와 /ㅒ/도 구별해서 발음하는 훈련을 하여야 한다.

3.2.2. /ㅘ, ㅝ, ㅞ, ㅙ/

/ㅘ, ㅝ, ㅞ, ㅙ/는 반모음 /w/로 시작해서 /ㅏ, ㅓ, ㅔ, ㅐ/로 끝나는
이중모음들이다. /ㅖ, ㅒ/와 마찬가지로 /ㅞ, ㅙ/도 /ㅔ/와 /ㅐ/를 구별
할 수 있어야 제대로 구별해서 발음할 수 있다. /ㅞ/와 /ㅙ/를 발음할 때
는 /ㅜ/와 /ㅔ/, /ㅜ/와 /ㅐ/를 연이어 발음하되 /ㅜ/를 짧게 발음하여
야 한다.

　/ㅘ, ㅝ, ㅞ, ㅙ/는 앞에 자음이 오든 안 오든 항상 이중모음으로 발음
해야 한다. 그러나 경상도 방언 사용자들은 /ㅘ, ㅝ, ㅞ, ㅙ/를 단순모음
으로 발음하는 경향이 있다(예: 과학〔가학〕, 권투〔건투〕, 궤짝〔게짝〕, 왜놈〔에
놈〕). /ㅘ, ㅝ, ㅞ, ㅙ/의 단순모음화는 앞에 자음이 올 때 훨씬 더 자연
스럽게 일어난다. 일부 젊은 세대의 서울 토박이들도 자음 뒤에 나오는
/ㅘ, ㅝ, ㅞ, ㅙ/를 단순모음으로 발음하는데, 이중모음으로 발음할 수

있도록 연습하여야 한다.

3.2.3. /ㅚ/

/ㅚ/는 단순모음 〔ø〕로 발음되기도 하고 이중모음 〔we〕로 발음되기도 한다. /ㅚ/가 이중모음으로 발음될 때는 이중모음 /ㅔ/와 같은 음가로 실현된다. /ㅚ/는 보통 이중모음 〔we〕로 발음되는데(예: 쇠〔swe〕, 열쇠〔jʌls＝we〕), 어두 자음과 양순음 받침 사이에서, 혹은 다음절어의 어두 자음 뒤에서는 단순모음 〔ø〕로 발음되기도 한다(예: 뵙다〔bø : pt＝a〕, 쇠몽둥이〔sømoŋduŋi〕). 어중에 나오는 /ㅚ/는 보통 단순모음 〔ø〕로 발음되는데, 간혹 단순모음 〔e〕로 발음되기도 한다(참외밭〔tɕhamøbat〕/〔tɕhamebat〕).

단순모음 〔ø〕를 제대로 발음하려면 /ㅔ/를 발음하면서 혀의 위치는 고정시킨 채 입술을 둥글이면 된다. 60대 이상의 서울 토박이들 중에는 음성 환경에 상관없이 /ㅚ/를 항상 단순모음 〔ø〕로 발음하는 사람들이 있으며, 경기도, 강원도, 충청도의 여러 방언에서도 /ㅚ/가 항상 단순모음 〔ø〕로 발음된다. 표준 발음법 제4항에서는 /ㅚ/를 단순모음으로 규정하고, 이중모음으로 발음하는 것도 허용하고 있으므로 /ㅚ/를 단순모음 〔ø〕로 발음하든 이중모음 〔we〕로 발음하든 표준 발음법 규정에 어긋나지 않는다. 그러나 어두와 어말에서는 /ㅚ/를 이중모음 〔we〕로 발음하고 어중에서는 단순모음 〔ø〕로 발음하는 것이 대세라고 할 수 있다.

경남 방언 사용자들은 /ㅚ/ 앞에 자음이 오면 단순모음 /ㅔ/로 발음하며(예: 괴물〔게물〕), 자음이 오지 않을 때는 이중모음으로도 발음한다(예: 외가〔에가〕/〔외가〕). 이들은 어두와 어말에 나오는 /ㅚ/는 이중모음 〔we〕로 발음하고 어중에 나오는 /ㅚ/는 단순모음 〔ø〕로 발음할 수 있도록 연습하여야 한다.

3.2.4. /ㅟ/

/ㅟ/는 보통 이중모음 〔ɥi〕로 발음되는데(예: 위〔ɥi : 〕, 가위질〔gaɥidʑil〕, 더위〔dʌɥi〕), 어두 자음과 양순음 받침 사이에서, 혹은 어중에서 자음이 앞설 때 단순모음 〔y〕로 발음되기도 한다(예: 쉼터〔ʃy : mthʌ〕, 물귀신 〔mulk＝yɕin〕).

이중모음 〔ɥi〕는 반모음 /w/와 단순모음 /ㅣ/의 연결체인데, 반모음 /w/는 /ㅣ/ 앞에서 구개음화되어 〔ɥ〕로 실현된다. 따라서 이중모음 〔ɥi〕를 조음할 때는 단순모음 〔y〕와 /ㅣ/를 연이어 발음하되 〔y〕를 매우 짧게 발음해야 한다. 그리고 단순모음 〔y〕는 단순모음 /ㅣ/를 발음하면서 혀를 고정시킨 채 입술을 둥글이고 발음하면 된다.

60대 이상의 서울 토박이들 중에는 음성 환경에 상관없이 /ㅟ/를 항상 단순모음 〔y〕로 발음하는 사람들이 있다. 경기도, 강원도, 충청도의 여러 방언에서도 /ㅟ/가 항상 단순모음 〔y〕로 발음된다. /ㅚ/와 마찬가지로 표준 발음법 제4항에서는 /ㅟ/를 단순모음으로 규정하고, 이중모음으로 발음하는 것도 허용하고 있으므로 /ㅟ/를 단순모음 〔y〕로 발음하든 이중모음 〔ɥi〕로 발음하든 표준 발음법 규정에 어긋나지 않는다. 그러나 /ㅟ/를 이중모음 〔ɥi〕로 발음하는 것이 대세이다.

많은 경남 방언 사용자들은 /ㅟ/를 대부분의 경우에 /ㅣ/로 발음하고(예: 귀신〔기신〕), 자음이 앞서지 않을 때는 이중모음으로도 발음한다(예: 위기〔이기〕/〔위기〕). 이들은 /ㅟ/를 이중모음 〔ɥi〕로 발음하는 훈련을 해야 한다.

3.2.5. /ㅢ/

/ㅢ/는 첫 음절에서 자음이 앞서지 않으면 이중모음 〔ɰi〕로 발음되고(예: 의사〔ɰisa〕, 의미〔ɰi : mi〕), 자음이 앞서면 단순모음 /ㅣ/로 발음된다

(예: 희망〔çimaŋ〕). /ㅢ/는 둘째 음절 이하에서는 자음이 앞서지 않을 때도 /ㅣ/로 발음되는데, 느리고 신중한 발화에서는 이중모음 〔ɰi〕로 발음되기도 한다(예: 신의〔ɕi : nɰi〕/〔ɕi : ni〕). 두 개의 /ㅢ/가 연이어 나올 때에는 앞의 /ㅢ/가 /ㅡ/로 발음된다(예: 의의〔으이〕). 그리고 조사 '의'는 보통 /ㅔ/로 발음되는데(예: 나의 고향〔나에 고향〕), 이중모음 〔ɰi〕로 발음하는 것도 표준 발음으로 간주된다(표준 발음법 제5항).

이중모음 〔ɰi〕를 조음할 때는 모음 /ㅡ/와 /ㅣ/를 연이어 발음하되 /ㅡ/를 매우 짧게 발음하면 된다. 경상도 방언 사용자들은 /ㅢ/를 /ㅣ/나 /ㅡ/로 발음하는 경향이 있으며(예: 의사〔이사〕/〔으사〕), 전라도 방언 사용자들은 /ㅢ/를 /ㅡ/로 발음하는 경향이 있다. 또한 충청도 방언 사용자들 중에는 '희망'을 〔흐이망〕으로 발음하는 사람들도 있다. 이들은 /ㅢ/를 표준 발음법 규정대로 발음하는 연습을 하여야 한다.

4. 모음의 길이

한국어에는 장모음과 단모음의 구별이 있다. 한국어에는 모음의 길이에 의해 의미가 구별되는 단어 쌍들이 있다. 예를 들어서 단어 '일'의 모음을 길게 발음하면 '노동'이란 의미를 전달하고, 짧게 발음하면 '하나'란 의미를 전달한다. 장모음은 대체로 단어의 첫 음절에만 나오며(예: 사람〔사 : 람〕, 세상〔세 : 상〕, 방송〔방 : 송〕), 결합력이 약한 합성어의 경우에는 둘째 형태소의 첫 음절에서도 장모음이 나타난다(예: 세계대전〔세 : 계대 : 전〕, 가정방문〔가정방 : 문〕).

장모음을 가지고 있는 단음절 용언 어간에 모음으로 시작하는 어미가 결합되거나 피동, 사동 접미가가 결합되면 단모음화가 일어난다(예: 감다〔감 : 다〕/감으니〔가므니〕/감기다〔감기다〕, 밟다〔밥 : 따〕/밟으면〔발브면〕/밟히다〔발피다]). 그러나 '끌다, 떫다, 벌다, 썰다, 없다' 등의 단어에서는 이와 같은 단모음화가 일어나지 않는다. '밀물, 썰물, 쏜살같이, 작은아버지' 등과 같은 복합어의 첫 음절 모음은 본디의 길이에 관계없이 짧게 발음된다(표준 발음법 제7항).

용언의 단음절 어간에 어미 '-아/-어'가 결합되어 한 음절로 축약되면 보상적 장모음화가 일어난다(예: 보아 → 봐[봐:], 되어 → 돼[돼:], 하여 → 해[해:]). 그러나 '오다, 지다, 찌다, 치다'의 활용형 '와, 져, 쪄, 쳐'에서는 장모음화가 일어나지 않는다(표준 발음법 제6항).

젊은 세대의 서울말에서는 장모음과 단모음의 구별이 거의 사라졌으나 표준 발음법 제3장에서 장모음과 단모음을 구별해서 발음하도록 규정하고 있으므로 장모음과 단모음을 구별해서 발음하는 훈련을 하여야 한다.

5. 강세와 리듬

5.1. 숨쉬기

뉴스나 방송 대본을 낭독할 때 문장과 문장 사이, 긴 문장 안의 적당한 곳에서 숨쉬기를 하지 않으면 숨이 차서 낭독을 끝맺지 못하게 된다. 숨쉬기는 낭독자에게만 중요한 것이 아니라 시청자나 청취자들의 방송 청취에도 중요하게 작용한다. 낭독자가 숨을 제대로 쉬지 않고 숨이 가쁜 상태에서 낭독을 계속하게 되면 시청자와 청취자들은 방송을 듣기가 괴로워지며, 낭독하면서 숨을 너무 자주 쉬어도 답답함을 느끼게 된다. 따라서 올바른 숨쉬기는 낭독자가 시청자와 청취자들에게 정확하고 자연스럽게 내용을 전달하기 위한 필수적인 요소이다.

하나의 문장이 끝나면 숨쉬기를 하는 것이 원칙인데, 문장이 긴 경우에는 문장 중간에 숨쉬기를 해야 한다. 그런데 문장이 길어도 문장 안의 아무 곳에서나 숨을 쉬면 매우 어색하고 귀에 거슬리게 들릴 뿐만 아니라 문장의 의미도 제대로 전달하지 못하게 된다.

(1) 옴에 걸린 % 학생들은 곧바로 등교가 % 금지됐지만 인근의 % 고등학교 3곳에서도 %옴에 감염된 % 학생들이 잇따라 발견된 % 것으로 알려졌습니다.

만약에 아나운서가 위의 문장을 읽을 때 '%'가 있는 부분에서 숨쉬기를 한다면 이 아나운서는 곧바로 해직될 것이다. 그러나 위의 문장을 다음과 같이 숨쉬기를 하면서 낭독하면 자연스럽고 편안하게 들리며, 문장의 내용도 쉽게 파악할 수 있다.

(2) 옴에 걸린 학생들은 곧바로 등교가 금지됐지만 % 인근의 고등학교 3곳에서도 %옴에 감염된 학생들이 잇따라 발견된 것으로 알려졌습니다.

숨쉬기의 단위를 '말마디'라고 하는데, 말마디는 리듬의 단위인 동시에 정보와 의미의 단위이다. 그리고 말마디는 말마디 억양이라는 억양 패턴이 얹히는 억양 단위이기도 하다. 말마디의 경계에서는 보통 숨쉬기를 하지만 숨쉬기를 하지 않고 긴 휴지를 두고 발음하기도 한다.

문장 안에서 숨쉬기를 할 수 있는 곳은 문장의 문법 구조에 따라 결정되는데, 문장에서 숨쉬기를 하기에 가장 적당한 곳은 절과 절 사이이다.

(3) ㄱ. 대등절 다음:
   철수는 어제 여행을 가고, % 순호는 오늘 학교에 갔다.
ㄴ. 부사절 다음:

일정과는 다르게 % 우리는 영국을 방문했다.
ㄷ. 명사절 다음:
그 소문이 사실임이 % 온 천하에 명백하게 드러났다.
ㄹ. 대한민국 대표팀은, % 장담할 수는 없지만, % 독일 월드컵에서
16강에 오를 것이다.

첫 어절이 짧더라도 주제화시킬 경우에는 이 어절 다음에서 숨쉬기를
한다.

(4) ㄱ. 대학 입시의 완전 자율화는 % 우리나라에서는 아직 실현되지 않고
있습니다.
ㄴ. 제주도에서도 % 여러 가지 열대 과일을 재배하고 있습니다.

문장이 네 개 이상의 어절들로 구성되어 있고 각 어절들이 모두 중요
할 때에는 종종 두 번째 어절 다음에서 숨쉬기를 한다.

(5) ㄱ. 노무현 대통령은 오늘 % 멕시코 방문길에 올랐습니다.
ㄴ. 국회는 정기국회에서 % 국립대학을 법인화하는 법안을 처리할 예
정입니다.

한국어에는 중의적인 문장들이 많이 있는데, 중의적인 문장들 중에는
숨쉬기의 다름으로 인해 의미의 구별이 되는 예들이 있다.

(6) ㄱ. 나는 준호와 % 동창생인 순호를 만났다.
ㄴ. 나는 준호와 동창생인 순호를 만났다.

(6ㄱ)에서와 같이 '준호와'와 '동창생인'의 사이에서 숨쉬기를 하거나
긴 휴지를 두고 발화하면 '나는 준호도 만나고, 나의 동창생인 순호도 만

났다.'라는 의미를 전달하게 된다. 그러나 (6ㄴ)에서와 같이 '준호와'와 '동창생인' 사이에 휴지를 두지 않고 발화하면 '나는 순호를 만났고, 순호는 준호의 동창생이다.'라는 의미를 전달하게 된다. 이와 같이 위의 문장은 중의적인데, '준호와'와 '동창생인' 사이에서 숨쉬기를 하느냐 안 하느냐에 따라 서로 다른 의미가 전달된다.

이와 같이 숨쉬기의 차이로 인해 중의적인 문장의 의미가 구별되는 경우는 다음의 예들에서도 나타난다.

(7) ㄱ. 소문 때문에 % 학교에 가진 않았다.
　　　(학교에 가지 않았는데, 그 이유는 소문 때문이다.)
　　ㄴ. 소문 때문에 학교에 가진 않았다.
　　　(학교에 갔지만, 소문 때문에 간 것은 아니다.)

(8) ㄱ. 친구를 위해 % 계획했던 여행을 취소했다.
　　　(나는 계획했던 여행을 취소했는데, 이는 친구를 위해서다.)
　　ㄴ. 친구를 위해 계획했던 여행을 취소했다.
　　　(나는 여행을 취소했는데, 이 여행은 친구를 위해 계획했었다.)

한국어에는 이와 같이 숨쉬기에 의해 의미가 구별되는 중의적인 문장들이 꽤 있으므로 방송 대본을 낭독할 때는 중의적인 문장들을 찾아내서 올바른 숨쉬기를 하도록 노력하여야 한다.

5.2. 끊기

문장이 여러 개의 단어들로 이루어져 있을 경우 문장 내부에서 끊기를 하게 된다. 숨쉬기와 마찬가지로 끊기도 제대로 하지 않으면 부자연스럽게 들릴 뿐만 아니라 내용도 제대로 전달되지 않는다. 예를 들어서 다음의 (9)와 같이 끊기를 하면서 낭독하면 시청자나 청취자들은 문장의 내용을 제대로 이해하기 못할 뿐만 아니라 방송을 듣기가 괴로워질 것이다.

  (9) 조류독감의 감염 / 자체를 막을 / 수 있는 백신은 / 아직 개발되지 / 않았습니다.

그러나 (9)의 문장을 다음과 같이 끊기를 해서 발화하면 매우 자연스럽게 들리고 문장의 내용도 잘 파악할 수 있다.

  (10) 조류독감의 / 감염 자체를 / 막을 수 있는 / 백신은 / 아직 / 개발되지 / 않았습니다.

끊기의 단위를 '말토막'이라 한다. 말토막은 말마디보다 작은 리듬의 단위인 동시에 의미 단위이다. 또한 말토막은 말토막 억양이란 억양 패턴이 얹히는 억양 단위이기도 하다. 한국어에는 같은 문장도 끊기를 달리함으로써 중의적인 의미가 구별되는 경우가 있으므로 문장을 낭독할 때는 끊기에 주의를 기울여야 한다.

  (11) ㄱ. 잘 / 못하다   :   잘못하다
          (잘하지 못하다)   (실수하다)
      ㄴ. 돈 / 천원 주세요   :   돈 천원 주세요
          (정확히 천원)   (약 천원)
      ㄷ. 웬 / 떡이냐?   :   웬 떡이냐?
          (먹는 떡)   (행운, 횡재)
      ㄹ. 늙은 / 남자와 여자   :   늙은 남자와 / 여자
          (늙은 남자와 늙은 여자) (늙은 남자와 나이가 안 밝혀진 여자)

끊기는 어절 경계에서 하는 것이 원칙인데, 말의 속도에 따라 둘 이상

의 어절이 하나의 말토막으로 발음되기도 한다.

　　(12) ㄱ. 나는 / 친구한테 / 선물을 / 여러 번 / 줬다.
　　　　 ㄴ. 나는 / 친구한테 / 선물을 / 여러 번 줬다.
　　　　 ㄷ. 나는 / 친구한테 / 선물을 여러 번 줬다.

　위의 문장을 매우 천천히 읽을 때는 (12ㄱ)에서와 같이 각 어절 다음에서 끊기를 할 수 있다.　그러나 이 문장을 조금 더 빨리 읽으면 (12ㄴ)에서와 같이 '여러 번'과 '줬다'를 하나의 말토막으로 발음하는 것이 자연스러우며, 더 빨리 읽을 때는 (12ㄷ)에서와 같이 '선물을 여러 번 줬다'를 하나의 말토막으로 발음하는 것이 자연스럽다. 같은 문장도 느린 속도의 말씨에서 빠른 말씨에서보다 더 많은 말토막으로 발화하게 된다.

　말의 속도는 말의 스타일과도 밀접한 관계가 있다. 아나운서들은 뉴스 낭독을 할 때 시청자나 청취자가 내용을 정확하게 이해할 수 있도록 끊기를 자주 한다. 반면에 프로그램을 진행할 때는 뉴스 낭독을 할 때보다 끊기를 덜 하는 경향이 있다.

　같은 문장도 끊기를 많이 하면서 느리게 낭독하면 시청자나 청취자가 각 낱말이나 어절의 내용은 더 정확하게 파악할 수 있겠지만 지루하게 들리고 문장 전체의 내용을 파악하는 데 어려움을 겪을 수 있다. 반면에 끊기를 적게 하면서 빠르게 낭독하면 단위 시간 내에 더 많은 정보를 전달할 수 있고 역동적으로 들리기는 하지만 속도가 너무 빠를 경우 내용 파악에 지장이 생길 수도 있다. 따라서 방송인들은 정보 전달의 양과 내용 전달의 효율성을 고려해서 적당한 낭독 속도를 결정하여야 한다.

5.3. 강세 주기

끊기를 한다는 것은 문장 전체, 혹은 하나의 말마디를 둘 이상의 정보 단위로 나누어 발화한다는 것을 의미한다. 그리고 문장이나 하나의 말마디를 둘 이상의 정보 단위로 나누어 발화한다는 것은 문장의 전체적인 내용을 정보 단위로 끊어서 전달한다는 것을 말한다. 우리는 하나의 말토막을 발음할 때 말토막을 이루는 모든 음절을 같은 강도로 발음하지 않는다. 보통 한 음절을 두드러지게 강하게 발음하고 나머지 음절들은 상대적으로 약하게 발음한다. 이 때 두드러지게 강하게 발음되는 음절을 '강세 음절'이라 한다.

강세는 보통 단어의 첫 음절에 부과되는데, 첫 음절에 받침이 없고 단모음으로 끝나면 둘째 음절에 부과되기도 한다.

> (13) ㄱ. 첫 음절에 강세가 부과될 때:
>   2음절어: '학교, '학생, '사ː람, '방ː송, '봉ː사, '사랑, '사자
>   3음절어: '학생증, '방ː송국, '미ː용사, '사다리, '개구리
>   4음절어: '분명하다, '뻘ː개지다, '뒤ː따르다
> ㄴ. 둘째 음절에 강세가 부과될 때:
>   3음절어: 자'동차, 사'랑방, 개'구리, 사'다리
>   4음절어: 무'자격자, 고'속도로, 아'람드리, 아'름다운

결합력이 약한 복합어에는 구성 형태소의 수에 따라 둘 이상의 강세가 부과된다.

> (14) '세ː계대ː전, '문학이ː론, '문화재'보ː호법, '교ː원자ː격증
>   자'연보ː호'헌ː장, '국립'국어'연ː구원, '국민'교'육'헌ː장

문장을 발화할 때 적당한 곳에서 숨쉬기와 끊기를 하고 적당한 음절에

강세를 부과해서 발음해야 발화의 리듬이 살아 경쾌하게 들리며 발화 내용도 제대로 전달되므로, 숨쉬기, 끊기, 강세 주기에 유의하면서 발화하는 것을 습관화하여야 한다.

6. 억양

6.1. 핵억양

억양은 문장에 얹히는 높낮이 곡선을 말한다. 억양은 방언의 특징을 가장 뚜렷하게 보여주는 요소이므로 표준발음을 제대로 구사하려면 표준말의 억양을 제대로 구사할 수 있어야 한다.

단음절 문장 '예'는 다음의 아홉 가지 억양 패턴 중 한 억양 패턴으로 발음된다. 이 아홉 가지 억양 패턴을 핵억양(nuclear tone)이라 한다.

(15) 예

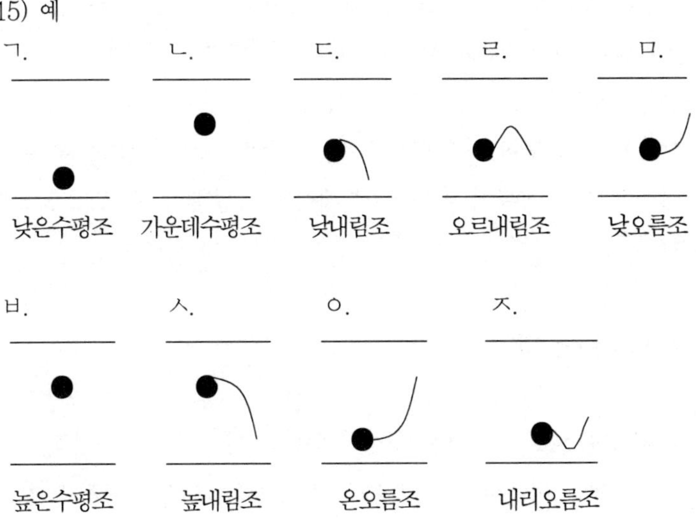

위의 예에서 낮은수평조, 가운데수평조, 낮내림조, 오르내림조, 낮오름조는 상대방의 질문에 대한 대답에 사용되고, 높은수평조, 높내림조, 온오름조, 내리오름조는 상대방의 발화를 못 들었거나 발화의 내용이 놀랍고 의심스러워서 되물을 때 사용되는데, 각 억양 패턴은 조금씩 다른 억양 의미를 전달한다. (15ㄱ)의 낮은수평조는 '사무적인', 혹은 '확고한' 태도를 전달하고, (15ㄴ)의 가운데수평조는 '친밀한' 태도를 전달한다. (15ㄷ)의 낮내림조는 공손하게 대답할 때나 상대방의 말에 대한 확실한 동의를 표시할 때 사용되며, (15ㄹ)의 오르내림조는 '귀찮은, 불쾌한' 태도를 전달한다. 오르내림조는 되물을 때도 사용될 수 있는데, 이 때에는 대답으로 사용될 때보다 높이(pitch)의 오르내림 폭이 더 커지며 '비꼬는, 경멸하는' 태도를 전달한다. (15ㅁ)의 낮오름조는 상대방의 말에 여러 번 계속해서 호의적으로 동의할 때 사용된다. (15ㅂ)의 높은수평조는 상대방의 말을 제대로 못 들어서 되물을 때나 상대방의 말의 내용에 놀랐을 때 사용된다. (15ㅅ)의 높내림조는 상대방이 "예."하고 대답했을 때, 이 대답이 못마땅해서 질책할 때 사용된다. (15ㅇ)의 온오름조는 상대방의 말이 놀랍거나 의심스러울 때 사용되고, (15ㅈ)의 내리오름조는 상대방의 말이 어이없어서 질책을 할 때 사용된다.

표준말의 억양을 구사하려면 위에서 논의한 아홉 가지 핵억양을 구별해서 발음할 수 있도록 연습해야 하며, 각 핵억양이 전달하는 억양 의미를 이해하고 발화 상황에 맞는 억양 패턴으로 발화할 수 있도록 노력하여야 한다.

6.2. 평서문의 억양

둘 이상의 음절로 이루어진 문장이 하나의 말토막으로 발음되는 경우 마지막 음절에는 위에서 논의한 아홉 가지 핵억양 중 하나가 얹히는데,

문장이 평서문일 경우에는 주로 낮은수평조, 낮내림조가 사용되며 오르
내림조도 사용될 수 있다.

(16) 학교에 갔어요.

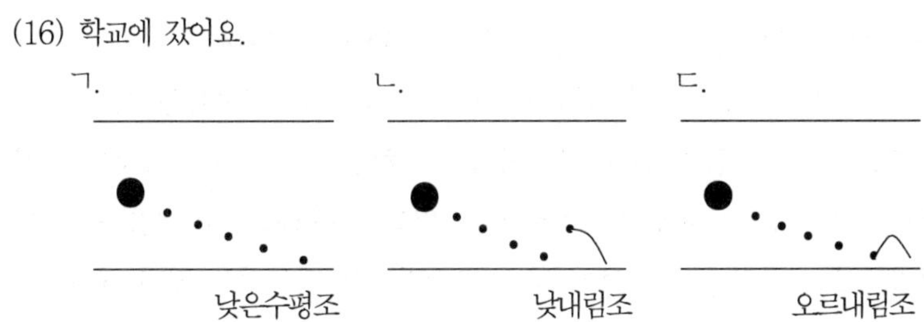

화자가 상대방을 달래듯 말할 때나 상대방에게 자신의 말이나 행동을
확인시킬 때는 낮오름조나 내리오름조를 사용한다.

(17) 나 학교에 간다.

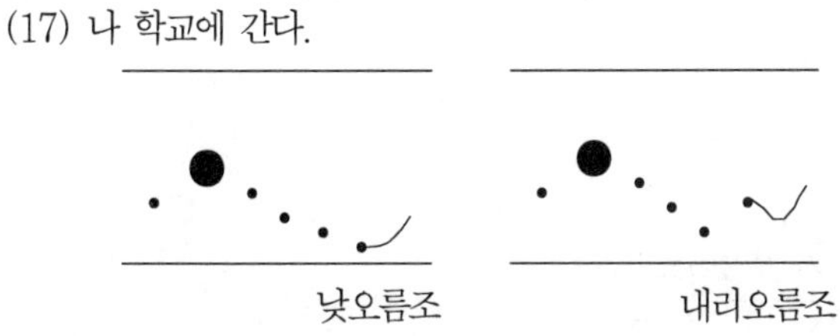

화자가 상대방에게 정중하게 사과할 때는 낮은수평조나 낮내림조를
사용하지만 가볍고 달래는 듯한 사과를 할 때는 (18)에서와 같이 낮오
름조나 내리오름조를 사용한다.

(18) 미안합니다.

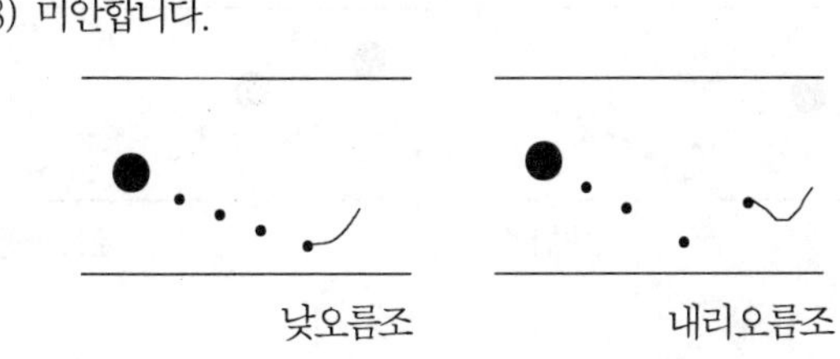

6.3. 의문문의 억양

의문문은 유형에 따라 예-아니오 의문문, 의문사 의문문, 선택 의문문, 되물음 의문문, 수사 의문문 등으로 나눌 수 있다.

의문문은 주로 질문의 담화 기능을 수행하는데, 질문에는 화자가 자신이 모르는 답을 알기 위해 청자에게 질문하는 단순 질문, 화자가 알거나 추측하는 답을 청자에게서 확인하기 위해 질문하는 확인 질문, 화자가 청자로부터 질문을 기대하지 않고 일방적으로 질문하는 일방 질문, 그리고 화자가 자기 자신에게 걱정스럽게 질문하는 자문 등이 있다.

6.3.1. 예-아니오 의문문

예-아니오 의문문은 청자로 하여금 '예'나 '아니오'로 대답하도록 질문하는 문장의 유형이다.

(19) ㄱ. 단순 질문

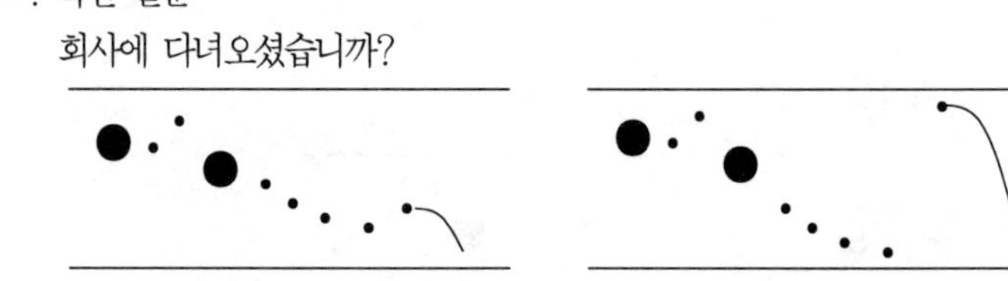

ㄷ. 일방 질문

지난 설 연휴에 고향에 잘 다녀오셨습니까? (텔레비전 사회자가)

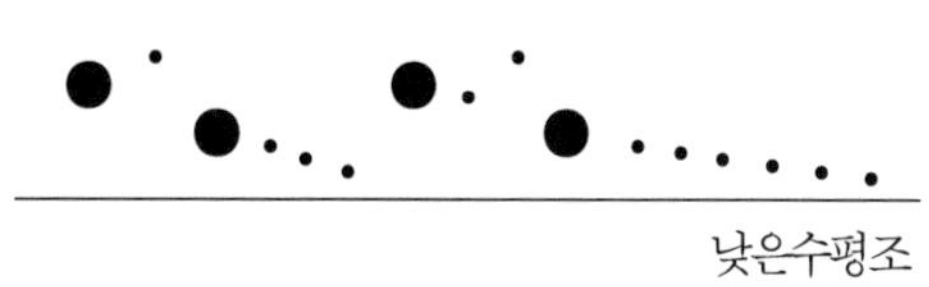

낮은수평조

ㄹ. 자문

(저 친구가) 학교에 가나?

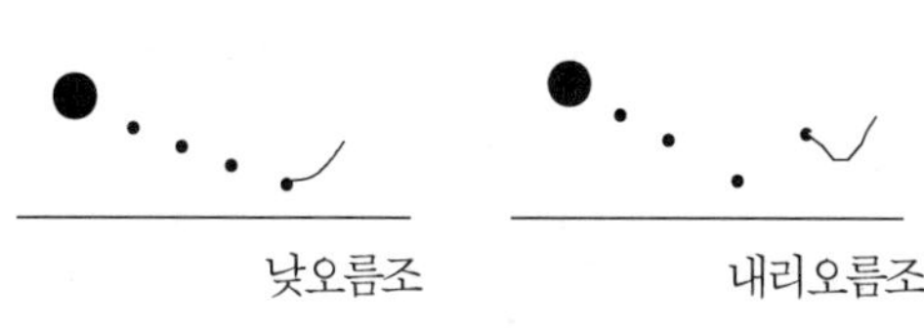

낮오름조   내리오름조

위의 예에서 보듯이 단순 질문에는 높은수평조, 일방 질문에는 낮은수평조, 그리고 자문에는 낮오름조와 내리오름조가 주로 사용된다. 확인 질문에는 낮내림조와 높은수평조가 주로 사용되는데, 낮내림조는 화자가 질문의 답을 확신할 때 사용되고 높은수평조는 화자가 질문의 답을 확신하지 못할 때 사용된다.

6.3.2. 의문사 의문문

의문사 의문문은 의문사 '무엇, 언제, 어떻게, 왜, 누가, 어디서' 등의 의문사를 포함하는 의문문이다. 의문사 의문문도 예-아니오 의문문과 마찬가지로 단순 질문, 일방 질문, 자문으로 사용되나 확인 질문으로는 사용되지 않는다.

(20) ㄱ. 단순 질문
어디에 가세요?

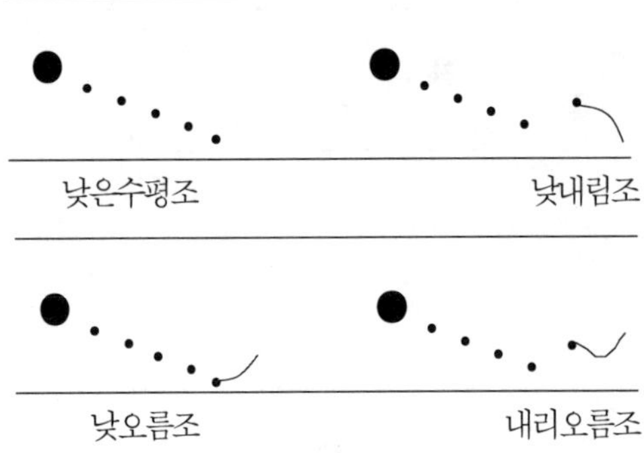

ㄴ. 일방 질문
어떻게 이런 일이 일어날 수 있을까요? (텔레비전에서 사회자가)

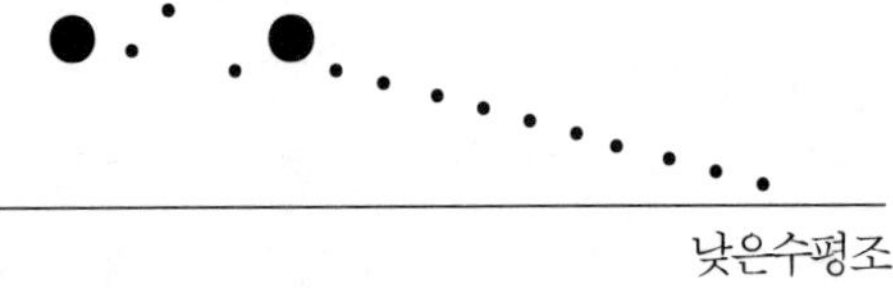

ㄷ. 자문
어떻게 하나? / 어떻게 하지?

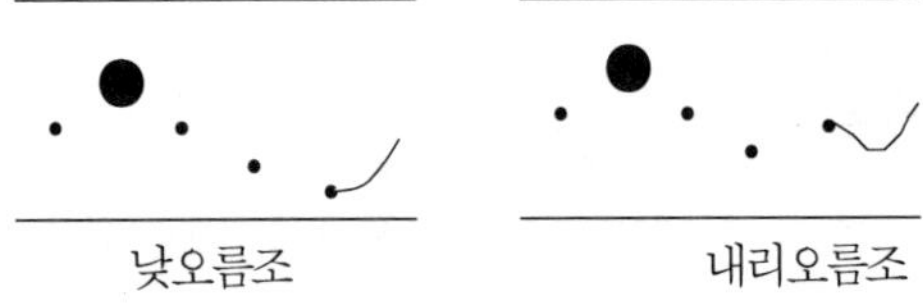

위의 예에서 보듯이 단순 질문에는 보통 낮은수평조나 낮내림조가 얹히는데, 화자가 관심과 걱정을 표시할 때는 낮오름조나 내리오름조가 얹힌다. 그리고 일방 질문에는 주로 낮은수평조가 얹히고, 자문에는 낮오름조나 내리오름조가 얹힌다.

의문사는 부정 대명사(indefinite pronoun)로도 사용된다. 예를 들어 '어디에 가십니까?'라는 문장에서 '어디에'가 부정 대명사로 사용되면 '어디로 가시는지 정확히는 모르지만 어디든 가십니까?'라는 의미를 전달하게 되어 이 문장은 예-아니오 의문문이 된다. 다음의 예에서 보듯이 부정 대명사를 포함한 문장에는 (19ㄱ)의 예-아니오 의문문과 마찬가지로 높은수평조가 얹힌다.

(21) 어디에 가십니까?

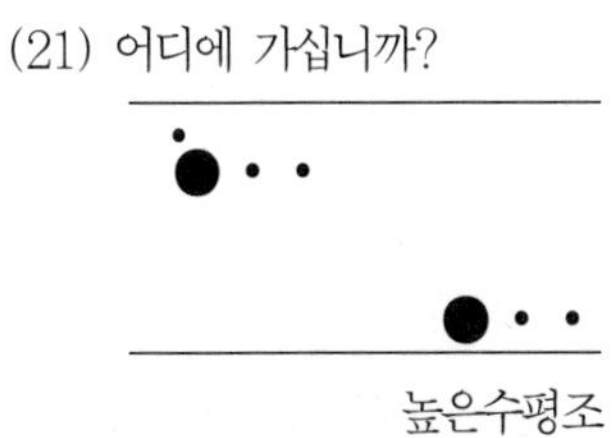

높은수평조

부정 대명사를 포함한 문장 (21)은 의문사 의문문을 포함한 문장 (20ㄱ)과 다른 억양 패턴으로 발음될 뿐만 아니라 다른 리듬 패턴으로 발음된다. (21)의 문장에서는 가느냐, 안 가느냐가 문제이기 때문에 동사에 악센트가 부과된다. 그러나 (20ㄱ)에서는 어딘가 간다는 사실은 주어진 정보이고 어디로 가는가가 문제이므로 동사에는 악센트가 부과되지 않고 의문사에만 악센트가 부과된다.

6.3.3. 선택 의문문

선택 의문문은 청자가 질문에 주어진 둘 이상의 선택 가능한 답 중에서 하나를 선택해 대답하도록 유도하는 의문문의 한 유형이다. 선택 의문문은 보통 두 개의 말마디로 발음되는데, 앞의 말마디에는 가운데수평조나 낮오름조가 부과되고 뒤의 말마디에는 주로 낮내림조가 부가된다.

(22) 밥으로 하시겠습니까, 빵으로 하시겠습니까?

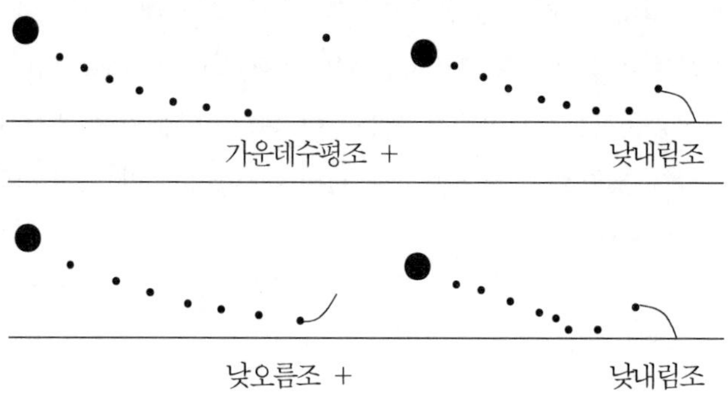

6.3.4. 되물음 의문문(echo question)

되물음 의문문은 첫째, 상대방의 말을 제대로 못 들어서 확인할 때, 둘째, 상대방의 말의 내용을 제대로 이해하지 못해서 확인할 때, 셋째, 상대방이 한 말의 표현이나 내용이 못마땅해서 질책할 때 사용된다. 되물음 의문문에는 두 유형이 있는데, 하나는 상대방이 한 말을 그대로 되풀이한 것이고, 다른 하나는 상대방이 한 말의 끝에 특수 조사 '고(구)'를 붙인 것이다. 첫 번째 유형의 되물음 의문문은 상대방이 한 말의 표현이나 내용이 못마땅해서 질책할 때에만 사용된다.

(23) ㄱ. 학교에 갑시다.

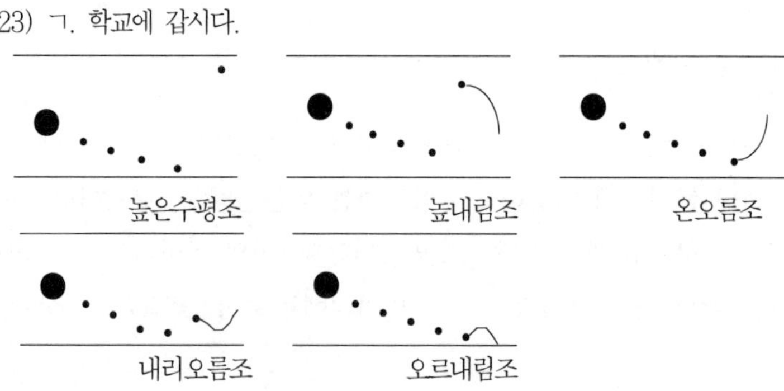

ㄴ. 학교에 간다구?

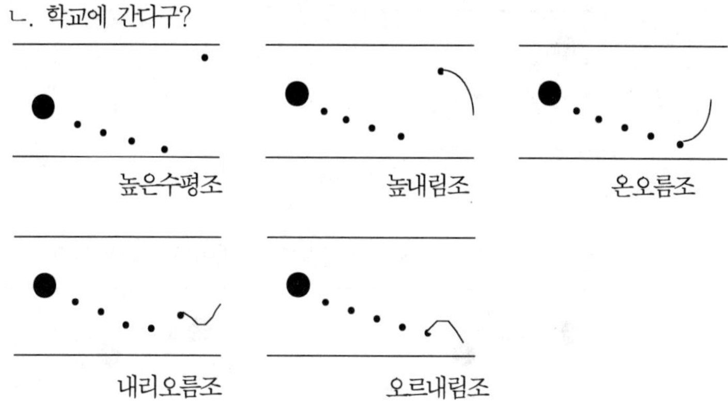

위의 예에서 보듯이 되물음 의문문에는 높은수평조, 높내림조, 온오름조, 내리오름조, 오르내림조 핵억양이 주로 사용된다.

6.3.5. 수사 의문문(rhetorical question)

수사 의문문은 화자가 청자로부터 대답을 이끌어내는 데 관심이 있는 것이 아니라 의문문을 사용하여 자신의 주장을 평서문으로 전달할 때보다 더 강하게 전달하기 위해 사용하는 의문문이다. 수사 의문문에는 주로 낮은수평조, 낮내림조, 오르내림조가 사용되며, 문장에 따라 높은수평조, 높내림조도 사용된다.

(24) ㄱ. 너 학교에 가야할 것 아니니? (너 학교에 반드시 가야 해.)

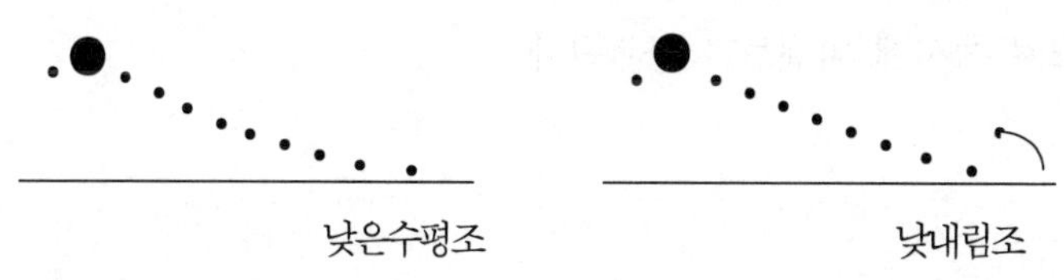

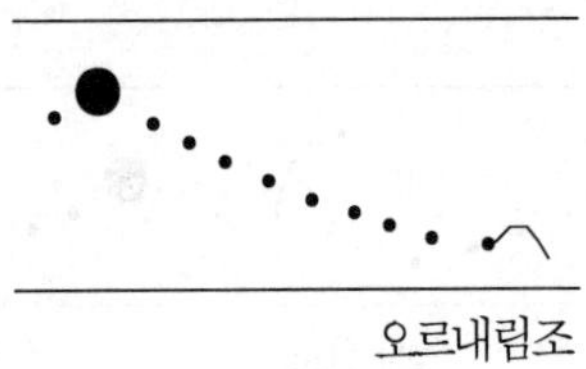

오르내림조

ㄴ. 약을 먹어도 무슨 소용이 있니? (약을 먹어도 소용이 없다.)

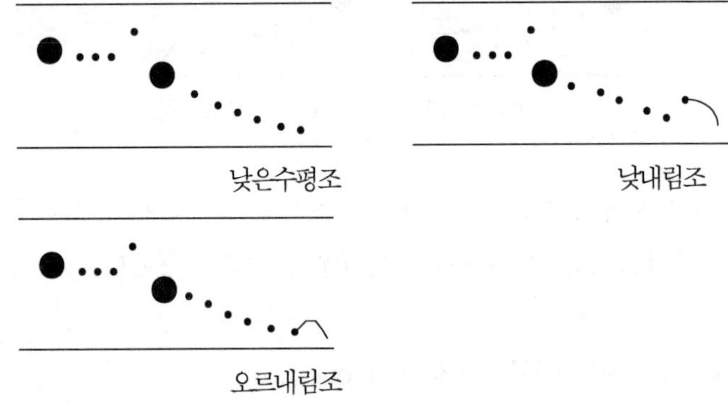

낮은수평조 낮내림조

오르내림조

6.4. 명령문의 억양

명령문은 주로 명령의 담화 기능을 수행하고, 부탁, 권유, 충고 등의 담화 기능도 수행한다. 화자가 권위를 가지고 청자에게 명령할 때는 낮은수평조, 낮내림조, 오르내림조 핵억양을 주로 사용하고, 화자가 청자에게 달래듯이 부탁하거나 권유할 때는 낮오름조와 내리오름조를 사용한다. 명령문을 발화할 때 명령이나 권유의 내용이 동사에 의해 전달되므로 동사에 악센트가 부과된다.

(25) ㄱ. 명령
　　　 떠들지 마.

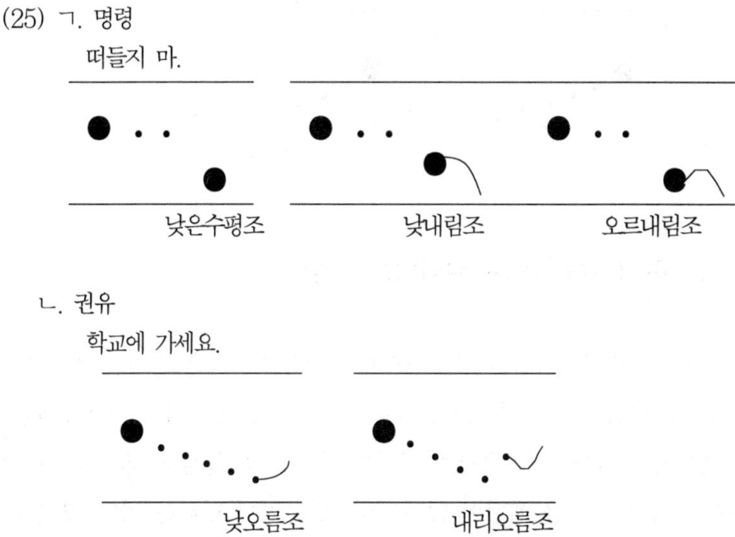

　　 ㄴ. 권유
　　　 학교에 가세요.

6.5. 청유문의 억양

　청유문은 화자가 청자에게 어떤 일을 함께 할 것을 제의하기 위해 사용하는 문장이다. 청유문에는 보통 낮은수평조, 낮내림조, 오르내림조 핵억양이 얹히는데, 화자가 청자에게 달래듯이 제의할 때는 낮오름조와 내리오름조가 얹힌다.

(26) 학교에 갑시다.

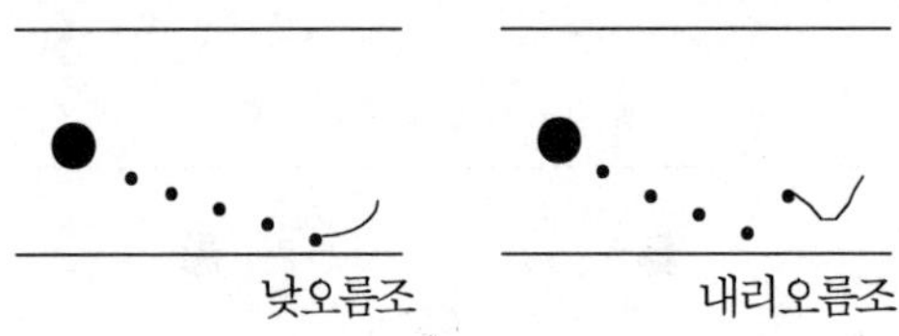

6.6. 여러 말토막으로 발화되는 문장

문장이 길면 둘 이상의 말토막으로 발음된다. 다음의 예는 네 개의 말토막으로 발음된 문장의 억양을 나타낸 것인데, 말토막의 경계에서는 리듬 흐름의 끊김이 생길 뿐만 아니라 억양 흐름의 끊김도 생긴다. 각 말토막에는 하나의 억양 패턴이 얹히는데, 말토막에 얹히는 억양 패턴을 말토막 억양(phrasal tone)이라고 한다.

(27) 화가가 그림을 예쁘게 그린다.

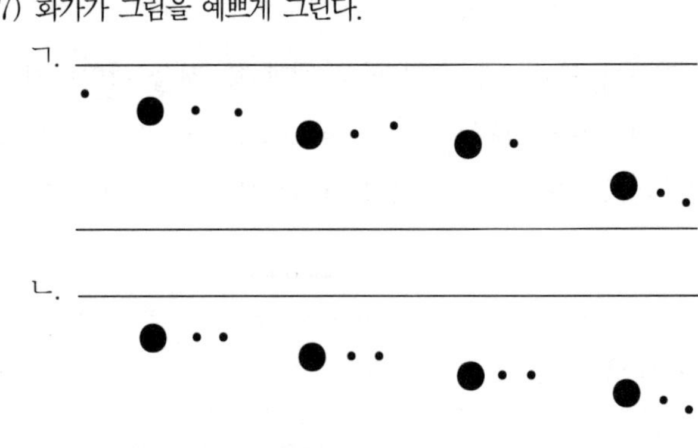

문장이 셋 이상의 말토막으로 발음될 때 각 말토막 억양은 단계적으로 낮은 높이로 발음되는 경향이 있는데, 이 현상을 계단 내림(declination)이라고 한다.

(27ㄱ)은 세 개의 오름조 말토막 억양과 하나의 내림조 말토막 억양으로 이루어져 있고, (27ㄴ)은 세 개의 수평조 말토막 억양과 하나의 내림조 말토막억양으로 이루어져 있다. 오름조 말토막 억양은 친근한 대화체에서 가장 자주 사용된다. 한국어에서는 오르내림조 말토막 억양도 사용되는데, 오르내림조는 아나운서의 뉴스 낭독에서 자주 사용된다.

(28) 전주방송국의 보돕니다.

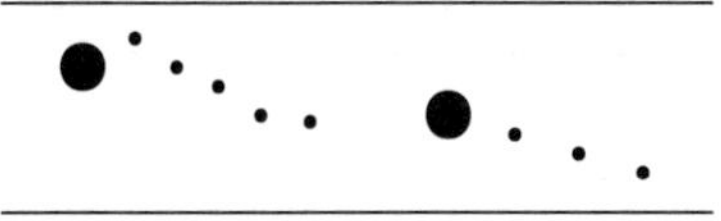

6.7. 여러 말마디로 발화되는 문장

간단하고 짧은 문장은 하나의 말마디(intonation group)로 발음되지만 복잡하고 긴 문장은 둘 이상의 말마디로 발음된다. 문장이 둘 이상의 말마디로 발음되면 문장의 마지막 말마디에는 아홉 개 핵억양 모두가 얹힐 수 있으나 이에 앞서는 말마디(들)에는 낮은수평조, 낮내림조, 가운데수평조, 낮오름조, 내리오름조 등 다섯 개의 핵억양만이 얹힐 수 있다.

(29) 중국어는 배우기 어렵지만 % 일어는 아주 쉽다.

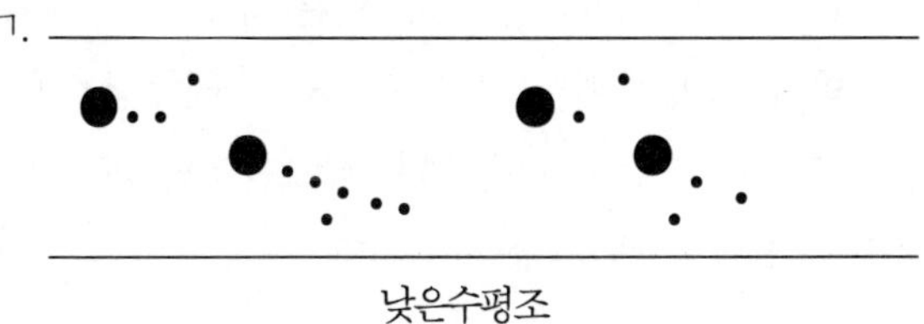

낮은수평조

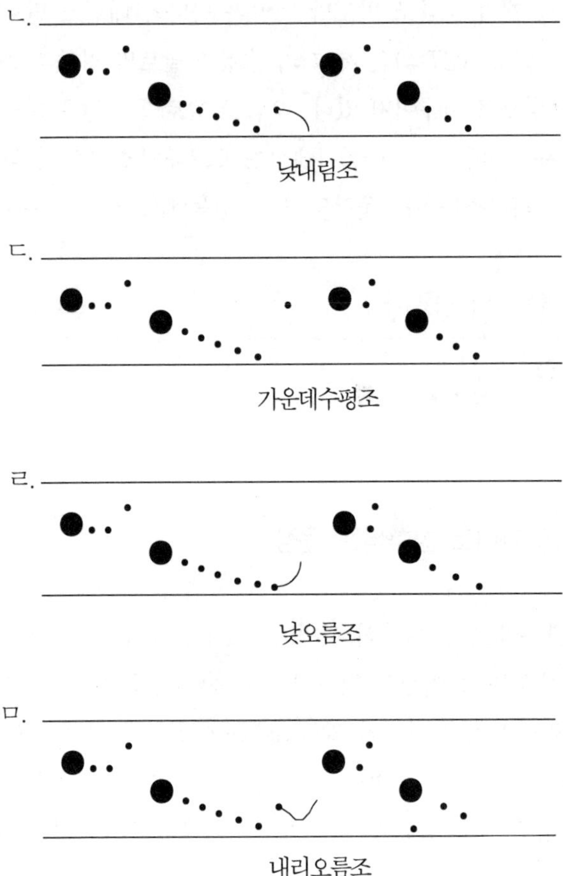

　문장 안의 말마디 끝 음절에 얹힐 수 있는 다섯 개의 핵억양 중 낮은
수평조는 방송의 뉴스 낭독에서 많이 사용되고, 낮내림조와 가운데수평
조는 친근한 대화체에서 많이 사용된다. 낮오름조와 내리오름조는 상대
방에게 친절하게 설명할 때 자주 사용된다.

▣ 참고 문헌

강은지·이호영·김주원(2004), "서울말 어간말 자음의 음성 실현", 말소리 49호. 대한음성학회.

국경아·김주원·이호영(2005), "선호도 조사를 통한 ㄴ첨가 현상의 실현 양상 연구", 말소리 53호. 대한음성학회.

김상준(2005), 방송언어연구, 개정증보판. 커뮤니케이션북스.

김선철(2003), 표준 발음 실태 조사Ⅱ, 국립국어연구원.

문교부(1988), 표준어 규정.

이현복(1989), 한국어의 표준발음, 교육과학사.

이현복(2002), 한국어 표준발음사전, 서울대학교 출판부.

이호영(1991), "한국어의 리듬", 한국어 연구논문 28, KBS한국어연구회.

이호영(1994), "표준말 억양 교육의 방법론", 한국어 연구논문 38, KBS한국어연구회.

이호영(1996), 국어음성학, 태학사.

이호영(1997), 국어운율론, 한국연구원.

최혜원(2002), 표준 발음 실태 조사, 국립국어연구원.

최혜원, 허철구(1997), 서울토박이말자료집Ⅰ, 국립국어연구원.

한국방송공사(1993), 표준 한국어발음대사전, 어문각.

저 · 자 · 소 · 개

김상준 : 전 KBS 아나운서 실장 / 현재 동아방송대학 방송연예과 교수
전영우 : 전 KBS 아나운서 실장 / 현재 수원대 명예 교수
이규항 : 전 KBS 아나운서 실장 / 현재 동덕여자대학 강사
이주행 : 중앙대학교 문과대학 국어국문학과 교수 / 방송위원회 방송언어특별위원회 위원장
오미영 : 경원대학교 신문방송학과 교수
박경희 : KBS 방송위원
유애리 : KBS 아나운서
이호영 : 서울대학교 인문대학 언어학과 교수

화법과 방송 언어

인　　쇄	2005년 12월 20일
발　　행	2005년 12월 26일

지 은 이　　김상준 · 전영우 · 이규항 · 이주행
　　　　　　오미영 · 박경희 · 유애리 · 이호영
펴 낸 이　　이대현
책임편집　　이태곤
편　　집　　권분옥 · 김보라 · 박소정
제　　작　　안현진
표　　지　　OM디자인 장재호
펴 낸 곳　　도서출판 **역락** / 서울 성동구 성수2가 3동 301-80
　　　　　　　　　　(주)지시코 별관 3층(우133-835)
전　　화　　3409-2058(대표) 3409-2060(편집부) FAX 3409-2059
이 메 일　　yk3888@kornet.net / youkrack@hanmail.net
홈페이지　　www.youkrack.com
등　　록　　1999년 4월 19일 제303-2002-000014호

정가　16,000원
ISBN　89-5556-436-8-93710

* 잘못된 책은 교환해 드립니다.